中小学心理健康教育书系

顾问◎林崇德　　主编◎俞国良

学生团体心理辅导

张驰 田宝伟 郑日昌◎主编

开明出版社

图书在版编目(CIP)数据

学生团体心理辅导/张驰,田宝伟,郑日昌主编. --北京:开明出版社,2021.9(2024.6 重印)

(中小学心理健康教育书系)

ISBN 978-7-5131-4963-1

Ⅰ.①学… Ⅱ.①张…②田…③郑… Ⅲ.①心理健康-健康教育-教学研究-中小学 Ⅳ.①G444

中国版本图书馆 CIP 数据核字(2019)第 073125 号

出　版　人: 陈滨滨　　**项目组组长:** 沈　伟
项目组副组长: 范　英　　**项目执行人:** 王　桢

责 任 编 辑: 魏红岩　乔　红　刘桂梅

XUESHENG TUANTI XINLI FUDAO

学生团体心理辅导

作　　者: 张驰　田宝伟　郑日昌
出　　版: 开明出版社(北京海淀区西三环北路 25 号　邮编:100089)
印　　刷: 保定市中画美凯印刷有限公司
开　　本: 710mm×1000mm　1/16
印　　张: 19.75
字　　数: 290 千字
版　　次: 2021 年 9 月第 1 版
印　　次: 2024 年 6 月第 2 次印刷
定　　价: 60.80 元
联系电话: 010-88569135
网　　址: www.kaimingpress.com

寄　语

亲爱的朋友们：

心理健康，特别是中小学教师和学生的心理健康，看似是只和个体相关的私事，实则是关乎家庭幸福、社会和谐，乃至国家和民族安定繁荣的大事。我们衷心地希望，每一个参与中小学教育事业的教师和家长，都积极主动地关注自我和孩子们的心理健康，树立科学的心理健康教育理念，掌握有效的心理健康教育方法，培养德智体美劳全面发展的社会主义建设者和接班人。

林崇德

总　序

这是一个新时代，也是一个复杂多变的时代，中小学生在见证世界缤纷色彩的同时，也在承受巨大的心理压力。显然，我们正处在社会转型与社会心理变迁不断加速的特殊历史时期。时代发展变化，要求中小学心理健康教育不断进行自我更新。自教育部颁布《中小学心理健康教育指导纲要(2012 年修订)》(以下简称《纲要》)以来，各地中小学在制度、课程、师资队伍和心理辅导室建设等方面的成就有目共睹，已成为全面推进素质教育新的突破点和着力点，为加强和完善中小学德育工作做出了独特贡献。这里，我们着重讨论新时代我国中小学心理健康教育的现状和特点、立场与方法，以及所关注的问题、趋势与对策。旨在优化和创新中小学心理健康教育理念、思路、方法和措施，使之能更好地为中小学生乃至社会经济的可持续发展服务。

现状——据原卫生部、世界卫生组织估计，我国 17 岁以下未成年人中有各类学习、情绪、行为障碍者 3000 多万人，而且人数在不断增加。我们编制的《中小学生心理健康量表》测查也表明，小学生有心理行为问题的占 10% 左右，初中生占 15% 左右，高中生约为 20%。可见，中小学生心理健康状况不容乐观。

为了有效把握现状，我们以中部地区两个地级市的城市和农村 11027 名中小学生为研究对象，发放调查问卷。结果表明，我国中部地区中小学心理健康教育的普及率和教育效果有较大改善。但整体来看，农村中小学心理健康教育相对落后；中学生心理健康教育滞后于小学生，初中阶段尤甚。与五年前相比，中小学心理健康教育的发展和进步主要表现在以下几个方面：第一，教育对象开始面向全体学生，教育内容符合《纲要》的基本要求；第二，随着教育行政部门、学校领导和教师对心理健康教育的重视，家长和学生的态度也发生了积极改变，无论在城市还是农村中小学，都取得了良好的教育成效；第三，随着《纲要》的颁布和中小学校的重视，心理健康教育专职和兼职教师开始增加，心理健康教育已得到广泛普及，正在逐步走向深化和进一步规范发展。虽然发展势头很好，但还存在一些问题亟待解决：首先，城市与农村心理健康教育发展不平衡，农村中小学心理健康教育相对落后，而农村高中又是“重灾区”；其次，有的农村中小学心理健康教育内容不符合实际需要，缺乏针对性和实效性；再次，初中、高中阶段的心理健康教育相对薄弱，从调查数据看，城市中学心理健康教育与小学存在差距，农村更甚；最后，中小学心理健康教师专业化程度有待提高。

为了有效掌握中小学心理健康教育师资队伍的现状，我们课题组也进行了专题调研。我们采取分层随机抽样的方法，选取了山西、河南两省某地级市发放中小学心理健康教育专兼职教师有效问卷 584 份，学校管理者有效问卷 209 份，结果如下。第一，心理健康教育已得到大多数中小学校的重视。90%以上学校开展了卓有成效的心理健康教育工作，大多数中小学心理健康教育专兼职教师，都能感受到学校领导对他们工作的支持。第二，中小学心理健康教育师资队伍的人员构成复杂，专业化水平有待提高。大部分专职教师有担任其他课程的经历，兼职教师中德育课教师和班主任居多。教师们对自己的工作效果感到满意的同时，也表现出强烈的求知欲，希望参加专业培训、提高专业技能。第三，学校管理者在选择心理健康教育教师时非常重视他们的专业背景、学历学位、相关资格认证、授课技能、从业时间与经验及人格等因素，他们对本校心理健康教育专兼职教师和心理健康教育工作表示满意。

特点——中小学心理健康教育的特点可以从不同角度进行梳理，仁者见仁、智者见智。

从心理健康教育的目标与主要内容看，已明确把目标定位在提高全体学生的心理健康水平，促进他们的积极心理品质等方面，内容重点包括认识自我、学会学习、人际交往、情绪调适、生活和社会适应等。同时，根据不同年龄阶段学生的身心发展特点，设置了小学、初中和高中分阶段的具体教育内容。这样的设置操作性强，不仅符合中小学生的成长与发展实际，同时也体现了从心理健康教育向心理健康服务转变，从问题导向向积极心理促进的世界心理健康发展潮流。从心理健康教育的途径和方法看，各地中小学正在将心理健康教育贯穿于教育教学全过程、开展多种形式的专题教育、建立心理辅导室、密切联系家长共同实施心理健康教育，以及充分利用校外资源等。目前，在中小学具体教育实践中，心理健康课程与专题讲座是心理健康教育最常用的方式；心理辅导室作为心理健康教育的重要环节，承载着开展心理辅导、筛查与转介、课程咨询、家校整合等功能；在日常教育教学与班主任工作、社会实践活动以及家庭教育中，开始全面渗透心理健康教育。从心理健康教育的组织实施看，从管理、教师、教材、研究几个层面，已构建了我国中小学心理健康教育的组织实施体系；从目前学校教育管理和实践效果看，政策与立法已成为我国政府推动和规范中小学心理健康教育发展的主要手段，而心理健康教育教师队伍建设，则成为中小学心理健康教育有效实施的重要保障。

立场——新时代中小学心理健康教育一定要提高站位，即站在时代的制高点上。社会转型，即经由传统型社会向现代型社会快速转变就是新时代的重要特征，就是时代的制高点。目前，人们快节奏的生活方式，大强度的竞争压力，高目标的成就动机，使个体心理健康问题及其引发的社会矛盾、冲突日益突显，导致个体心理、社会心理处于一种无序状态。当下人民的需要从物质文化转变为美好生活，而美好生活需要自尊自信、理性平和、积极向上的社会心态。社会心态成为社会矛盾的“晴雨表和指示器”，而心理健康则是人民“美好生活”的社会心理面向。因此，在社会心理服务大框架下讨论与实践心理健康教育、心理健康服务，这是中小学心理健康教育应持的基本立场；心理健康教育是心理健康服务的基础，心理健康服务是社会心理服务的核心，这是中小学心理健康教育的方法论基础。

从中小学心理健康教育与服务的对象看，其重点是个体与群体，与社会心理服务的对象重合；从中小学心理健康教育与服务的目标看，旨在提高全体中小学生的心理素质与心理健康水平，与社会心理服务的目标有异曲同工之妙。即根据中小学生身心特点开展心理健康教育活动，关注和满足他们的心理发展需要，提升其心理调适能力和社会适应能力，培养其积极乐观、健康向上的心理品质和自尊、自信、自强、自立的个性特征，尤其关注留守、流动儿童心理健康，为经受校园欺凌和校园暴力、家庭暴力和性侵犯的中小学生提供及时的心理创伤干预，促进其身心可持续发展。这充分体现了由心理健康服务向社会心理服务延伸，使心理健康服务成为为社会心理服务打基础、夯地基的“基础工程”。

方法与措施——新时代以社会心理服务建设为背景，中小学心理健康教育工作在组织实施、机制建设、领导管理等方面必须进行调整和改变。

从心理健康教育的类型与途径看，心理健康服务是社会心理服务的具体化，这决定了中小学心理健康教育工作在组织实施中要有全局观、整体观。无论是全面开展心理健康促进与教育，还是积极推动心理辅导和心理咨询服务，重视心理危机干预和心理援助工作，都可以视为社会心理服务的组成部分，都是为了在中小学生中倡导健康生活方式，使他们有意识地培养积极心态、学会调适心理困扰和心理压力、提升心理健康素养，进而培育良好社会心态，营造健康向上的社会心理氛围。

从心理健康教育的方式、方法看，心理健康服务是社会心理服务的“压舱石”，这决定了中小学心理健康教育工作在机制建设中要有体系观、系统观。各地中小学要建立健全地区、学校、年级、班级、小组等各级心理健康服务体系，加强心理健康师资队伍建设，拓展心理健康服务领域和范围，为社会心理危机干预和疏导机制“劈山开路”，为进一步开展社会心理服务工作奠定基础。

从社会心理服务的途径、方法看，社会心理服务包括微环境、中环境和宏环境系统，对应着个体、人际、群体层面的社会心理服务，这决定了中小学心理健康教育工作在领导管理中要有生活观、生态观。教育即生活，生活即环境。微环境是学生直接接触到的生活环境，健全的社会心理服务能够帮助学生在面临这些微环境系统中出现的问题时，舒缓负性情绪发展积极情绪，并提供专业的帮助与辅导；中环境系统是两个或多个环境之间的相互作用与联系，它对学生来说，就是家校互动，为人际层面的社会心态培育扫清障碍；宏环境系统包括特定的文化、亚文化或其他更广泛的社会背景，社会心理服务体现在扶助和引导处境不良学生、低社会经济地位学生群体，对不良生活事件进行预警、疏导等。这些都能够有效调整相应学生群体的社会心态，为培养目标群体的良好社会心理打下坚实基础。

一句话，全面推进和深化中小学心理健康教育工作，必须树立“大心理健康教育观”。其实质就是新时代中国特色的心理健康教育体制观，即对符合中国国情与富有中国特色的心理健康教育体制的认识、理解和判断。其方向是坚持心理健康教育是德育与思想政治教育工作的重要组成部分，任务是提高全体师生的心理健康意识，理念是全面强化心理健康教育向心理健康服务的转变、问题导向向积极心理品质促进的转变，方法是大胆探索心理健康教育的新路径和新方式。

趋势与对策——我国中小学心理健康教育的未来发展应重点关注以下问题：第一，从心理健康教育向心理健康教育与服务并重，着力提供优质心理健康服务；第二，由侧重于中小学生心理行为问题的矫正，向重视全体学生心理健康的促进与心理行为问题的预防转变；第三，着力构建中小学生健康成长的生态系统；第四，加强中小学心理健康教育教师队伍的建设，强调以实证为基础的教育干预，重视教育效果的评估与反馈。

目前，中小学心理健康正从教育模式向服务模式转变，这种转变是历史的必然，也是学校心理健康教育发展的必然。近年来，随着积极心理学的悄然兴起和蓬勃发展，学校心理服务的对象逐渐扩展到全体学生，强调面向健康的大多数学生进行心理健康教育，提高全体学生的心理健康素质，以预防和促进发展为导向。服务模式相对于教育模式，主要强调的是视角不同。教育模式有一个内隐假设，即教育者根据预设的内容和目标，有计划有步骤地对教育对象实施影响，有“强人所难”“居高临下”之嫌；服务模式则重视以学生自身的发展性需要为出发点，充分发挥学生的主动性和积极性，根据他们的心理发展规律和成长需要，提供相应的心理健康服务，即强调提供适合学生发展需要的心理健康教育。目前，我国学校心理健康教育正处在从教育模式逐渐向服务模式转变的过程中。

特别需要指出的是，中小学心理健康教育工作开展得如何，很大程度上取决于是否拥有一支素质精良的教师队伍。一方面，在今后的工作中，教育行政部门应规范心理健康教育教师的职称评聘、岗位设置、工作量计算等相关制度，制定有针对性的绩效考核方案，并明确薪酬与绩效考核的关系以及职称晋升的途径，激发心理健康教育专兼职教师的工作热情。另一方面，国家教师教育政策应向心理健康教育专业倾斜，通过诸如减免学费、提供奖学金等手段，鼓励青年才俊投身该专业。为此，我们郑重呼吁：有关部门应确定中小学心理健康教育教师的职责，以及从事该项工作的基本条件和资质；

确定专兼职教师的能力标准，包括教师心理健康的标准和教师心理健康的教育能力标准；确定专兼职教师的工作标准，包括工作内容、工作流程和工作途径方法等；对资格认证进行试点工作，确定认证标准、认证机构和认证方式；编制中小学心理健康教育基础培训和提高培训方案，对无专业背景的心理健康教育教师进行基础培训，对有专业背景的心理健康教育教师进行提高培训；定期对培训效果进行质量评估；定期开展对心理健康教育师资队伍建设的调查。

对于未来中小学心理健康教育而言，加强现代学校心理辅导制度建设是核心，编制具有中国本土特色的中小学生心理健康素质指标是基础，从实施心理健康教育走向心理健康服务并建立服务体系是途径，提供适合中小学生发展需要的心理辅导与心理健康服务是关键。

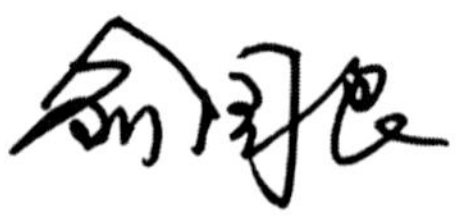

前　言

当前我国正处于社会转型时期，经济的飞速发展、社会的日益开放、教育制度的不断改革以及独生子女比例的不断提高，均带给学生巨大的内心冲击，给他们造成前所未有的心理困扰，威胁着学生的健康、适应能力和发展。加强学生的心理健康教育学习，已引起各级教育行政部门的高度重视，并有多项指导性文件和建设标准出台；学校认真贯彻上级文件精神，在心理健康教育学习体系、学习规范和学习内容的建设方面已取得较大突破和进展；学生自身的心理健康意识也在不断提升，自我追求心理健康的行为不断增多。但是，就身心发展而言，中学生正处于人生重要的发展阶段和转折时期，这一时期是一生中最容易出现心理挫折、情绪波动和心理问题的时期，常被称为人生发展的“危机期”或“疾风怒涛期”。每年进行的心理健康调查结果显示，中小学的心理健康状况不容乐观，心理危机事件也时有发生。对于学校而言，如何进一步推进学生心理健康教育学习科学化和规范化建设是当前的一项重要任务；对于学生自身而言，加强心理素质的培养与心理健康水平的提升也是一项重要的人生发展课题。

学生心理健康教育的形式和内容主要可分为三个层次。第一层次是认知式教育，目的是传授心理健康知识和提升心理健康理念，主要通过课堂教学、专题讲座和宣传教育等形式来实现。就中小学生心理健康教育的发展现状来看，这一层次的教育开展比较普遍，但还算不上成熟，一是各校开设的课程体系差别很大，二是课程内容是否符合学生的身心发展规律还有待进一步探讨，三是宣传教育内容和形式千差万别。第二层次是体验式教育，是参与和体悟层面的教育，目的是通过行为上参与和心灵上体悟使学生的心灵得到启迪和升华，主要通过一些体验性的课程或活动来实现，如学校开设的团体心理辅导课、工作坊或心理素质拓展训练活动等。目前这类教育作为课程来开设的学校还不太多，训练的内容也缺乏体系和深度，形式多偏向于拓展训练。第三层次是学生的自我心理教育，主要是指学生自身通过参与一些活动和实践，或者在践行中不断自我反思，从而获得心理成长的过程。从学生心理健康教育的效果来看，第一层次的教育是理性层面的教育，形式传统，受教育者常常只有认知而无体验；第三层次的教育因个体动机和行为不同导致个体间发展有较大差异；第二层次的教育因为学生的参与和体验，导致更多的行为卷入和情感投入，受到学生的热烈欢迎和好评。

为了促进第二层次教育（即体验式教育）不断规范化和深入化，我们编写了这本《学生团体心理辅导》。编写组认真讨论了当前学生身心发展的规律以及学习期间可能面对的各种心灵成长问题，结合大家进行心理素质培养与训练的实践经验，经过多次研讨，确定了本书的目标是有趣有益(有趣，学生爱上；有益，上了有用)，内容设置按照团体心理辅导发展的顺序以及单个部分由浅入深两条思路交叉进行，包括团体心理辅导总论和心理训练的设计与实施，在总论中简要介绍了团体心理辅导的内容意义及理论基础，而在设计与实施部分通过热身及相识、团体建设来展现团体心理辅导的具体操作步骤等。各章自成一体，同时各章间又逐步递进，并设计了可操作性的活动，是由编写者在带活动的实践基础上精挑细选或精心设计出来的，甚至活动的顺序就是编写者在实际上课或学习时具体的操作过程。对于每一个活动，编写者均详细地说明了活动目的、时间材料和场地要求、实施程序、领导者提问角度及解说要点、注意事项、内容和形式上的拓展，以及与本活动有关的知识点等。编写者选择一个典型活动作为例子，详细地描述了该活动的实施过程、领导者与学生的互动、领导者的观察和感悟以及团体学生的反馈，期望能够带给读者身临其境的感觉。

本书编写人员为北京交通大学学生心理素质教育中心的专职教师，他们均在学校开设团体心理辅导课程、开展团体心理咨询、举办心理素质培养与训练的学习坊以及带领学生进行拓展训练等，具有比较深厚的理论功底和丰富的实践经验。他们对心理健康教育事业的热爱以及对学生心灵脉搏的熟练把握，使本书从内容到形式具有更强的针对性和可操作性。它既可以成为学校团体心理辅导课程的教材，也可以成为学校学生管理者开展班级活动的有益指导手册，同时还可以成为班主任开展班级活动的有效工具。当然，大家在实际学习中，可根据活动的主题、训练时间的长短以及实际需要对每个模块（主题）的内容进行必要的筛选。

本书由郑日昌和田宝伟共同策划，张驰负责组织协调。前言作者是张驰、田宝伟，第 1 章、第 2 章、第 3 章作者是张驰、鲁小华、胡心怡、牛勇、孙大强、田宝伟。初稿写出后经张驰和田宝伟修改，最后由郑日昌审阅修改定稿。

在团体训练中，我们深刻体会到：看到或听到的，只能被记住或被说出来、写出来；只有亲身经历和体验过的，才能被深刻地领悟和运用，才能真正融化在血液中，落实在行动上。

编者

目　录

第 1 章

了解团体心理辅导

什么是团体心理辅导

一、团体及其要素

团体是两个或两个以上独立的个体通过彼此互动而互相影响的个人集合体。

一个有意义或有功能的团体，必须具备四个要素：1. 有一定规模，即由两个以上的人组成；2. 学生有共同的目标，共识越多，团体的凝聚力就越强；3. 团体学生互相影响，可能是相互关怀、支持、鼓励、欣赏、协助等正向互动，也可能是相互挑剔、责备、讽刺、欺骗等负向互动；4. 具有团体规范，即通过共识和互动，形成团体规范，且为大家所遵守。

二、团体心理辅导

团体心理辅导是指在团体的情境下，运用心理训练的方法和团体动力学的理论，借助团体的力量和各种应用心理学的技术，使团体学生互助并达到自助，帮助学生学习新的行为，获得新的体验，最终达到提高心理素质、促进人格全面健康发展这一目标的过程。

三、团体心理辅导不同于团体心理咨询

1. 目标不同。团体心理咨询的目标是解决学生共有的发展课题或心理障碍；而团体心理辅导的目标是以人的成长、发展为中心，强调助人发展功能，旨在帮助人的全面发展，最终目标是促进人格的健康发展。

2. 对象不同。团体心理咨询的参加对象为有某方面心理障碍或希望在某方面得到发展的人，小组规模一般为 8～10 人；团体心理辅导的人员构成比较宽泛，人数从十几人到几十人不等，人员的构成也没有筛选、入组的过程。

3. 活动性质和侧重点不同。团体心理咨询更多地采用专业的心理咨询技术，活动触及参加者心灵深层领域，对个人影响更深远；团体心理辅导的技术着重活动体验，强调此时此地，强调过程不强调内容，强调态度与行为的形成与改变。

团体心理辅导的特点、优势及功能

一、团体心理辅导的特点

团体心理辅导具有如下四方面的特点。

（一）目标针对性

目标针对性是依据学生的身心特点，明确靶目标，根据他们的实际需要，对症下药，制订切实可行的训练计划。对学生进行心理训练，目标是激发学生对自我的觉察、探索成长中的问题、处理未完成的事项、提升自我接纳与自信、促进自我继续成长，主要形式有：团体活动、体验练习、讨论分享。

（二）严谨科学性

严谨科学性是指整个团体心理辅导的设计与实施要符合学生的心理发展规律，要严谨合理、形式得当、活动安排紧凑、地点选择恰当、操作程序规范、符合科学性。人的心理活动是知、情、意的统一，是一个整体，若只进行单一训练，虽对学生心理素质的提升也有一定效果，但缺乏科学

性。因此，要达到心理健康教育的预期效果，就需要进行科学的训练，把相互联系的多项心理训练结合起来，依据科学原理，有计划地组织实施，最大限度地提升学生心理健康教育的效果。

（三）完整系统性

团体心理辅导是一个完整的系统工程，包括多个相互联系的训练，这些训练有步骤、分阶段地组织实施，在内容、形式和方法上相互交叉、相互补充，从而使得心理训练的效果进一步深化和巩固，融合了心理训练的心理健康教育也能达到最佳效果。例如，对于有社交恐惧的人，如果仅仅采取系统脱敏训练，很难达到预期的效果；如果辅之以完整的自信心训练、人际交往能力训练，就能收到良好的成效。

（四）全程互动性

团体心理辅导打破了传统心理健康教育中以“教”为主的教育模式，让学生在轻松、愉快地参与中学到心理健康知识，体验到团体心理辅导过程是一个活泼的人际交往过程。团体心理辅导通过改变现场气氛，提高了参与者的积极性，使参与者在训练中情绪处于高亢的激动状态，意志坚强、充满信心，最终使学生产生良好的心理体验和情绪状态，从而形成一种良性循环。在全程频繁的互动过程中，学生能敞开心扉、大胆倾诉，使问题更容易得到解决，也使他们更加理解和支持其他团体学生。

二、团体心理辅导的优势

与个体辅导相比较，团体心理辅导有以下几个主要优势。

1. 针对性强。团体心理辅导不同于一般的教育辅导，每一种训练都是针对学生自身存在的问题，结合他们的心理特点和身心健康水平，根据他们的实际需要，对症下药，制订出切实可行的计划、方案。如针对某些学生性格孤僻、缺乏与人沟通的能力，可以采用角色训练法来培养其交往技能和演说能力。

2. 可操作性。团体心理辅导在实施过程中，具有训练设计合理，训练形式得当，活动安排紧凑，活动组织严密，训练方法科学，选择地点恰当，训练技术可行，操作程序规范等优势特点。

3. 效率高。一般来说，在同一时间内，以团体的形式解决多个人的共同问题，可以提高心理训练的时效性。心理训练的时间一般比较短，通常是几天或几周，最长的也只有1~2年。学生的团体心理辅导，一般每天一次，基本上经过六次的训练就能收到一定的效果。由于时间通常比较集中，其目的性、计划性以及针对性较强，短期内就能在一定程度上改变原有的心理面貌，因而具有高效率的特点。

4. 感染力强。个体辅导的过程是咨询师与来访者之间单向或双向沟通的过程，而团体心理辅导是多向沟通过程。对每一个学生来说，都存在多个影响源。每个学生不仅自己接受他人的帮助，也可以帮助其他学生。同时，在团体情境下，每个团体学生都可以同时学习模仿多个团体学生的适应行为，从多个角度洞察自己。团体互动过程中，学生之间互相支持、集思广益，共同探寻解决问题的办法，减少了对指导者的依赖。由此可见，团体情境下的学习、模仿氛围感染力极强。

5. 训练效果容易巩固。团体心理辅导创造了一个近乎真实的社会生活情境，为团体学生提供了社交的机会。学生在团体中的言行往往是他们日常生活行为的再现。在充满信任的良好团体气氛中，通过示范、模仿、训练等方法，他们可以尝试学习新的行为方式，建立良好的人际关系。如果在团体中自己原有的行为方式能有所改变，这种改变会延伸到现实生活中，效果较个别心理咨询时与心理咨询师的交谈更容易迁移到日常生活中去。

6. 更适用于人际关系适应不良的人。团体心理辅导对于人际关系适应不良的人有其特别的作用，尤其是对缺乏社会经验的青少年，教益更大。那些常发生人际关系方面的冲突的人，那些躲避与人接触的人，那些经常与学生、同事不能相处的人，那些因缺乏客观的自我评价、缺乏对他人的信任、过分依赖或过分武断而难以与他人建立和保持良好的、协调的人际关系的人，都可以通过团体心理辅导学习新行为，调适人际关系。

三、中小学生团体心理辅导的功能

团体心理辅导提供了一个社会的缩影和人际互动的舞台，可以为学生提供情感的表达和宣泄、人际的互动与支持、积极情绪的体验、认知的重构和修通等方面的心理帮助。

(一) 中小学生进行团体心理辅导的重要性

肖（Show，1992）在对团体凝聚力的研究中发现，凝聚力高的团体成员间有更多的沟通、积极的合作，对成员发挥较大的影响力，更容易达成团队目标，成员产生更多的满足感。

团体心理辅导遵循“非指导性”的原则。“非指导性”是美国人本主义心理学家罗杰斯提出的心理辅导和教育原则，他认为心理辅导应该以双方的真诚关系为基础，这种关系不是一种灌输的关系，而是一种启发式促进成长的关系。他认为每个人都有一种自发向上的本能，倡导“当事人为中心”的心理辅导理论，关注到团体活动中每位学生的表现，从而激发出他们内在的潜能，使他们对自己生命抱有负责任的态度。

(二) 中小学生团体心理辅导的目标

团体心理辅导的目标有三个层次，矫治、预防和发展。中小学生心理和行为出现偏差大部分是属于成长过程中出现的发展性问题。比如很多学生在中小学时遇到学习上的困境，老师和家长常常会说他很聪明就是不用功。其实这是在给孩子学习成绩不好合理化，如果坐下来和孩子探讨成绩低下的原因，并想出解决问题的办法，就会教会他面对困难时该如何去处理。比如有的学生在班级里招人讨厌，他的哪些偏差导致了这种状况的发生？还有压抑在孩子心里的来自家庭和学校的负面压力长期得不到释放，在行为上引发退缩或者易激惹现象等等。这些问题没有发展到心理疾病的程度，因而他们在团体心理辅导中，打开自己，释放自己，与伙伴们在一起，在团体里学到与人相处的知识与技能，采用合理有效的方式满足自己的需要，提高自己应对挫折、冲突、压力、焦虑等带来的种种困扰的能力，减轻在平日里积压的痛苦、不适的体验，能够防止心理疾病的发生，从而在日常生活中能够快乐地学习、轻声与同伴交往，树立起为自己生命负责任的态度，使身心和谐达到统一。

(三) 团体心理辅导的功能有四个方面

1. 教育功能

团体训练的过程借助各种心理活动和学生之间的互动，协助学生增进自我了解、自我抉择、自我发展的能力，从而达到自我教育、自我完善的目的。心理学家贝内特（M.E.Bennett）指出，学生在团体心理辅导中的学习内容有10项：（1）学习了解真正的问题，并且能够面对它；（2）学习分析问题的技术；（3）学习在解决问题的基础上合理利用资源；（4）学习对于内心的了解并改进行为；（5）学习对于别人的了解以及与人共处的方法；（6）学习拟订长期的人生计划；（7）学习保持当前的目标和长期的目标之间的平衡；（8）学习选择经验的标准；（9）学习将知识、计划付诸行动；（10）学习评鉴进步情形及修正目标与计划。团体心理辅导借助学生的主动自我改进，实现学生的自我教育。

每次团体活动都有主题目标，如完善性格、人际交往、情绪释放、性知识启蒙、感恩教育、法律知识普及等，这种认知学习的方法不是单方向的灌输，而是在团体里去体验实践。

团体训练的教育功能有助于培养团体学生的社会性，有效地学习社会规范、形成适应社会生活的态度与习惯，以及培养互相尊重、互相了解的习惯和少数服从多数的民主作风，从而促进学生人格的全面发展。

2. 发展功能

团体心理辅导主要着重于中小学生心理的成长与发展。本书所设计的团体心理辅导模块，如自我探索、有效沟通、时间管理与自我效能提升、压力与挫折应对、情绪管理、积极幸福的学问、珍爱生命等，均旨在帮助团体学生扫除其正常成长过程中的障碍，使其心理得到健康发展。

在团体活动当中，他们善于发现自己、了解自己、了解他人，学会与人相处的模式以及如何参与到团队当中。当满足他们爱、自尊心和安全感的需要时，他们在团队当中汲取力量，从而更好地投入到学习和生活当中。

团体心理辅导可以给予学生以启发和引导，满足他们的基本需要和社会需要，促进他们了解自我，改善人际关系，学习建立充满信任的人际关系所需要掌握的技巧和方法，养成积极面对问题的态度，从而对自己充满信任，对生活充满信心，对未来充满希望。可见，团体训练可以最大限度地发挥学生原已存在的能力或形成更强的能力，促使学生相互学习、相互借鉴、取长补短，进而有助于个人发展。

3. 预防功能

中小学阶段是人生当中由青少年向成年人过渡的阶段，学生的生理和心理发展还不够成熟，缺乏一定的分析判断能力和独立生活能力，做事缺乏考虑甚至偏激。他们在成长过程当中出现的一般性的问题具有普遍性和单一性，有的心理和行为出现了偏差，但是并没有影响到学习功能和生活功能，让他们在团体的互动中成长，从而让他们觉察自己，引导他们认清并摆脱自己曾经坚持的扭曲的信念。在团体辅导中，个别学生有机会将埋藏于心底的感受如恐惧、愤怒、罪恶、自卑等在其他人面前充分表达和宣泄，从而化解其内心的情感障碍，否则，这些痛苦的情绪只能压抑在心中，久而久之会影响身心健康。同时，团体心理辅导创造了一种被保护的环境、被理解的场所，将内心所有隐抑的消极情绪发泄出来的学生，不但不会受批评、被嘲笑，反而会得到关心与安慰，团体内的其他学生会不失时机地给予接纳、理解、信任以及提出真诚的建议，使学生在观察、了解团体其他学生的态度和认识的基础上，改变错误认知，增强判断能力，体验自信与成功感，增进对问题的处理能力，从而预防或减少心理问题的发生，从而更好地融入学校生活和社会生活。

4. 矫正功能

团体心理辅导不仅使学生在团体中获得情感的支持，发展适应的行为，还能帮助他们重建理性认知。比如那些交往困难的学生，通过团体的交互经验，不但能看清楚自己的社交情况，还可以学习基于对别人的信任所发展出来的良性行为、有效沟通和融洽共处的方法。而这些技巧能够指导他们在真实的社会交往中产生积极的态度和健康的行为。团体心理辅导还为因片面的、错误的认知和非理性信念作用而导致抑郁、自卑、焦虑、恐惧等不良情绪的心理障碍者，提供了一个客观了解他人和自己的对比参照，可以使参加者更清楚地认识自己和他人，建立新的自我认同模式和对他人的接纳态度，纠正过去不良的认知，建立合理的信念。研究证明，原有情绪不稳、适应不良或有心理困扰的学生经过心理训练，其问题逐渐减轻并得到矫正。

我国中小学生采取班级授课的特点，两点一线的生活过于简单，他们在学习上的心理压力、青春期与父母老师的关系以及游戏成瘾、校园霸凌、懵懂爱情、同伴关系等方面出现问题时情绪无法释放与调节。个体咨询无法满足学生心理成长的需要，他们出现的问题具有普遍性和相似性，因而在中小学生教育中引入团体心理辅导活动是非常必要的。

中小学生团体心理辅导，通过游戏互动使每个参加的学生积极投入到活动体验中，通过团体内人际交互的作用，促进他们在交往中观察、学习、体验、认识自我、探索自我，调整和改善与同伴的关系，使他们在体验中学习、互动中成长。在活动中让他们充分懂得在团体里要遵从团体相应的规范、彼此的接纳和包容、“我助人人、人人助我”的理念，提升他们与人合作相处、换位思考、自我探索、潜能开发、提升自信等能力，增强在团体里的归属感、凝聚力及集体荣誉感，培养他们积极乐观向上的心理品质，促进人格的健全发展。因而团体心理辅导的重要性日益彰显。

四、中小学生团体心理辅导的优势

中小学生个体咨询一般适用于心理偏差严重的人，他们在学校功能和家庭功能中有一部分受损，要经过多次一对一的咨询，改变他们认知上的偏差，从而达到改变行为的目的以适应学校和家庭生活。在学校里绝大多数学生都有良好的学校功能和家庭功能，他们在行为上出现的偏差具有相似性和单一性，因而团体心理辅导就显得格外重要。

（一）受众面广，参与性极强

团体心理辅导受众面广，可以十几人或者几十人同时参与。学生进入小学中高级阶段特别是进入中学阶段，身心的发育使他们有着极强的成人感，在有些事情上对成年人的安排产生排斥感，对成年人的一些观点采取屏蔽的态度。团体心理辅导通过游戏活动充分调动了学生的参与性，在活动中他们专注于辅导主题展开，从而降低心理的防御水平，小伙伴们一起敞开自己的内心世界。这给长期以来在课堂上存在的学生以学习中心、教师至上、灌输为主的固有模式带来生机与活力，在情境和体验中发现具有建设性的解决问题的办法，让他们在积极参与中感觉到活动生动有趣又富有哲理，兴趣盎然，投入专注。

团体心理辅导目的不是为了治疗，而是唤起学生内在的需求和激发出内在的潜能，建立和谐的人际关系，促进个人的成长和自我实现。在团体活动中，辅导者要关注到每个学生的表现，当他们切身体验到自己被团体高度重视和注意的时候，主动意识和主动精神才会焕发光彩。

（二）团体活动形式多样

团体心理辅导的形式多种多样，有的在班级里开展生动有趣又能引发学生思考的各种游戏，游戏之后的分享和辅导员的深度讲解，引发他们对生命的深深的思考，渐渐地他们会对自己生命负起责，学习不再是家长和老师的事情，他们会直面自己遇到的问题，在自己能力无法达到的时候，寻求周围资源的帮助。他们开始思考未来的人生，规划人生，考虑如何有质量地度过自己的一生。

（三）活动环节生动有趣

有研究表明，在小学阶段，遇到痛苦时最想做的是什么？大部分小学生都会提到游戏活动，或者说做有趣的事情，这样会让自己感觉好过些。西方文化鼓励青少年表达自己的经历和体验，使自己的需要最终能够被满足。东方的文化则强调中小学生的自律精神，成年人更希望他们善于理解他人，压抑自己的情绪，表现出符合情境的行为。

中小学生特别是小学生，他们很难在 45 分钟的课堂里一直注意听讲，相反他们对于自己感兴趣的活动有着积极参与的欲望。当代中小学生具有鲜明的自我利益意识、积极主动的参与意识、强烈的个性表现欲望，但有相当一部分学生以自我为中心，团结协作、团队精神不足，因而在团队里设计出符合他们年龄特点的生动活泼、健康积极、丰富多彩的各种游戏，使他们在游戏中体会到团体的温暖、集体的力量，在生动有趣的活动当中，释放自己，绽放自我，让他们在玩中学，在团体游戏中激发出创意思考、行为示范等能力是有意义的。

（四）结束分享，感性上升理性

团体心理辅导分为三个步骤，辅导员讲解、开始活动、活动后的分享。团体活动后的分享是学生通过活动从感性的体验上升到理性的认识。分享是一种经验的交流，只要有人的地方就会有分享，因为人会通过语言文字、肢体动作与别人互动，在这互动过程当中就会产生一个重要的情感。在分享过程当中，人与人的距离更近了，人通过分享感受到自己的存在价值。

青少年正处于自我辨识与自我认定的重要时期，此阶段的青少年很在意他人对自己的看法，这时候的重要他人由父母转移为同学，让彼此成为支持与模仿学习的对象。在游戏活动中，学生会产生各种各样的情感体验，情绪越强烈，体验越深刻。

分享不是抽象的概念总结，是参加的每位学生把在游戏活动中内心深处的情感体验表达出来，表达出自己的感悟以及在与同伴合作当中有哪些收获。分享往往是紧紧围绕着整个团体心理辅导的主题进行，同伴们在分享过程当中碰撞出思想的火花，可以有机会自我觉察，看到自己内心的世界，变得习惯去思考，在情绪、心理、精神、认知、社会的观点等方面去表达自己的想法和疑问，创造出同伴都在一起的感觉，增进彼此之间的认同感与信任感。当他们听到其他同学的分享与自己内在的想法一致的时候，内心就会产生深深的共鸣，有一种与别人同在的感觉，之前担心自己的想法会被同学耻笑的心情，在那一刻得以释怀。

在分享中别人是如何看待自己的，以及我是如何看待他人的，彼此达到了镜映的作用。有相当一部分学生在众人面前讲话紧张慌乱，分享环节让他们有机会在众人面前表达自己的感受，很好地锻炼了他们在众人面前讲话的能力。辅导员再给予恰当的引导，使游戏活动的目的得以升华，从而提升他们的自尊心、人际交往能力和自我控制能力。分享在团体心理辅导中具有催化的功能，能让团体活动达到更深层次的目的。

（五）耗时短，效率高

中小学生团体心理辅导的目标具有针对性和可操作性，在时间设置上有半天一天等，每次活动都有具体的目标，解决学生当中存在的普遍问题。在团体活动开始的时候要进行预热，运用群体动力学的原理，带领者把团体创建成和谐、温暖、抱持的心理氛围。在这个团体当中，每一个人都是自由的，给予他们充分表达自己的机会，带领者和每一位学生都不能给予评判甚至人身攻击。在开始的时候设计一些活动让他们彼此认识，消除沟通的障碍，让他们积极地投入到团体活动当中，对其他人感兴趣，对团体感兴趣。游戏之后的分享，每个人成长环境的不同，他们在团队里观察到的现象、观察的角度都不一样，学生在分享中增强对自我和他人的觉察力，并应用到现实生活当中。辅导者可以事先从活动中提炼出几个讨论的主题，组织学生开展交流分享，也可以让学生围绕活动自由展开讨论，最后辅导员进行点拨总结，给游戏赋予深层次的意义。

整个活动有开始、高潮、结尾，一气呵成，有的可能只用半天或者一天的时间，虽然用时很短，但是活动结束后，学生们的收获是巨大的。

团体心理辅导的操作方向、构成及过程

一、团体心理辅导的操作方向

团体心理辅导的操作方向就是从观念、情境和行为等方面激发学生的学习热情，通过精心选择团体活动方式，灵活地采用活动、讨论、游戏、案例分析、行为训练等方法进行教学，活跃课堂气氛，调动学生的主动性和积极性，促使学生保持持续的学习激情和旺盛的精力，获得最优的心理健康教育效果。

（一）明晰观念

这类团体训练以集体讨论为主要表现形式。在课堂中，指导教师根据学生成长过程中面临的共同问题或者现实困惑组织集体讨论，通过相互沟通交流，集思广益，使学生通过比较获得启发，并对自身问题有进一步的体会，从而修正自我模糊或错误的观点。讨论可以是分小组的交谈，也可以是全体学生论坛式的交流。如“学生该不该谈恋爱”“学生应该有怎样的人际关系”等，教师可以组织多方辩论，让学生谈自己做出某种选择的理由和观点，并给予点评，从而澄清模糊认识，形成一致的看法。

（二）情境体验

这类团体训练以角色扮演为代表，它能通过复原真实的情境和过程给

学生启迪思考。主要目的是使学生能设身处地去扮演一个在实际生活中不属于自己的角色，通过不断演练，得以尝试和体验另一种生活的态度、方式和行为模式。团体训练过程中，针对相应的心理专题设计情境，让学生扮演一定的角色，然后大家组织讨论，指出其中不妥当的情绪和处理方式，再由其他学生将他们认为比较合适的方式表演出来，使表演者和观看者都能从中受到教育。

（三）行为训练

行为训练是以行为示范为主要平台，在团体训练过程中，指导教师可提供详细具体的行为示范，由学生观摩、仿效和预演。与此同时，指导教师也可让学生观察数种不同的行为，从中选出标准的行为作为练习的靶目标。这样的方式能够让学生习得预定的目标行为或技巧，是学习并强化适应行为、纠正并消除不适应行为的一种心理辅导方法。在实际训练过程中，指导教师和参与学生可以根据现实情境需要，灵活组织各种训练活动，及时调整训练方法和进程，使学生在互动过程和互助氛围中培养良好的心理品质，大大突破了传统心理健康教育方法的局限性。

二、团体心理辅导的构成要素

（一）领导者

团体心理辅导中的辅导者常常被称为组长、领导者、训练员等。尽管不同形式、不同目标的团体心理辅导对领导者的要求有所不同，但从总体看，领导者在团体心理辅导中始终起着组织与引导的作用，团体领导者是团体成败的关键因素。

团体训练的领导者通常有两人，一位是领导者，也称组长，主要负责制定团体训练的目标，设计训练内容，控制训练进程和节奏，把握训练效果；另一位是协同领导者，也称副组长，主要是协助组长做好训练前的准备，协助组长完成训练过程，实现训练目标。

（二）学生构成

团体心理辅导的组织形式多种多样。有的团体主要是采用广泛招募的方式，如学生心灵成长小组、自信心提升训练小组等；有的团体采用课程选修的方式，如人际交往技能训练、心理素质培养与训练等；有的团体则采用集体通知和指派的方式，如新生团员骨干心理训练、优秀班团干部心理素质培训等。

由于团体心理辅导的组织形式多种多样，因此有的团体学生间相互熟识，有的团体是部分学生相互认识，还有的团体是相互不认识，人员的需要和动机也常各不相同，这是团体心理辅导人员构成的特殊性。

（三）场地布置

团体心理辅导的场地需要选择比较宽敞、安静的教室或活动室。场地大小不要太大也不要太小，场地太大常常使团体过于分散，形成的团体场力量较弱，声音容易发散，领导者对整个团体的控制难度较大；场地太小又常常显得比较拥挤，团体学生摩肩接踵，活动不开，影响活动效果。40人的团体宜选用三间房（大约80~90平方米）的教室。室内一般不需要桌子，有时需要预留几张桌子（通常一个小组两张课桌即可），为小组完成一些活动之用。每人一把椅子。在团体心理辅导开始前，把椅子摆成一圈（此时团体已经开始形成了），大家到场后自由选择座位坐下。分组后，各小组再围坐在自己的小组中进行活动。

团体训练室要空气通畅、光线明亮、温度适中，过热或过冷都不利于团体学习的开展。房间内需备有饮水设备。

可以对团体活动室进行环境的营造，例如根据主题提前在墙壁上贴一些心理学的名言，或者让学生将小组完成的作品贴在墙上。如果是在学校进行，可以在黑板上写字或画画。

（四）道具或材料准备

团体心理辅导的道具或材料要提前准备好。团体心理辅导主要是对学生的某些心理素质进行训练，主要目的是借助一些训练项目引发学生心理上和行为上的感受和改变，训练项目一般较小，所需道具不像素质拓展训练那样有专业的大型设备。团体心理辅导通常用的道具或材料包括：笔记本电脑、音响设备、彩笔、白纸或彩纸（A1、A4、B5最为常用）、眼罩、棍子、绳子、剪刀、胶水或双面胶等。

团体心理辅导所用道具或材料准备，在每个活动设计中都会详细说明。

（五）团体目标的确定

团体目标的制定需要考虑两个方面的需求，一是培训主办方或上级管理部门的需求，二是所要培训人群的需求。了解培训主办方或上级管理部门的需求，主要是了解主办方或上级主管部门对培训及训练的期望、想要达到的目的，共同确定训练的主题和形式。了解培训人员的需求可由主办方通过问卷或访谈的方式获得，同时也需要掌握受训人的性别构成、年龄等。作为团体的领导者，在与主办方协商的过程中，应在了解了人群和需求的情况下提出专业的建议，共同完成一个心理教育切实可行的培训主题。这个主题的确立也是领导者需要传达的知识点和培训目标的确定。

（六）团体心理辅导的内容策划

目标确定后，领导者需要把总的目标细化，形成一个个子目标和细的知识点，以便于团体活动的规划。例如：以培养积极心态为培训的总目标，其中就包括：1. 内在积极资源的探索；2. 情绪对心态的影响；3. 积极心态的建构。知识点可以根据培训时间的长短增加或减少。在上例中，如果培训时间较长，还可以加上人际与心态的关系、学习爱等知识点；如果培训时间短，可以在这些与心态有关的具体知识点中，选取符合培训人群特点和需要的知识点来传授。

知识点确立以后，就要进行团体培训活动的规划。团体活动提供给学生的感受要与知识点紧密结合，每个具体的知识点规划一个活动，每个活动要包括：1. 心理活动或游戏，引发学生内在的体验，这种体验与具体的知识点相对应；2. 进行分享与讨论，让学生把体验作一个纲领式的总结归纳，这个纲领由领导者有目的地提出；3. 讲解与解释，对学生的体验进行解读，澄清学生在训练中内心活动和感受的心理原理，并联系现实生活对这一原理进行详细讲解。

团体培训还需要有一个总的规划：热身——建立关系——主题——结束。热身的活动要引发活跃的团体氛围，不需要内在的沟通与分享，主要是团体与领导者相互熟悉，了解培训中将要进行的活动，对团体有初步的认同感。在建立初步关系阶段的活动中，以学生间的相互合作、沟通与互动为主，但不宜有过多的情感暴露和深层沟通，即使在相互熟识的团体中，因为人们平时不习惯以情感过多流露的方式进行交流，过早地开始深层的交流会导致内心因缺乏安全感而拒绝开放。到了主题的阶段，团体与领导者的关系已经稳固，团体的安全氛围已经形成，情感的沟通与分享就可以实现，学生也能接受领导者的教育。在团体训练收尾的阶段，需要对培训的体验和收获进行总结，因此，结束的活动需要设计得能够让学生沉淀情绪和情感，进行一些回顾和思索。

作为团体的领导者，需要对团体有整体的规划，让主题能在体验和理论中落实；要注意细节的处理，让整个培训环环相扣，活动与讲解由浅入深地进行；还要能够敏感地觉察团体的进展，灵活地引导团体的进程，这就需要领导者在每一次团体培训的实践中不断学习并积累经验。

（七）团体心理辅导的时间规划

团体辅导的时间虽然会因受训方的要求与条件不同而有很大差异，但时间的分配是固定的。心理训练的学习阶段，也就是主题活动和知识点讲解的部分应占团体心理辅导一半的时间；建设阶段通常占整个训练四分之一的时间；还剩下四分之一的时间，由准备阶段和总结阶段平均分配。如图 1-1 所示。

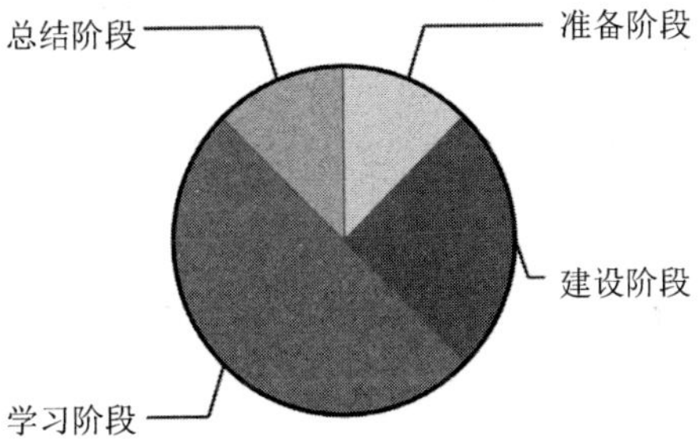

图 1-1　团体心理辅导时间分布图

三、团体心理辅导的基本过程

团体心理辅导主要有四个阶段：准备阶段，建设阶段，学习阶段，总结阶段。

（一）准备阶段

准备阶段是为学生和团体作心理和人际准备的阶段。心理训练的对象通常是由承办培训的机构或单位指派接受训练的，从整个团体来看，参与的动机相对较弱；从每个学生来看，动机的差异也较大。然而，心理训练的团体毕竟属于一种心理团体，心理参与的动机和投入度直接与训练的效益和作用息息相关。因此，引发和增强每个学生的动机，形成整个团体的良好氛围是这个阶段的核心目的。

在这个阶段通常组织热身的活动，一来让那些相互不认识的学生减少人际生疏感，二来让学生对心理训练产生兴趣，引导学生积极地投入到活动中来。

（二）建设阶段

建设阶段是为学生打好心理基础、巩固人际关系的阶段。在这个阶段，首先要促使学生转变日常的思维习惯，把关注点引导到内心的感受中来。其次，要增强积极的人际氛围，创造一个能够呈现个性化表达和感受的团体环境，引发人际间的互动和交流。

在这个阶段通常组织团队建设活动、促进学生合作与增强团体凝聚力的活动，既能让学生的个性特点有所展现，又能使学生之间有语言的分享和交流。

（三）学习阶段

学习阶段是心理常识学习和心理活动体验的阶段，也是训练目标达成的阶段。在这个阶段，心理训练的主题活动开展起来。围绕着训练目标开展心理活动，让学生先从感受中了解心理活动的规律，然后对训练目标的知识点进行讲解，并对心理活动的意义进行解说。

在这个阶段，通常根据心理训练的主题来选择团体活动，之后要有一个深入的团体讨论与分享。为了确保讨论与分享的方向，通常要设定与主题相关的题目和问题。在讨论以后，收集团体中的资料，在团体讨论的基础上讲解知识点。

（四）总结阶段

总结阶段是心理训练的结束阶段。在这个阶段，需要启发学生对训练的内容进行回顾和总结，一方面是对训练中所觉察到的感受进行回顾，另一方面是对训练中的知识点进行总结。

在这个阶段，通常需要把学生从深入的体验和讨论中拉回到团体开始时的心理层面来，但同时又要给学生一些内省和思考的空间，以便对训练的内容进行“消化”。

团体领导者

一、团体领导者的角色

作为一个团体心理辅导的领导者，首先要注意自己在团体中所扮演的角色，除了具备对团体的敏感度，还应针对每一阶段的目标，经由观察、收集资料、回馈和适当解读，发觉团体学生的改变，进而主动适当地改变计划，使领导学习更为有效。

在团体心理辅导中，领导者扮演着多种角色，如指导者、教育者、观察者、反馈者、陪伴者、顾问、调解员、支持者、教练等。下面介绍几种主要的角色。

（一）创造者

在团体心理辅导中，尤其是热场环节，领导者需要催化团体气氛，把学生带到此时此地，领导者的风格直接影响到团体形成的模式、学生参与的意愿以及团体发展的走向。

（二）掌舵者

领导角色需要利用自己的知识和技巧使团体学生发挥他们的能力，形成“人人助我、我助人人”的团体氛围。领导者应不断调整团体的情境和节奏，为团体学生树立行为模式，促进学生间的交流，让学生在安全、温暖的环境中表达自己的思想、情感和感受。在团体心理辅导中，领导者始终是舵手，把握着团体发展的方向。领导者的学习包括活动前的策划和准备，活动中的启发、鼓励和解读，以及活动结束时的总结和提升。

（三）教育者

团体心理辅导中的领导者常常担当教育学习者的角色。在解读环节，领导者像老师一样为团体学生传授一些跟主题相关的心理学理论和方法，增强说服力和巩固学生收获。每个人都希望得到别人的赏识和肯定，领导者对学生的鼓励会提高学生的信心和希望，增强团体效能。当领导者观察到某个学生有所改进时，要进行及时恰当地强化，这样不仅可以鼓励该学生，也会激发其他学生的学习和改善。团体领导者亦师亦友，他们不应高高在上，而需要把自己当作团体中的一员。在这种互动中，领导者是团体学生的知心朋友，这种平等的、尊重的、亲密的、融洽的氛围，能够使团体学生减轻自我防卫心理，真实地表达自己。

（四）治疗师

在一些问题解决型团体中，领导者常常需要扮演治疗师的角色。领导者利用倾听技术、澄清技术、移情、反移情、阐释等心理治疗方法以及一些行为改变的方法帮助学生改变非理性信念和行为。有时，领导者在适当的机会进行恰当的自我暴露，分享自己的故事和经历，往往会起到非常好的治疗效果。另外，领导者只有对团体心理辅导的主题、方案、过程、总结进行仔细的分析和评估，才能真实地掌握团体心理辅导的成效和发展动力，为其他团体心理辅导提供借鉴。

二、团体领导者的责任与任务

团体的领导者既有教育的功能，又有主持团体训练活动的功能。这两个功能的实现同时也是团体领导者的责任和任务。而这两个功能又是一种合力，缺一不可。团体中的教育是一种心理的教育，领导者需要在团体心理辅导的过程中把一些特定的心理知识传授给学生，这是团体心理辅导的精髓和意义所在，也是团体领导者的最高目标。但是，这些知识的传播却需要团体活动作为载体来实现。团体活动是心理体验的过程和基础，也是心理教育的途径和基础，领导者需要通过团体活动来引导学生投入地参与和开放地接受，并在活动中引发种种感受，在此基础上，心理的教育才可能实现。因为，心理的教育有别于其他知识的教育，它不能只在理性的层面进行理解，更不是一种标准化的学习。内心的变化是个复杂而微妙的过程，只有通过感性的、个性化的体验，才能让每个受训学生带着自己内在的感悟真正去理解和接纳其中的知识点。

在团体辅导中，领导者的具体任务包括：1. 设计整个训练的内容和进程；2. 领导每一次团体的活动并对时间进行控制；3. 为大家提供一个相互交流、心灵碰撞和成长的机会和场所；4. 鼓励大家积极地参与各项活动，彼此坦诚地交流对问题的看法。

三、团体领导者的培养与成长

团体领导者的培养过程，必须以理论知识学习为基础，然后到投入体验，再到实践经验的积累，是一个系统的培训和塑造的过程，也是一个终身学习的过程。即使对于经验丰富的团体领导者，每一次培训也都是学习成长的一课，停止了学习的领导者最终将无法承担团体中的各种职责，也无法实现自己在团体中的功能。因为每一个团体都是独特的，每一次培训都不会是模式化的重复，初期的培养只是提供一个团体培训的框架，让团体领导者了解团体活动过程的相对一致性特点，而其中的内容和对团体目标实现的真正领导是需要领导者在学习中敏锐地学习与吸收的。因此，团体是领导者最好的老师，虚心学习是领导者最基本的人格素质，否则，团体领导者的培养与成长就无法真正地实现。

在团体的领导者正式上岗之前，需要打下坚实的基础。从团体领导者需要承担的四种角色入手，领导者需要培养以下四方面的能力。

（一）成为一名心理治疗师或心理咨询师

这是团体领导者的第一要素。要带领以心理教育为目的的团体，若没有心理专业教育的背景，一切便无从谈起。作为一名心理治疗师首先要具备心理学理论的学习基础，也要有两方面的学习：无论是在学校系统的学习，还是经过专业资质认证的学习都必不可少。只有经过这两方面的学习，才能算是基本掌握了心理学的理论知识，了解了心理治疗各个流派的理论依据。在此基础上，才可以进行体验、督导和个体的心理咨询实践。简要来说，在成为一名团体领导者之前，一定要成为一名合格的心理咨询师，应该接受过完整的心理咨询师培训，还要有一年以上的个体咨询经验。因为在团体中，领导者需要面对更多的人际互动和更复杂的心理活动。只有在个体的咨询中能够游刃有余地引导心理互动的过程，能够敏锐地觉察各种情绪反应并预期人际氛围发展方向的治疗师或是咨询师，才能应对团体中错综复杂的人际状况，把握、引导以及预期团体的进程。以上这些都是团体领导者在培训过程中必备的专业基础。

（二）成为一名教育者

团体领导者要能够把心理教育的知识点和团体活动紧密结合起来。这需要在接受督导和跟随有经验的团体领导者进行实践的过程中培养。实现这一功能，需要从两个方面来进行训练。一是进行团体培训规划的训练，该训练过程包括培训前的收集信息和制订培训计划。收集信息是制订培训计划的基础，需要确认培训的人群、时间和需要等，然后归纳培训的目标，之后进行活动和知识点的规划设计。这部分的培养主要在实践和督导中完成，督导师要对团体计划的现实性进行评估，对知识点和团体活动结合的有效性进行评估，指导团体领导者逐步提升该项专业能力。二是团体培训中语言的培养和训练，语言的训练又包括团体活动之前和过程中的指导语以及团体活动之后的讲解。团体领导者的指导语应该明确、简洁、清晰。明确是为了让团体学生对将要发生的事情有确定感和掌控感，知道自己要做什么、会经历什么；简洁是为了让学生在专注的状态中聆听指导语，接受领导者的指令；清晰是指领导者的语速、语调和语言的归纳能让学生明白其意图。该项能力的培养是在督导师的指导提示和实践的不断改进中完成的。另外，讲解是领导者最为重要的能力，在团体的培训中，领导者需要从学生的体验入手来进行讲解，紧密结合着大家的感受把理论的知识点传达出来。这是领导者的培养中最难但最为关键的部分，它既需要领导者具有深厚的心理学专业知识基础，又需要其具有对情绪反应的敏感觉察，更需要领导者灵活地掌握活动中的信息以作为心理知识传达的载体。团体领导者的个人成长状况、知识基础和培训经验等在此过程中将暴露无遗。因此，讲解能力是领导者的培养重点。只有具备了以上这些能力，才能实现团体培训中教育者的功能。

（三）在团体中实现领导者的功能

这需要经验的积累和个人的成长方可实现，要求领导者有个人素质的提高和心理力量的增强。这个功能是种隐形的力量，可推动其他功能的实现。这方面的培养需要通过自我体验来逐渐实现，心理治疗师或是咨询师是团体领导者的前提，从这方面来看，个体的自我体验必不可少。此外，作为团体的领导者，在团体中的自我体验同样必不可少。从团体中获悉自己面对团体互动的各种反应，以及自己在人际交往中的盲点是成长的关键。更要了解各种团体活动给自己带来的感受，从他人在团体的体验中了解可能引发的各种感受，以及相应的心理原理，这样有助于领导者更敏感地察觉到团体的氛围，掌握团体的进程；有助于领导者理解团体学生的情绪情感反应，把握时机进行心理教育。更重要的是，因为内在的成熟，团体的领导者将传达出一种信心，带领团体向积极的方向发展。

（四）具有创造力

创造力是人格成熟的标志。与领导力一样，创造力同样需要自我体验来培养和实现。一个具有创造能力的团体领导者，能灵活地处理团体中发生的各种事件，成功地化解团体的危机。他既能时刻把握整体的动态，又能在细节中渗透教育学习，还能掌握好自己与团体的关系。创造力是一种综合能力的体现，在个人成长的基础上，跟随有经验的领导者实践和学习一段时间，在督导师的指导下积累有益的经验，才可完善这种能力。

综上可知，从最初学习到成为一名合格的团体领导者只是学习和发展的第一步，以后的团体体验才是一个团体领导者真正学习的过程。以每一次培训、每一个团体为师，领导者的学习永无止境。

第 2 章

团体心理辅导的相关理论

团体心理辅导可以应用许多心理学理论和训练方法，如人本主义理论、积极心理学等。第 3 章的每一个活动中会对所应用的理论知识进行详细介绍，这里仅取两种主要的理论进行介绍。

人本主义理论

在行为主义和心理动力学的局限性越发明显时，人本主义便诞生了。行为主义认为行为都是通过刺激—反应而产生的，并且其理论的形成大量依靠动物实验；而心理动力学的决定论认为人的行为是由无意识和非理性的本能所决定的，不能改变的。人本主义学家将这两种理论视为非人化的理论，并形成了自己独特的理论，在十九世纪七十年代到八十年代逐渐扩大其影响力。

人本主义是建立在人性本善的信念基础上的。人本主义认为道德、正向的价值观和良好目标是行为的驱动力，而与人的本性偏离则会导致不良的心理体验。人本主义融合了多种心理疗愈技术，并且强调自我实现的目标。

人本主义的一些基本假设包括：

- 体验（思考，感知，感觉，记忆等）是核心。
- 个人的主观经验指导着行为。

- 通过研究动物无法准确理解人类的行为。
- 自由会存在的，并且个人应该为自我成长和自我实现承担个人责任。自己应该决定自己的行为，为自己的行为负责。
- 自我实现（需要一个人发挥最大潜力）是人性自然所向。
- 人们人性本善，如果提供适当的条件（尤其是在童年时期）就能够成长。
- 每个人和每个经历都是独一无二的，因此心理学家应该分别对待每个人，而不是依赖于群体研究的平均水平。

人本主义方法对心理学领域做出了若干重大贡献。以下简单介绍人本主义运动中出现的一些概念和观点：

一、需求层次

马斯洛的需求层次结构是心理学家亚伯拉罕·马斯洛在 1943 年的一篇题为《人类动机理论》的论文中提出的一种理论。该理论分五个阶段描述了他认为人类生存和满足所必需的东西。马斯洛的等级制度旨在追踪人类的成长和发展。首先是婴儿，他们的目标只有满足最基本的需求。通常情况下，人们在整个生命中都会处于不同阶段，在不同的时间，他们可能会在某个阶段出现不足。当这种情况发生时，一个人通常会暂时放弃追求更高阶段以满足更基本的需求。然而，并不是所有的成年人都能达到等级制的顶端，贫困、疾病和其他因素可能会干扰个体在马斯洛等级体系中的发展。

马斯洛的等级体系原本包含五个阶段：

1. 生理需求：氧气、食物和水，是维持生命所必需的，这些基本需求是所有动物都需要的，并且是婴儿主要关注的。

2. 安全需求：个人的生理需求被满足时，重点通常转向安全需求，这可能包括健康、免于战争和财务安全等。

3. 归属感和爱：如果满足了安全和生理需求，一个人将专注于满足归属感和爱的需求。这些需求通常由朋友、家人和浪漫伴侣满足。

4. 尊重：尊重是自我实现的必要条件，一旦人们需要爱和满足归属感，一个人就会努力获得尊重。自信和对他人的接受是这种需求的重要组成部分。

5. 自我实现：自我实现是满足自己真实潜力的能力，自我实现的必要组成因人而异。一位科学家在能够完成所选领域的研究时可能会自我实现。父亲在能够胜任照顾子女时可能会自我实现。而在自我实现后可能会出现一种极乐的体验，这种体验被称为高峰体验。

在尊重和自我实现之间，马斯洛后来增加了认知和审美需求，这些需求分别指的是学者和艺术家的需求。

二、无条件的积极关注

罗杰斯认为，我们需要得到其他人的积极评价；我们需要感受到尊重、热爱和关爱。罗杰斯区分了无条件的积极态度和有条件的积极态度。对一个人无条件的积极关注指父母、重要的其他人接受和喜爱他本来的样子。即使这个人做错了什么或者犯了什么错误，这些重要他人对他的积极态度也不会改变。这对他勇敢地尝试、建立自信有着很大的作用。而有条件的积极关注则是在他出现错误时重要他人对他的积极态度则会消失，让他感到不再被喜爱。

三、自我概念

自我概念是我们关于自己的身体、情感、社交、精神以及组成我们自己的其他方面的一个总体概念。根据我们对自己的了解，我们在成长过程中形成自我概念。它是多维的，可以分解为很多单独的方面，例如，你对你的身体和精神分别是什么样子的持有不同的观点。自我效能研究者罗伊·F. 鲍迈思特（Roy F.Baumeister）将自我概念定义为："个人对自己的信念，包括个人的属性以及个人和自我。"罗森伯格认为自我概念是："个人的思想和感受的整体参照自己作为一个对象。"自我概念是由一个人的自我模式构成的，并与自尊、自我认知和社会的自我相互作用，形成自我的整体。它包括过去、现在和未来的自我。未来的自我（或可能的自我）代表个体对他们可能成为什么、他们想成为什么或者他们害怕成为什么的一种想法，可能的自我刺激我们产生相应的行为。

四、自我实现/心理健全的人

人本主义并不赞同精神分析和行为主义所倡导的决定论，并且认为我们的行为出于我们对自身处境的觉察。“由于别人不能代替我们对自己觉察，因此我们是自己最好的专家。”卡尔·罗杰斯认为，人类有一个基本动机，就是自我实现的倾向，即发挥自己的潜力并成为我们所能达到的最高水平的“人”。就像花朵一样，花朵会在一定限制的环境里尽最大的可能生长，所以人也一样，如果环境足够好，人们也会尽可能地成长并发挥其潜力。然而，与花不同，个体的潜力是独一无二的，我们会根据我们的个性按照不同的方式发展。罗杰斯认为，人们天生就是善良和有创造力的。但是当个人产生了不良的自我概念或外部约束过多阻碍了自我价值的实现过程时，就会产生破坏性。卡尔·罗杰斯认为，一个人要实现自我实现，他们必须处于一种一致的状态，即他的“理想自我”（他们想成为谁）与他们的“真实自我”一致时就意味着自我实现发生了。当一个人能够达到自我实现的时候就被称为一名心理健全的人。

辅导中强调满足学生被尊重、被喜爱的需要，并给予学生无条件的积极关注，引导学生增强自我认知，树立正确、积极的自我概念，建立自信心，并能够向着自我实现的目标努力。

积极心理学

积极心理学受到人本主义和心理动力学影响，是基于人性本善假设之上的理论。积极心理学训练使用多元文化故事和隐喻来鼓励参与训练的人员以独特和积极的方式观察他们的心理健康问题。根据积极心理学的理论，团体心理辅导中可以体现以下原则。

1. 希望。在训练中让受训者关注到更积极的部分。同时在团体中，他人的正面反馈也会给学生带来鼓励和希望。

2. 普遍性。受训者会发现自己许多经历和问题他人也曾有过，会让受训者看到他们并不孤单，并且这些经历或问题是普遍的。

3. 传递信息。团体学生彼此可以成为信息的良好来源。

4. 利他主义。团体为学生提供了一个机会，通过帮助团体中的其他人而实践利他主义，这种体验也可能对他们有帮助。

5. 主要家庭群体的修正重述。受训者学习和探索他们自己和其他团队学生的童年经历、个性、行为和感受的过程，并学习如何识别和避免破坏性或其他不好的行为。

6. 社交技能的发展。参加团体训练为受训者提供了很好的机会去与他人进行社交活动、实践新行为，并在安全的环境中进行实践试验。

7. 模仿行为。受训者可以观察、模仿或模拟团体中其他人的积极和有益的行为，包括老师的。

8. 人际学习。与治疗师和其他小组学生进行交流并接受反馈，可以帮助受训者更多地了解自己。

9. 团体凝聚力。小组治疗会议可以促进共同的归属感的产生和对方的接受。

10. 宣泄。这一原则基于与他人进行分享的治愈能力，在一个团体中的感受和经历分享可以帮助缓解不愉快、内疚和压力。

11. 存在主义的因素。尽管团体训练通过团体的形式为受训者提供指导和支持，但它也帮助受训者意识到他们要对自己的行为和后续后果负责。

通过团体的方式让学生感到希望与接纳，通过帮助他人发现自己的价值，提高自己的人际交往能力，学习他人更好的行为，促进个人的成长。

第3章

团体心理辅导案例

相逢是首歌——组建新生团体

人和人的交往，从相识开始。第一印象往往决定了后续的相处，有一个好的开始很重要。在团体辅导的过程中，带领学生相互认识，使之对学生关系有积极的评价，对团体后续活动的开展以及深入的探讨非常重要。

低年级的孩子，依然延续着幼儿时期的一些心理发展特征，他们喜欢游戏，大部分孩子愿意和同伴交往，社会化发展在游戏当中可以进行。小学阶段的时间跨度约六年之久，在成长过程、在不同的年级及年龄阶段，存在明显的差异，根据心理发育特征分为低年级（一、二年级）、中年级（三、四年级）、高年级（五、六年级）三个具有相对独立特征的阶段。此时的儿童对是非善恶的判断，没有形成自己的价值体系，依然把父母和老师说的话当成圣旨，相比父母而言，对老师的话更加绝对服从。在学校，他们经常向老师报告其他小朋友的不好，希望在老师那里得到肯定和赞美。在团体里，带领者要在活动中给每个学生积极关注和陪伴，适度的鼓励会让他们在团体里得到滋养。

小学三年级之后，抽象逻辑思维得到初步发展，在感性认识的基础上，学生开始通过概念、判断推理来揭示事物的内在联系。从具体形象思维向抽象思维过渡，推理过程随着年龄的增长而发展。

人是个性与社会化的对立统一体，社会化是指个体在与社会环境相互作用中，获得他所处的社会的各种行为规范、价值观念和知识技能，并逐渐适应社会的过程。

在团体活动开始的时候，带领者要引导他们进行放松练习，打消对他们的怀疑和否定思维观念，首次的团体的放松活动就显得尤为重要。

本部分介绍团体组建初期适合开展的活动。在团体组建初期，团体学生聚在一起，心中既有对其他学生的好奇、对团体未来发展的期待和将自己投入进去的准备，也有因为彼此较陌生，对团体是否会接纳自己、自己在团体中是否会感觉舒适的担心。在这个阶段开展的团体活动应较为轻松、活跃，以便打破学生彼此之间的陌生感，营造融洽和谐的氛围，使学生之间迅速建立联系，产生好感，便于以后团体活动的进行。

本部分介绍的活动中，前三个活动适合用来暖场破冰，第四个活动适合初次见面简单相识，第五到第七个活动可以用来分组，第八到第十个活动适合逐级深入认识，使用时可以根据需要自由组合。

一、训练目标

在小学阶段学生相对比较被动，大多数时候是为了完成父母和老师布置的任务。他们的想象力非常丰富，但是在小学低年级阶段，他们往往很难区分现实和想象之间有什么差别，很多网络成瘾的孩子，学着动画片或者网络游戏中的人物从高处跳下。他们没有丰富的知识和社会经验，看待事情比较简单直接，很难从各个角度去考虑问题，当家长过度控制的时候，就会用粗暴的方式去反抗。所以让他们进入到团体当中，打开身体，消除被动心理，在他们融入集体的过程中，和同伴的关系也就慢慢地建立起来了。

1. 在团体初期阶段帮助学生彼此认识，了解基本情况。
2. 帮助学生建立对彼此的信任感。
3. 打破陌生，营造积极温暖的气氛，初步形成团体凝聚力。

二、训练活动

活动一：大家一起来“洗澡”

1. 活动目的

（1）打破陌生人之间的隔阂，迅速使学生放松。

（2）由身体活动带动情绪兴奋，提高学生的卷入程度。

（3）使学生开始对团体感兴趣。

2. 活动说明

（1）时间：15~20 分钟。

（2）材料：无。

3. 实施程序

（1）全体学生围成大圈，彼此间距两臂，领导者站在圈中间。

（2）领导者先带领大家进行全身肢体活动。深呼吸，之后由头皮至面部、颈部、肩部、胸腹、下肢以及双脚，逐一活动，全身随意摆动。

（3）肢体活动之后，领导者进行简短的导入。导入可以根据领导者自己的习惯，可以由生活中的洗澡、放松，说到现场即将进行的洗澡，引发大家的好奇：现场如何洗澡？进而解释，我们今天要在这里进行干洗放松，引发大家对干洗的好奇，接着领导者带领大家进行干洗。

（4）领导者引导大家搓手，并解释搓手对整个身体血液循环的促进作用，可以引用“全息细胞学”来表达手与全身的联结，增强大家搓手的热情，通过手的运动，带动全身细胞的运动，使得全身温暖起来，毛孔张开，以利于清洗皮肤。

（5）领导者感觉自己已经暖起来，同时感受到团体学生也暖起来，此时便可以引领学生进行下一步，先模拟放水，调试水温，这时可以解释水温适中对促进血液循环的重要性。

（6）领导者模拟真实洗澡程序，引导大家从头开始冲水，经颈部、肩部、上肢、胸腹部、后背到下肢和足，冲水的过程中对每个部分都用心冲到，边冲边带领大家和自己身体的每一部分对话，之后带领大家洗头，然后抹浴液洗全身，再然后搓澡、冲水。在这个过程中领导者可以解释身体每个部位的重要性，带领大家用心对自己的身体进行呵护。

（7）全身洗完后，领导者再次带领大家进行全身肢体活动。

4. 领导者提问

（1）大家在这个过程中有些怎样的情绪变化？这些变化是怎么产生的？

解说要点：在刚进入一个群体中的时候，我们每个人心中或多或少都有些忐忑，因为不知道和我们在一起的人的性格是怎样的，大家在一起相处是怎样的，会相处愉快还是会不舒服，所以在最初我们是拘谨的，只用眼睛来观察身边的人和事。这个时候如果有一个人开始放松，把自己的盔甲脱下来，轻松自在地表达自己，那么他身边的人也会感染这种气息，整个集体就会轻松自在，所以我们在生活中需要主动，需要放松，放松才能带来好心情。

（2）在这个过程中，我们的身体和心理有哪些变化？这些变化是怎样产生的？

解说要点：最初大家只是跟着我的引导语来做，但随着我们身体上的放松，我们的心理也会放松，心身是相互影响的，心理会影响生理，生理也会影响心理。当我们开始放松身体的时候，我们的内心也会跟着放松；当我们洋溢着笑容去做事情的时候，我们的身体也会放松。这便构成一个正循环。所以，如果改变不了心理，我们就从改变身体开始做起；如果改变不了身体，我们就从改变心情开始做起。

5. 注意事项

（1）领导者在引导这个活动的时候要大方自然，提到洗澡，有的女学生会不好意思，领导者坦然自若的示范与阳光开朗的态度很重要。

（2）领导者的引导语要清晰简洁、步骤明确、重点突出。

（3）引导回答问题的时候，要注意团体动力问题，给发言人以回应和鼓励，还要掌控好时间。

6. 拓展活动

这个活动也可以拓展成所有学生围成圈，向右转，给前面的人洗澡或者按摩，然后转身给后面的人洗澡按摩，结束之后互相致谢。这样的变形较之刚才的洗澡，更能加强团体学生之间的躯体交流，也加深了感情。但如果是夏天，彼此洗澡按摩的活动最好不用，因为女学生穿的衣服比较少，会很难接受这样的活动。

7. 知识点

“每个人的现实是自己创造出来的。”人际关系是相互影响相互塑造的。你可以创造阳光鲜花，也可以创造阴雨连绵甚至狂风暴雨，关键在于你自己。心中有爱，看外界也都是爱；心中黑暗，看外界也是黑暗的；心中有快乐的人，看外界也是快乐的，他的世界就会充满快乐。

活动二：抓与躲

1. 活动目的

（1）活跃团体气氛。

（2）把团体学生的注意力集中在此时此地。

（3）加深相邻学生之间的情感联结。

2. 活动说明

（1）时间：15~20 分钟。

（2）材料：无。

3. 实施程序

（1）团体学生围圈站好，相邻学生相隔两臂距离。

（2）领导者先指导学生伸出左手，大拇指朝上竖起，成“你真棒”的手势，然后指向自己，大声对自己说：你真棒。重复两到三遍。

（3）领导者从团体的某一人开始，指导这个人将竖起大拇指的左手指向左边的人，同时对对方说：“你真棒！”被夸的人说：“谢谢你！”然后被夸的人转向左边的学生，重复前面的内容。这样一个传一个，一直传完。学生彼此之间的陌生与紧张感消失，整个房间的气氛相对轻松。

（4）领导者观察团体气氛，感觉学生彼此之间已经放松，团体气氛比较热烈之后，再引导学生将左手保持大拇指朝上的姿势，放在身体左侧心脏位置，右手手心向下，平放在右侧学生左手大拇指上。全体学生手连手成一大圈，领导者在圈中间。

（5）领导者进行活动说明："大家好，我们下面要进行一个活动，这个活动的名字是'抓手指'，就是用你们的右手抓你右侧的人的左手大拇指，而右侧的人要赶紧躲开，不要被抓到。好，我们来练习一下。（学生练习右手抓，左手躲）另外，什么时候抓呢？当我的话中出现了'水'字的时候，你们的手就要活动起来，注意，是喝水的'水'，而不是'谁'，也不是'睡'等。我说清楚了吗？好，我们先来练习一段。我口渴了，想喝水。"（抓与躲）

（6）正式进行活动。领导者讲一段故事，故事中要有"水"字。如：

从前有座山，山上有座庙，庙里有个小和尚，小和尚有个老师父。有一天，老和尚口渴了（这里语气慢一些，很多人对口渴敏感），对小和尚说："为师感到很渴，你是否可以下山给我找点水喝啊？"（这里停一下，看看大家的反应）小徒弟高兴地说："可以啊，师父您等着，我这就下山去给您找水喝！"小徒弟下了山，走啊走，走到一条小河边，小徒弟高兴地想：这条河好清澈啊，师父一定很喜欢！小徒弟刚弯下腰打水，天空打起了雷，很快就下起了雨，小徒弟找到一个庙，把湿衣服脱了下来，拧啊拧，拧出了好多（拖长音）……沙子！衣服晾干了之后，小和尚带着水，唱着"两只老虎"的歌，回到了庙里，老和尚喝着甜甜的山泉水，颇感欣慰。

（7）根据情况，领导者邀请抓到和被抓到的人表演一个节目或者回答大家提的一个问题。被抓到的人对抓住他的人竖起大拇指，大声说："你真棒！"抓住他人的人大声回答："谢谢你！"

（8）故事讲完后，环顾整个团体，询问大家现在的感觉，和刚才相比有什么变化，这些变化是怎么发生的。

4. 领导者提问

当自己对自己大声说"你真棒"的时候，你的感觉是怎样的？当别人对你说"你真棒"的时候，你的感觉是怎样的？

解说要点：也许平常我们习惯了自己，也习惯了身边的人，由于审美疲劳，我们已经逐渐忘记了我们自己有多棒，身边的人有多棒，当我们对自己竖起拇指，关注自己的时候，我们可以感受到自己内在的力量，那股力量使得我们精神焕发，神采奕奕。当我们关注他人，对他人竖起大拇指大声赞美的时候，我们会感到自己的力量，也会令他人感到力量。这种力量会让我们的心靠得更近。这股力量就是心理学上所说的暗示的力量。

5. 拓展活动

领导者可以改编故事，也可以改变抓手指的字，可以是任意的某个字，可以是任何故事。在邀请抓到和被抓到的两个人时，也可以变换题目，只要目的是促进他们的情感联结就好。

6. 注意事项

领导者在讲故事的时候要绘声绘色，配以相应的动作，语调抑扬顿挫，以吸引团体学生的注意。在邀请抓到和被抓到的人上前的时候，一定要注意用语，不要让学生感到自己是被惩罚的，觉得自己反应慢而自卑，从而引起负面情绪，影响后续活动。

7. 知识点

暗示的力量：心理暗示，是指人下意识地接受外界或他人的愿望、观念、情绪、判断、态度的影响，是人们日常生活中最常见的心理现象。它是人或环境以非常自然的方式向个体发出信息，个体无意中接受这种信息，从而做出相应反应的一种心理现象。暗示的力量非常强大，不仅会影响我们的心理，也可以影响我们的生理。很多疾病就是因为暗示的作用加快了痊愈的速度，患者才得以延长寿命的。

我们可以做一个小活动来看看暗示的作用。

请大家以舒服的姿势坐在椅子上，双手合十，双眼微闭。聚焦在自己的呼吸上，感受自己的吸气、呼气，感觉一股热流流过自己的全身，全身感到由内而外的热流。想象这股热流在自己全身上下流动，整个身体暖暖的。现在，想象一下你的右手手掌开始发烫，整只手正在长长，慢慢长长，越变越大……

睁开眼睛看一看，比较一下，会发现你的右手看起来真的比左手大了。

活动三：大风吹

1. 活动目的

（1）打破惯有的位置，体验不同位置的感觉。

（2）调动学生注意力，使其投入团体中。

2. 活动说明

（1）时间：根据团体人数和互动情况而定，一般4~5轮即可。

（2）材料：无。

3. 实施程序

（1）全体学生围圈坐好。

（2）领导者介绍活动规则。撤掉一把椅子，一个人站在圈中间，说："大风吹。"其他学生一起问："吹什么?"圈中间的人（寻找周围人的共同特征，这个特征至少要有两个人满足）说："吹戴眼镜的。"所有戴眼镜的人要站起来，去找另一个位子坐好。这个过程中圈里的人不管戴不戴眼镜，都要和戴眼镜的人一起找座位。

（3）大家都坐好后，剩下一个没找到位置的人就站在圈里，成为发命令者。领导者可以根据情况选择是否让这个人表演节目或自我介绍等。原则上第一个人可以简单介绍自己，后面陆续增加难度，由表演节目到过关大挑战等。

（4）活动继续，根据团体动力学原理可连续进行4~5轮。

4. 领导者提问

（1）站在圈里和坐在椅子上的感觉有什么不同吗？有怎样的不同呢？

解说要点：站在圈里的时候，在感到自己有与众不同的焦虑的同时也会有一种掌控感，因为是由你来发号施令，决定其他人的行动，所以也会有一种英雄感。坐在椅子上的时候，心里感到身边有很多人做伴的踏实的同时也会有焦虑，因为不确定圈里的人会发什么号，施什么令。

（2）当没有抢到位置的时候，你有怎样的感觉？当站到了中间的时候，你又有怎样的感觉呢？

解说要点：当没有抢到位置的时候，大多数人会有一种挫败感，觉得自己行动不够快，不够敏捷，当然也有人故意把位置让给别人，这时要学会给自己一个机会展示自己，也享受发号施令的快乐。当站到中间时短暂的紧张过后，会发现成为唯一有好处，就是可以发号施令了，而且占尽便利，因为自己已经事先瞄准好位置了。

（3）通过这个活动，你有怎样的感悟呢？

解说要点：任何事物都有两面性，有好的一面也会有不好的一面，看待事物的时候，可以多一些积极的视角，少一些消极的视角，这样就会增强自己的幸福感。

5. 注意事项

圈里人每次选择的特征要尽可能不同，尽可能多寻找团体学生彼此之间的共同之处，也有利于提升学生彼此的认同感，提升凝聚力。

6. 拓展活动

该活动也可以加大难度，如变成圈里人说："小风吹。"围圈人问："吹什么？"圈里人说："吹……"那么有这个特征的人坐着不动，没有这个特征的人站起来找位子。难度加大后，活动可以持续时间长一些，小风吹还是大风吹由圈里人自己定，这样可以使学生注意力保持集中。

7. 知识点

焦虑：焦虑是预期即将面临不良处境的一种紧张情绪。导致焦虑的原因很多，生理、心理和社会的因素都可以导致焦虑，在这里产生的焦虑是源于不确定的未来以及对未来的负性预期。要克服这种焦虑，可以通过暗示建立对未来积极的预期。

活动四：连连看

1. 活动目的

（1）增进团体的温暖。

（2）增加彼此的正向情感。

（3）介绍自己的信息，增加团体学生对彼此的了解。

2. 活动说明

（1）时间：视人数而定，10~20 分钟。

（2）材料：无。

3. 实施程序

（1）全体学生围成大圈，间隔一臂，领导者在中间。

（2）领导者介绍此活动。"大家好，我们要做的活动叫'连连看'，具体的做法是一位学生向圈内走一大步，环顾四周学生，然后介绍自己的名字，同时告诉大家一项你的爱好，介绍完毕退回自己的位置。旁边的学生接着向圈内走一大步，先面对刚才的学生，称呼他的名字，并告诉他自己喜欢他的爱好。然后介绍自己的名字，并说出一项自己的爱好。依此类推。”

（3）领导者示范。向前一步走，环顾周围学生：“大家好，我是萧然，我喜欢交流。”后退一步。然后邀请旁边的学生继续，旁边的学生先面对领导者，看着领导者的眼睛，对领导者表达：“萧然你好，我喜欢和你交流。”然后面向大家介绍自己：“大家好，我是×××，我喜欢……”领导者示范完后，询问大家有没有不清楚的地方。

（4）由某位学生开始，顺时针方向流动。

（5）全部介绍完后，大家拉起手来，合唱歌曲《我们是一家人》。

4. 领导者提问

（1）在刚才的环节中，你向他人介绍自己的时候，和他人向你表达喜欢之情的时候，你的感受有何不同吗？

解说要点：当他人向我们表达喜欢之情的时候，只要对方真诚不虚伪，那么会让我们感到由衷的开心与喜悦，我们的开心与喜悦也会使得我们更加喜爱喜欢我们的人。我们的喜欢同样也会令对方感到开心，从而建立积极的关系。这种喜悦之情是单纯地作自我介绍时体验不到的。

（2）在刚才的环节中，你向他人介绍自己，和你听他人介绍自己时，你的思维运转有何不同吗？

解说要点：当我们向他人介绍自己的时候，我们只需要从自己熟悉的信息中提取某些信息来呈现就好；当我们听他人介绍自己的时候，不仅需要听，还需要记，还需要把这些信息和我们已有的信息整合起来，有时可能记不住对方的信息。所以当我们介绍自己的时候，一定要慢而且带有特色，方便对方记忆。

5. 注意事项

领导者在介绍活动时要语言简洁明确，示范时要条理清晰、节奏鲜明、声音响亮、面带微笑，尽可能多地与学生保持眼神交流，声音要肯定、温柔，引发学生的兴趣和对其他学生的好奇心，否则这个活动容易流于形式，彼此之间没有兴趣，注意力不集中，大家会走神、说闲话，整个场面会变得混乱。如果人数很多，达到 40～50 人，则在开始示范的时候，用语要简洁明了，否则后面的学生在介绍时，内容如果过多，耗时太长，整个团体也不易集中，会出现学生走神、闲聊的情况。如果把这个活动放在初始热场过程中，则不必提问。

6. 拓展活动

该活动可以有多种拓展形式，可以请每位学生展示一个动作，其他学生跟着学，同时喊他的名字。也可以请每位学生对身边的学生以自己所喜欢的方式打个招呼，对方回应"好，谢谢"之类，并依此类推。

7. 知识点

人际交往吸引力法则：我们往往喜欢那些喜欢我们的人，不喜欢那些不喜欢我们的人。

根据马斯洛需求理论（见第 2 章），每个人都希望自己被人喜欢、被人接纳、受人尊重，当我们拥有了这些的时候，我们也可以把这些给予他人。

活动五：有缘"对对碰"

1. 活动目的

（1）打破学生固化的位置，认识新的学生。

（2）逐渐认识更多的学生。

（3）活跃气氛，建立团体凝聚力。

2. 活动说明

（1）时间：30 分钟。

（2）材料：图片，数量为学生的一半。

3. 实施程序

（1）领导者提前根据人数的一半准备图片，将每张图片分成两半。

（2）每个学生取半张图片。

（3）领导者让学生带着自己的半张图片去寻找和自己配对的那半张图

片的主人，也就是自己的“有缘人”。

（4）找到“有缘人”后，两人相互认识，找到位置面对面交流寻找“有缘人”的感受以及在找到对方那一刻的感受。

（5）5分钟后，领导者邀请几对人站起来向大家介绍自己的“有缘人”。可以选择一对异性、一对男性、一对女性。

（6）介绍完后，领导者请相邻的两对学生合并成一个小组，四人相识，每个人依然介绍自己的“有缘人”。这个过程也叫“对对碰”。

（7）10分钟后，领导者邀请两个小组介绍本组学生。

4. 注意事项

该活动要注意的是两人相识之后的配对相识，如果是奇数组的话，最后要有一个组是6个人，领导者最好在两人相识时便开始计算小组数，防止最后有一个组无所归属。

5. 拓展活动

该活动在寻找“有缘人”的方式上可加以改变。如准备两组编号，请每个人抽签，抽到相同编号的为“有缘人”。可以在现场根据人数来制作写有编号的签，不需要提前准备好。也可以准备一些词语，如“真诚”“热情”“诚实”等，让每个人选，选相同词语的为“有缘人”，这样的方式对人数要求相对低一些，最开始的时候也可不限于两个人相识。

活动六：同唱一首歌

1. 活动目的

（1）以自然的方式将一个大团体分成小团体。

（2）促进学生之间的接触与认识。

2. 活动说明

（1）时间：30分钟。

（2）材料：打印与学生数相同数量的带有歌曲名的小纸条。

3. 实施程序

（1）领导者提前准备好与人数相匹配的纸条，每张纸条上写一首歌名，最好是大家都熟悉的歌，如儿歌或流行歌曲等。一共准备与小团体数相同数目的歌。

（2）每个学生抽到一张纸条，看清楚上面的歌名，但不要让别人看到，在听到领导者说开始后，就在房间中随意走动，同时哼出那首歌，边哼边注意其他人哼的歌曲，找到和自己哼同一首歌的人，聚在一起。

（3）当所有的人都找到了自己的小团体后，领导者请各小团体在房间里找到自己的位置，围成圈坐好。

（4）领导者邀请大家进行讨论：在开始做活动和活动进行时的感受，当发现第一个和自己哼同一首歌的人时的感受，当整个小团体的学生都找到时的感受等。

（5）所有小团体合并成一个大团体，分享彼此的感受，比较活动前和活动后的不同。

4. 领导者提问

当大家哼着小调在教室中走动的时候，感觉是怎样的？看身边的人时有种怎样的心情呢？

当你找到第一个和自己哼同样小调的人的时候，是怎样的心情？

当找到了全部和你哼同样歌曲的人的时候，你的心情是怎样的？

解说要点：哼着小调其实是在告诉自己，也在告诉身边的人，我心情很好。这是一种暗示，这种暗示会让我们真的变得心情好，我们会以一种轻松而愉悦的心情生活，也会带着美好的眼光看待身边的人，更愿意跟身边的人交往。当发现和我们哼同样小调的人的时候，是很兴奋的，仿佛发现了自己的一部分，因为我们都是一个团体的，“同属一个团体”本身已经在暗示我们是一家人。

5. 拓展活动

在小团体入座后，可以顺势给小团体布置任务，如集体作画、集体创作主题小品、设计自己团体的造型等任务，以增强小团体的凝聚力。

6. 注意事项

领导者的指导语要清晰有力，规则要明确，否则现场容易混乱，学生容易浮躁。

7. 知识点

人际吸引法则：我们往往喜欢那些和我们相似的人。我们往往会把我们所拥有的物品、我们的名字、我们的爱好、我们的家人、我们的家乡，都当成是我们自身的一部分。一个喜欢自己的人，也会喜欢和自己有相似的物品、名字、兴趣爱好等的人。正如我们在异地看到家乡人时，即便不认识，也会倍感亲切；看到一个和我们有同样款式的手机的人，也会莫名增加好感。

活动七：无家可归

1. 活动目的

（1）激发学生对于归属感的需求，体验到归属的重要性。

（2）营造团体活跃的气氛，增强学生之间的互动和了解。

（3）增强团体之间的凝聚力。

2. 活动说明

（1）时间：15~25 分钟。

（2）材料：无。

3. 实施程序

（1）所有人手拉手围成大圆圈，环顾四周，感受这种拉手围成一个圈的感觉。

（2）领导者说指导语。“学生们，我们下面要做一个活动，名字叫‘无家可归’，现在我们围成一个大圈，当我说‘开始’的时候，你们就拉着手逆时针侧身跑，接着我会喊：‘马兰花开！’你们问：‘开几瓣？’我说：‘开 n 瓣。’那么你们就要迅速重新组合成一个正好有 n 个人的小组，手拉手围成圈站好。”

（3）领导者询问游离在任何小组之外、变得“无家可归”的学生的感受，并在稍后几轮请“无家可归”的学生对他的无家可归进行归因分析。

4. 领导者提问

当你发现自己变得“无家可归”的时候，你有怎样的心情呢？你认为是什么因素导致了你的“无家可归”呢？

解说要点：没有人可以像孤岛一样孤立，每个人都希望自己有所归属，当发现所有人都在某个圈中，而自己独身一人的时候，大多数人都会感到不踏实，心中会翻江倒海，五味俱全。有的时候，我们是为了成全他人牺牲了自己，为了让他人有所归属，而自己承受孤单的痛苦；有的时候是因为自己在人际交往中的被动，而导致了自己的落后；有的时候是因为他人过于主动，把自己身边的“家人”给抢走了，落下自己孤单一人。无论何种原因，都可以让我们对自己有所了解，也可以了解他人的交往风格，并学习他人的长处。

5. 注意事项

领导者在这个活动中要坚守活动规则，有的时候学生会突破人数的限制，挤到某个团体中，不让自己成为那个“无家可归”的人，团体也不想某个人成为“孤单的人”，而让团体中的所有人心存内疚，因此大家会合谋突破人数的限制。领导者在这个时候要温柔地坚持让“无家可归”的人站在外面，这种体验对“无家可归”的人和圈中的人都是一种历练与成长。学生们在这个活动中也更容易浮躁，用玩笑和嬉笑打哈来遮掩内心的不适，领导者这个时候要善于觉察学生内心真实的感受和玩笑背后的话语。

6. 拓展活动

领导者的指导语可以改变形式，由“马兰花开”变成“半斤一斤”，或者直接“n 男 n 女”。半斤一斤的规则是男生表示一斤，女生表示半斤，领导者可以喊诸如“五斤”或“三斤半”之类的口令，由学生自行组合。领导者也可以交替使用这几种口令，增加活动的挑战性和趣味性。

7. 知识点

马斯洛需求理论：马斯洛需求层次理论中第三层次的需求是归属和爱的需求。在满足了生理需求和安全需求之后，每个人都希望自己归属于某个集体，能够爱，也能够被爱，如果这一层次的需要没有得到满足，我们会体验到社会孤独感，这种社会孤独感会令我们焦虑不安，仿佛身似浮萍，内心感到不安全。

社会孤独：社会孤独是一种主观上的社交孤立状态，伴有个人知觉到自己与他人隔离或缺乏接触而产生的不被接纳的痛苦体验，产生原因是对他人和自我的消极评价，以及缺乏基本社交技能。

存在孤独：这是人类共有的，跟外界无关。不管多么忙碌，身边有多少人，我们内心或多或少都会有一种孤独的感觉。

活动八："冰糖葫芦"串起来

1. 活动目的

（1）加深学生之间的认识。

（2）提高团体凝聚力。

2. 活动说明

（1）时间：15~20 分钟。

（2）材料：无。

3. 实施程序

（1）将团体学生分成 6~10 人一组，学生寻找舒适位置，围圈而坐，小组之间适当间隔，减少彼此之间的影响。

（2）导入语："冬天的北京，我们经常在街边看到一串串红色的很诱人的食物，大家猜那是什么？对，是冰糖葫芦，这是大家都喜欢吃的食物，是由一颗一颗山楂串起来的。今天我们也要串这样的一串冰糖葫芦。怎么串呢？"

（3）领导者介绍活动规则。第一人介绍自己的名字，其右手边的人报自己的名字，然后复述第一人的名字，第二个人右手边的人报自己的名字后，再复述第一个和第二个人的名字。依此类推，按顺时针方向进行。最后一个人复述所有学生的姓名。

（4）各个小组开始相识，全部结束的小组举手示意，在全部结束之前，已经结束的小组可以小声自由交流。

（5）领导者引导各个小组介绍自己小组的学生。

4. 领导者提问

你在小组中是第几个介绍自己的？你的感觉是怎样的？

解说要点：通常最开始的时候我们往往不太喜欢做最后一个介绍的，因为学习量太大，担心自己记不住。我们更愿意排在前面发言。但活动到最后的时候，我们会发现，最后一个介绍自己的人，收获是最大的，这就应了一句话：付出越多，收获越多。

5. 注意事项

领导者在带领这项活动的时候，一定要注意年龄，年龄较大学生群体记忆力一般没有问题，介绍的内容可以相对多一些。

6. 拓展活动

该活动可以适当增加难度，介绍的时候增加内容，如要求介绍姓名、籍贯、兴趣爱好三项内容，可以是每个人介绍自己的三项内容，在复述他人的时候也要复述这三项内容；也可以采取由易到难的方式，第一轮只介绍每个人的名字，第二轮介绍名字和籍贯，第三轮介绍名字、籍贯、兴趣爱好等。

活动九：脱口说姓名

1. 活动目的

（1）增进学生彼此之间的熟悉度。

（2）营造团体活跃的气氛。

2. 活动说明

（1）时间：15~25 分钟。

（2）材料：棒（可用报纸或杂志卷成一根棒）。

3. 实施程序

（1）将学生分成 8~15 人一组。

（2）小组学生围圈站好。

（3）选一位执棒者站在圈内，执棒者对面的人喊一个学生的名字，执棒者要立刻跑到那个人面前，那个人要立刻喊另外一个人的名字，但不包括刚才喊他名字的人。如果他喊不出来，执棒者即可当头一棒将他打醒；如果他能喊出来，则执棒者跑到被喊名字的人面前，等这个人再喊其他人的名字。如果执棒者不知道被喊名字的人在哪里，则自己棒打自己，然后把棒交到喊出名字的人手中。如果执棒者几乎知道所有人的名字，领导者可以根据时间喊停更换执棒者。

（4）每组可挑出三到五人轮流当执棒者。

4. 领导者提问

（1）当你能够迅速跑到被喊出名字的那个人面前时，你的心情是怎样的？当你不知道被喊出的名字对应的那个人是谁的时候，你的心情是怎样的？

解说要点：他人的名字是我们最不熟悉的信息。当我们记住了他人名字的时候，我们会体验到成就感；当没有记住他人名字的时候，我们也会感到受挫，仿佛自己做事情失败了一样。在我们的交往中，记住名字是很重要的。

（2）当别人喊出了你的名字，并且执棒者迅速跑到了你的面前时，你的感受是怎样的？当执棒者没有找到你的时候，你的心情是怎样的？

解说要点：对每个人来说，当被别人记住的时候，都有一种自豪感，这满足了我们内心渴望被关注、被认可的需求。当没有被他人记住的时候，我们都会感到沮丧，也会对自己有些许指责。这里要注意有一个信息不对称的情况，我们的名字是我们最熟悉也最容易忽略的信息，又是他人最不熟悉却使用最多的信息，往往在交往中我们会主观觉得他人和我们一样熟悉我们的名字，而在介绍中没有更多强调自己、让他人记住自己，如果他人又不好意思反复询问，那么就有可能导致遗忘。

5. 注意事项

注意制作的棒子不能太硬，防止学生兴奋的时候忘记轻重，用力过猛而伤到他人。要控制活动的节奏，不能太快而流于形式和起哄。惩罚学生的时候一定要根据团体的凝聚力和学生彼此之间的关系，在初期学生彼此之间不太熟悉的时候不轻易用惩罚，防止给学生带来负面情绪而影响后续的团体建设。

6. 拓展活动

随着学生彼此之间熟悉度的增高，该活动也可以增加难度，可以让全体学生围成一个大圈，中间站一个执棒者；也可以不喊姓名，而是说学生的特征，外部特征或内部特征均可，执棒者要迅速跑到具有这个特征的人面前，否则就要挨罚。不能立刻喊出某个学生特征的人也要挨罚。

7. 知识点

自恋（narcissism）一词见于欧美文学作品中，直译成汉语是水仙花。

自恋一词源于一个凄美的古希腊神话：美少年那西斯在水中看到了自己的倒影，便爱上了自己，每天茶饭不思，憔悴而死，变成了一朵花，后人称之为水仙花。自恋分为健康的自恋和病态的自恋，健康的自恋即相信自己是可爱的，并认为这是不证自明的，不管别人评价如何。这样的人首先对自己有一种基本的信任，认为自己就是值得喜欢的，即使有人批评我，也肯定是关心爱护我。而不健康的自恋，则不相信自己是可爱的，总是需要通过别人的评价来证明。如果遇到批评，则一定会认为不是自己不好，而是别人在对他进行恶意攻击。

活动十：彩球传赞美

1. 活动目的

（1）传递学生之间的正向情感。

（2）建立学生之间的正向联结。

（3）增强学生的归属感和团体的凝聚力。

2. 活动说明

（1）时间：15~25 分钟。

（2）材料：彩球 1 只。

3. 实施程序

（1）所有人围成大圆圈，领导者手执彩球站在圈中。

（2）领导者说指导语："学生们，我的手中握着一只彩球，这只彩球将会在大家的手中传递，当你把球扔给某一学生的时候，要表达你对他的赞美，如'×××，我喜欢你灿烂的笑容''×××，我喜欢你幽默的表达'。我知道有的时候很难选择，因为这里的每个人都值得我们喜欢，但球只有一个，所以只能扔给一位学生，没有接到球的人也不要伤心，总会有下一次机会的。"

（3）领导者将彩球投给某位学生，表达对他的赞美。

（4）接到球的学生继续投球。

（5）领导者再次接到球的时候，可以说"我喜欢你的……我希望更深入地认识你"之类的话。

（6）当彩球在每个人手中基本都传过两次的时候，领导者可以根据团体气氛喊停。

4. 领导者提问

当你接到球的时候心里是怎样的感觉呢？

解说要点：有人扔球给我们，我们会感到自己是被关注的；有人喜欢我们，我们会感到自己是被接纳的。这都会使我们有一种存在感，有一种归属感，从而让我们更加喜欢那些喜欢我们的人，也更加喜欢这些人所在的群体。

5. 注意事项

这个活动适合在团体活动初期靠后的部分，学生已经基本熟悉，学生之间的防御被打破，互动变得很自然，彼此之间也有一些了解时采用。

6. 拓展活动

这个活动稍加改变可以用在团体的任何时期，可以根据团体目标设定不同的内容，如可以用作每次团体初期的"心情预报"，每个人在传球的同时报告自己的心情，比如"我今天心情很舒畅，因为……（一句话）"。

7. 知识点

人际交往吸引力法则也适用于这项活动。

三、精彩活动剪影：组建新生团队

中学以前是幼稚期，儿童更多地依赖养育者的照顾和保护，他们的自觉性和独立性都很差。初中生处于少年期与青年初期，从儿童期（幼稚期）向青年期（成熟期）过渡阶段。心理上的成熟感与幼稚性的矛盾（不平衡性）表现在他们产生了对成熟的强烈追求和感受，幼稚性表现在认知能力、思维方式、人格特点及社会经验上。在新建的团体中，向同学说出自己的爱好，加速同学了解自己。

1. 人群：新建班级。

2. 人数：48 人。

3. 活动主题：建立新生团队。

4. 活动过程。

这是一个新生团体，人数 48 人，相关领导希望对这个群体的学生进行一次团体辅导，使新生能够彼此认识，形成一支团队。时间定在下午 2 点开始，地点定在一个大约 60 平方米的有活动桌椅的会议室中，已提前安排学习人员将桌子移开，约 50 把椅子围成圆圈摆放。

下午 1 点 40 分，两位团体领导者进入房间，已经有部分学生到场了，有的学生把椅子移出圈外，找个地方坐着看手机，有的学生结伴而来，没有入座，而是在圈外聊天。

到 1 点 55 分的时候，大部分学生都已经到场了，椅子已经被移动得没有了原来的形状，大多数学生坐在椅子上玩着手机，少数学生和身边的熟悉学生窃窃私语着。

团体领导者在 2 点的时候准时开场："学生们，大家好，很高兴今天下午可以在这里和大家相会。我是×××。""我是×××，今天下午我将和×××老师一起带领大家活动。""我们今天活动的主题是'相识你我他'，希望我们能够愉快地和大家一起度过这一个半小时的时间。"

"首先，请大家起立，将包和其他随身物品找地方放好，手机请关机或调成静音。"等学生们纷纷找地方把包等放好后，领导者继续说："我们接下来要做的事情是自我介绍。请大家围成一个圆圈站好。"

在最开始的时候，大家围成的圈并不圆，有人靠里有人靠外，领导者需要调整一下队伍："请大家环顾四周，互相调整位置，以便能够看到所有人。我左手侧第五位学生，我调整位置想看到你，可好像怎么调整都不合适，请你往前站一点好吗，我很想看到你。"

领导者环顾整个团体，当所有人都站在圈上之后，询问大家："现在，请大家看看我们的团体，你有怎样的感觉呢？请将你脑海中呈现出的觉得可以形容我们这个团体的词表达出来。"

学生们带着好奇和笑容互相看着，然后逐渐有学生开始表达："整齐""团结""好玩""一个都不能少""平等"……

当团体学生由静趋向动，又由动逐步趋向静的时候，领导者适时总结："看上去，大家彼此之间都充满了好奇与好感，希望我们一个都不少地在一起交流。下面，让我们彼此认识一下。"

接着领导者带领大家做“连连看”活动，领导者邀请每个人介绍自己的名字，并介绍一件自己喜欢做的事，比如喜欢打球。介绍完后，旁边的人先对刚才介绍的人说：“×××，你好，很高兴认识你，我喜欢看你打球。”再进行自我介绍。依此类推。这个时候，学生们逐渐打破了陌生的隔阂，变得熟络起来，发言也自由很多，如自发地开始说“我喜欢陪你散步”“我喜欢和你一起郊游”等。

每个人都连上后，领导者感谢每个人对团体的奉献，然后带领大家做“寻找有缘人”的活动，领导者拿出事先准备好的纸条请每位学生抽一张，仔细看自己的纸条，然后在房间中寻找和自己的纸条能够吻合的另一张纸条的主人，找到后两个人在房间中找到一个地方坐下来互相认识，一共5分钟的时间，可以了解对方的姓名、爱好及性格特点。

5分钟后领导者邀请学生介绍自己刚才认识的学生，之后带领大家做“对对碰”，两个小组合并成一个四人小组，每个人向他人介绍自己刚才认识的“有缘人”，此项活动也称为“他者介绍”。

10分钟后，领导者邀请两组学生代表介绍自己组内的学生。之后请相邻的两个组合并成一个组，组成8人小组，引导大家做“串冰糖葫芦”游戏。8个人围成圈坐好，选出第一个介绍自己的人，介绍自己的姓名、爱好以及性格特点，如“我是喜欢足球性格热情的×××”，第二个人要先介绍第一个人，如“我是坐在喜欢足球性格热情的×××身边的爱好音乐的性格豪爽的×××”，第三个人依此类推，直到最后一位学生将所有学生都串在一起。冰糖葫芦串完后，基本相识阶段完成，接下来可以进行团体凝聚力的建设。

领导者给每个小组布置任务，要求每个小组设计一场植物园展。“金秋十月，美丽的北京迎来了一场国际植物园展，各种各样的植物在秋日暖阳下绽放着自己的美丽，现在，请各组学生结合自己的个性特点和兴趣爱好，选择一株植物代表自己，并思考这株植物如何能够代表自己，每组学生集体设计一场本组的植物展，请大家用15分钟的时间思考并设计，15分钟之后，各组学生将分别在台上展示。”

在15分钟的讨论过程中，领导者逐一进入小组听取小组的讨论，指导小组学生发挥创造力设计植物园展。

15 分钟后，组长自愿带领本组学生表演。领导者在各个组之间穿插引导，最后总结。

大家起立，围成一个圈，手拉着手，用一个词表达对今天这堂课的感受。

领导者的观察与感悟

经过这一圈的活动，学生从不相识到相识，从拘谨到自然，通过“串冰糖葫芦”等活动，加深了小组之间的凝聚力，促进了学生之间的感情联系。每个团体的交流都有两个层面，一个是任务层面，一个是情感层面。团体学生通过共同完成任务大大提升了团体学生之间的任务凝聚力和情感凝聚力，顺利完成了领导交代的任务。

团体学生的反馈

在最后一个环节中，学生纷纷表示这次活动很新鲜很有趣。有的说“感觉很温暖”，有的说“外面风很大，室内温暖如春”，有的说“感觉就像自己人”，有的说“在以后有时间的情况下，我们也可以在自己的班级中开展这种活动”。

团结有力量——增强团体凝聚力

每个人从出生开始都生活在团体中，最早的团体是家庭，之后还有学校、单位等。团体和人的关系就如同水和鱼的关系，团体的氛围对每个人的成长和发展都起到至关重要的作用。本部分旨在通过团体活动，让每个学生发现自身的价值，提升学生的自我效能感，增强人际交往中积极的情绪体验，从而增强团队的凝聚力和创造力。

本部分活动通常在团体辅导的第二个阶段，也就是在热身后进行，属于团体建立关系的阶段，这个阶段主要建立学生的归属感和人际交往中的积极体验。

本阶段的活动从三个方面切入：一是从活动中体验人与人的关系；二是从活动中体验人与自我的关系；三是从活动中体验人与团体的关系。在这个阶段的活动中既要能够建立起团体的良好氛围，又要能够为后面的主题活动作好心理上的准备。

一、训练目标

1. 集中学生的注意力，活跃气氛，消除学生之间的隔阂，增进学生之间的了解，增强团体凝聚力和学生对团体的归属感。

2. 建立团体的和谐氛围，为学生内心的开放做好心理准备，增强学生的协作能力和团队精神。

3. 引导学生在团体中交流，引发学生积极的情绪体验以强化参与动机，从而增强学生积极的人际体验。

二、训练活动

活动一：传报纸

1. 活动目的

（1）增强人际交往中的积极体验。

（2）探索人际协作的重要因素和资源。

（3）引发对不同生活视角的探索。

（4）认识自己在团体中的作用与行为方式。

2. 活动说明

（1）时间：20~30 分钟。

（2）材料：报纸。

3. 实施程序

（1）学生分为 6~8 人的小组，人数须均等。

（2）分发报纸，每个人用报纸发出一种声音。

（3）团体领导者用图画（或是手势）总结出几种声音，学生根据图画或手势，按领导者的节奏，用固定的节奏发出声响，从分奏到最后的合奏。

（4）进行报纸传递。首先将每组的报纸进行折叠，折叠的方式自己确定，折叠是为了更好更快地传递。传递的规则为，不能用手到肘关节的部分接触报纸，从最后一个学生传至最前面一个学生。速度最快的为获胜组。

4. 领导者提问

（1）每个人在其中做了什么？起了怎样的作用？

解说要点：每个人在团体中都有自己的作用和位置，因为每个人个性特点不同，发挥的作用也不相同。因此，每个人在团体中的价值都是自己选择的，在团体中所发挥的作用也是自己决定的。每一个人都是一个独特的个体，因为每个人的不同使得团体更加丰富，也使得每个人都能在其中相互学习和支持，正因为这些独特个体的组合，才使得团体能有效地完成任务。

（2）联系生活，在现实的人际中，自己承担了怎样的角色？对自己的人际关系有些怎样的影响？

解说要点：每个人都是一个独特的个体，因此会在现实的生活中选择适合自己的人际交往方式。例如，如果你是一个行动积极又有影响力的人，在人际交往中，就会成为一个引领者的角色，通常能够掌握大局，但也承担着比别人更多的责任；如果你是一个善于沟通和学习的人，在人际交往中，通常会是他人的支持者，在人群中很受欢迎；如果你是一个不喜欢表达自己并顺从别人的人，通常不会引起他人的关注，但也多了些随意和自在。所以，我们的人际关系都是个性决定的，如果你不满意自己的人际关系状况，就需要改变一些自己个性中导致这种状况的因素。要知道，满意的生活只有两种选择，要么欣然接纳，要么积极改变。

5. 注意事项

（1）分组时，人数要一致，如有人数无法平均的状况，就让小组自己决定一个观察和监督比赛的人员。这个人要参与小组的规划、协助演练，为小组出谋划策。

（2）做报纸声响的指导，需要有音乐基础，如果领导者没有音乐基础和这方面的训练，可以让每个组用报纸拼成一个图案，规定报纸只能折叠，不能撕裂。然后进行展示。

6. 拓展活动

此活动可用于热场环节，也可以在创造性的主题活动中应用。生活中普通的常见的报纸，都可以用于这样的活动。

7. 知识点

根据萨提亚沟通模式，人有多种互动模式：讨好型、指责型、超理智型、打岔型、表里一致型等。

表里一致型是萨提亚所倡导的目标。这种模式建立在高自我价值的基础之上，达到自我、他人和情境三者的和谐互动。这种模式的人言语表现出一种内在的觉察，表情流露和言语一致，内心和谐平衡，自我价值感比较高。

讨好型的人忽略自己，内在价值感比较低。言语中经常流露出“这都是我的错”“我想要让你高兴”之类的话。行为上则过度和善，习惯于道歉和乞怜。

指责型的人则常常忽略他人，习惯于攻击和批判，将责任推给别人。“都是你的错”“你到底怎么搞的”是他们的口头禅。究其内在经历，指责型的人通常孤单失败，但他们宁愿与别人隔绝以保持权威。指责型和讨好型是最常见的两种姿态。有趣的是，指责型的人通常会找一个讨好型的人做伴侣，而讨好型的人也倾向于选择指责型的人。

超理智型的人极端客观，只关心事情合不合规定、是否正确，总是逃避与个人或情绪相关的话题。他们告诫自己“人一定要有理智”“不论代价，一定保持冷静、沉着，决不慌乱”。这类人表面上很优越，举动合理化，而实际上，他们的内心很敏感，有一种空虚和疏离感。

打岔型的人则永远抓不住重点，习惯于插嘴和干扰，不直接回答问题或根本文不对题。他们内心焦虑、哀伤，精神状态混乱，没有归属感，不被人关照，还常被人误解。

活动二：默契大比拼

1. 活动目的

(1) 打破惯性思维，培养创新能力。

（2）体验人际交往中的沟通、妥协、合作。

2. 活动说明

（1）时间：20~30 分钟。

（2）材料：纸、笔。

3. 实施程序

（1）准备：几组数字，每一组有三个数字，由 0~9 构成。

（2）介绍规则：让队员站成一路纵队，将一组数字给最后一名队员看后收回，看后让他传给前一位队员，要求在传递中只能使用肢体动作，不能讲话，也不能发出任何声音，所有队员必须向前看，不能侧头和回头。后面队员的手只能在前面学生的后面做动作，不能到前面比画。依此类推传给第一位，第一位队员报出数字，同时训练师计时。用时最少，同时数字传递正确的组获胜。

（3）用 4~5 分钟进行小组练习后正式开始。可以对传递错误或传递最慢的学生进行小小的惩罚。

（4）小组进行 3~4 分钟的讨论分享，每组总结发言。

4. 领导者提问

（1）回想自己在完成任务的过程中都做了哪些努力。

解说要点：每个人都在用自己的方式为团体的任务贡献力量，而同时也在与别人进行沟通与合作。没有这些沟通与合作就不可能完成这项任务。正是每个人积极的交流，使得完成任务的方式越来越完善。因此，没有完美的个人，只有完美的团体。

（2）怎样的传递方式最快？

解说要点：在尝试很多方式以后发现，将数字变为一种行为术语，越是容易记忆的就越容易传递，而且这些术语在传递过程中不用再去换成数字去记忆，直接记忆行为符号本身，再传递出去，直到最后一个人把这符号翻译过来就可以了。因此，我们发现，最有效的方式就是简化行为。同样在我们的生活中，如果有事情无法有效进行，就需要静下心来检查一下，是否有些环节被我们复杂化了。当多余的程序被清除以后，事情就能顺畅而有效地完成了。

5. 注意事项

（1）每个组的人数最好相等，如果有个别组多一个学生，可以让小组决定一人在比赛时当观察者；若少一个学生，可以进行鼓励和解释，人员的多少并不是取胜的关键，人人参与、齐心合力才是关键。

（2）在正式活动前，一定要给每组大约4分钟时间进行讨论和演练。

（3）在介绍规则时，要简练清楚，并让学生确认是否明白。

（4）最后领导者总结，可以把最快和最准确的方法教给大家。活动的秘诀是打破惯性思维。

6. 拓展活动

在传递的内容上变化，可以传递其他信息，比如水果或蔬菜。另外在传递方式上也可以变化，如果人数很少，可以4个人一组，前3个人进行信息传递，最后一个人来猜结果。此活动的应用范围比较广泛，除了用于团体培训，也可以用于一些小型聚会或联欢会的现场，气氛热烈，参与感强。

7. 知识点

有这样一个故事：在一座无人居住的房子外，一只鸟儿每日总是准时光顾。它站在窗台上，不停地以头撞击玻璃窗，每次总被撞落回窗台。但它坚持不懈，每天总要撞上十来分钟之后才离开。人们猜测这只鸟大概是为了飞进那房间。然而，在鸟儿站立的窗台边，另一扇窗户是大开的，于是人们便得出这样的结论：这是一只笨鸟。后来，有人用望远镜观察，发现那玻璃窗上粘满了小飞虫的尸体。鸟儿每次都吃得不亦乐乎！人们怎么也没有想到鸟儿有如此独特的觅食方式，而人类总是按照自己日常的思维方式去评判鸟儿的行为。

美国心理学家迈克曾经做过这样一个实验：他从天花板上悬下两根绳子，两根绳子之间的距离超过人的两臂长，如果你用一只手抓住一根绳子，那么另一只手无论如何也抓不到另外一根。在这种情况下，他要求一个人把两根绳子系在一起。不过他在离绳子不远的地方放了一个滑轮，意思是想给系绳的人以帮助。然而尽管系绳的人早就看到了这个滑轮，却没有想到它的用处，没有想到滑轮会与系绳活动有关，结果没有完成任务。

其实，这个问题很简单。如果系绳的人将滑轮系到一根绳子的末端，用力使它荡起来，然后抓住另一根绳子的末端，待滑轮荡到他面前时抓住它，就能把两根绳子系到一起，问题就解决了。

由此可见，人们在生活中一旦形成了某种固定观念，就会束缚自己的手脚，限制自己的思维，形成可怕的思维定式，成为人们认识事物的障碍。

活动三：接龙律动

1. 活动目的

（1）增强学生间的协作。

（2）增强学生的参与动机。

（3）体验人际交往中的相互支持。

2. 活动说明

（1）时间：10~15 分钟。

（2）材料：音像设备。

3. 实施程序

（1）所有学生围成圈站好，按顺时针方向排列。

（2）领导者教授基本的舞步，在舞步完成后要求每个学生坐到后面学生的膝盖上，然后再重复舞步和坐膝的动作。

（3）领导者带领学生熟悉音乐，明确音乐变化所对应的舞步和动作。

（4）播放音乐，进行活动。

4. 领导者提问

（1）活动的哪个部分最快乐？

解说要点：这个部分是活动中最难的部分，但也是完成时最快乐的部分。我们的生活也是如此，有些挑战或需要我们用心去做的事情，往往带来的愉悦感更多。

（2）活动中的难点是什么？

解说要点：要顺利地解决这个活动的难题，关键在于前后学生的配合以及学生间的信任感。在进行的过程中，既要考虑自己，又要考虑他人。

团体中的每个人如果只考虑自己的话，反而无法在团体中有所收获。生活中也是如此，一个在生活中只考虑自己的人反而很难让生活如意。拥有顾全大局、能为他人考虑的心，才能拥有美满的生活。

5. 注意事项

（1）操作这个活动的领导者需要进行培训和演练，掌握舞蹈动作和教授方式。

（2）这个活动所使用的音乐需要经过音乐治疗师的专业挑选，领导者如果对音乐的知识掌握有限的话，沿用接受培训时的音乐即可。

（3）活动过程中，领导者要有意启发学生间的相互配合，让活动有趣而有序，如果学生间的配合不到位，容易造成过程中的混乱，从而影响学生的体验。

6. 拓展活动

此活动也可用于破冰环节。在方法上，前面可以增加互动的部分，大家相互进行肢体按摩，边走边说“你快乐，我快乐，给你揉揉肩”，停下来揉肩，然后是“你快乐，我快乐，给你捶捶背”。然后再进行后面的环节。另外在指导语上除了使用音乐作为指导语外，还可以用一些语言的指导，例如边走边说“幸福快乐团团转”，双腿向前蹦三下，向后退一下，再坐下来，坐在后面人的膝盖上。这些方法都可以逐渐增加难度。

7. 知识点

破冰是一个专业术语，是培训当中的一项专业技术，特别是在户外拓展当中，可以说成功的破冰是整个培训达到预期效果的关键。

为什么叫破冰？这个叫法起源于冰山理论，冰山理论是指人就像一座冰山一样，意识的部分只占了很少的部分，而更大的部分是潜在的意识，或者说是不容易被分辨的意识，而破冰就是把人的注意力引到现在，因为注意力在现在就无法或者不容易被潜在的意识影响，这样就可以达到团队融合，减少怀疑、猜忌、疏远。

破冰与热场的区别。很多时候我们容易把热场和破冰混在一起，但是其实两者是有差别的。破冰的目的是把人与人之间的间隔消除掉，而热场的目的是让参与者保持专注或是兴奋的程度。这两者在培训的时候会有些类似，但是本质的目的有很大的差别。

活动四：齐心协力

1. 活动目的

（1）增强学生积极的人际体验。

（2）增强团队学生的归属感。

（3）促进学生间的合作，提升团体的凝聚力。

2. 活动说明

（1）时间：10~15 分钟。

（2）材料：无。

3. 实施程序

（1）介绍规则并先请两个学生示范：两个人先背靠背坐在地上，然后两个人的手臂扣住手臂，依靠背靠背的支撑站起来。在站起来的过程中，扣在一起的手臂不得松开，不得借助其他的外力起立，只能依靠背部相互支撑的力量站起来。

（2）练习：小组内的两个人自由结合，如果出现单数，也可以三个人一起。完成后，在小组内将两组合并，以同样的方法站起来，直至小组所有学生一起站起来。

（3）小组间的竞赛：给小组 1~2 分钟时间进行讨论后，开始比赛。各组准备好后，领导者下达指令，用时最少的小组获胜。

4. 领导者提问（讨论分享）

（1）你能仅靠一个人的力量就完成起立的动作吗？

解说要点：在没有外力的情况下，一个人无法完成，就如同小时候，无法走路时，需要别人的搀扶才能行走。受伤时或者年迈体弱时也需要别人的搀扶。

（2）这个任务能完成的关键因素有哪些？

解说要点：支撑的作用。“人”的写法就是相互支撑。在成长中我们需要得到他人的帮助，如父母的关心和支持，老师、朋友甚至陌生人的帮助。在别人需要帮助时，我们同样需要给予援助之手。

5. 注意事项

（1）在两人演练的时候，领导者要给学生以启发，让每个学生都有成功的体验。

（2）在全组进行之前，领导者要强调规则。

6. 拓展活动

此活动可以作为热场环节，也可以在一些讲座环节中穿插使用。在压力应对主题中，同样是不错的选择。

7. 知识点

社会支持这个概念是在精神病学的研究中首次提出来的，在20世纪七八十年代引起广泛关注，并逐渐被其他学科所引用。社会支持包括有形和无形支持，但无形支持是其主要方面。

社会支持是健康心理学关注的一个重要话题，它既包括我们所拥有的客观的、物质化或可以数量化的支持，更强调我们主观上对支持的感受和体验。社会支持也是我们健康生活的一个重要保障，当我们处于逆境之中，良好的社会支持系统可以给我们力量和信心；当我们处于顺境之中，它同样可以给我们快乐和充实。社会支持是外界提供给我们的，同时我们每个人的个性和心理差异也可能造成我们对社会支持的感受度和利用度存在差异。

活动五：创建团队

1. 活动目的

（1）增强学生参与的动机。

（2）促进团体学生的合作。

（3）感受团体的创造性和力量。

2. 活动说明

（1）时间：30~40分钟。

（2）材料：彩笔、白纸。

3. 实施程序

（1）把团体分为若干6~10人的小组。

（2）布置任务：每个小组为一队，推选出队长、副队长和秘书三人，取队名，创建口号，编排队歌。此过程需要 15~20 分钟的时间。

（3）每组进行展示，且展示形式须具有创造性。

4. 领导者提问

（1）大家在完成任务的过程中有何感受？

解说要点：这是一个团体共同完成任务的过程，需要每一个人贡献自己的想法，并与他人交流合作来达到共同的目标。整个过程给大多数人带来的是愉悦的体验，即使没有感到快乐，却也没有痛苦的体验。这是因为，团体中的每个学生都在为团体去努力，去沟通和商议，奉献自己的力量。在互动中增进了彼此的了解。当人处于相互沟通和了解的过程中时，会获得一种良好的心理体验。

（2）活动中令你印象最深刻的是哪一部分？

解说要点：每个人印象深刻的部分不尽相同，这些印象深刻的地方往往是情绪和情感体验最强烈之处，人最早期和最深刻的记忆都是情绪和情感的记忆。美好的记忆会成为生命中的养分，让心灵得到呵护和成长，而痛苦的记忆需要从中有所领悟，接纳是生命过程中必不可少的部分。否则，浸泡在痛苦的记忆体验中将会桎梏我们的心灵，即使生活再美好，都难以体会得到。

5. 注意事项

（1）领导者在布置任务的时候需要提示学生，队名和口号要有积极意义；队歌的创作可以通过对一些简单的、耳熟能详的歌曲进行歌词改编来实现，歌曲和歌词要能体现小组的精神风貌。

（2）在每个组进行创作的过程中要不断催化，有时需要领导者进入小组看一下。

（3）每个组完成的时间有时会不同，要不断观察，协调各组进度。

（4）有时小组完成任务出现困难，可以适当延长一点时间，让大家准备充分。

6. 拓展活动

此活动尽管简单，但可用于很多主题培训和人群，学生参与动机强，感受深刻。在创造内容上，可以有很多变化，领导者可以根据主题和人群调整，关键是给学生一项共同的任务，在合作和展示中体验、学习。

7. 知识点

所谓团队，是指一些才能互补、团结和谐并为负有共同责任的统一目标和标准而奉献的一群人。团队不仅强调个人的学习成果，更强调团队的整体业绩。团队所依赖的不仅是集体讨论和决策以及信息共享和标准强化，它更强调通过学生的共同贡献，能够得到实实在在的集体成果，这个集体成果超过学生个人业绩的总和，即团队大于各部分之和。团队的核心是共同奉献，这种共同奉献需要有一个学生能够为之信服的目标。只有切实可行而又具有挑战意义的目标，才能激发团队学生的学习动力和奉献精神，为学习注入无穷无尽的能量。

一个人的力量是有限的，团队的力量是无穷的。例如：木桶定律就能很好地体现团队的进步性，一个优秀的团队，在完全发挥作用的情况下，取得成功的大与小和战斗力的强与弱，并不取决于团队的某个人，而是大家共同努力、共同奋战的结果。

如果一个人的力量是 100%，那么他能够发挥的最大限度也就是 100%，而假如团队里其他人的力量都很弱，那么团队的力量之和最多也不会超过 50%。可是如果把这 100% 的力量分散出去，也就是把方法教给团队中的其他人，也许这一份力量最终不能够再发挥出 100%，但是如果其他人每个人获得 10%，那么团队的力量之和就会超过 120%。这就是团队的力量。

活动六：同作一幅画

1. 活动目的

（1）培养学生的合作态度。

（2）增强参与团体的动机。

（3）训练联想与创造力。

（4）增进学生间的相互了解。

2. 活动说明

（1）时间：20~30 分钟。

（2）材料：音响、大白纸、彩笔。

3. 实施程序

（1）将团体分为 6~8 人一组，若是 10 人左右的小团体则不用分组。

（2）播放音乐，所有学生可按音乐带来的感觉，共同在一张画纸上作画，直到音乐结束。要求学生在音乐播放的过程中不能说话。

（3）共同欣赏完成的作品。

（4）小组讨论作画过程以及整幅画所带来的感觉，并给画命名。

（5）小组展示自己的作品和心得。

4. 领导者提问

（1）小组完成的作品给自己带来了什么样的感觉？

解说要点：这是一个合作完成的作品，其中有自己的表达与展示，同时也要配合小组其他学生的画作。这是一个自然趋向和谐的过程，作画的内容没有经过任何规则的限定，而汇集成了一幅和谐的画面。每个人都是一个独特的个体，每个人展示出来的图画和内容都有独特的地方。然而，因为每个人的内心都有与他人和环境融合的需要，因此，虽然是每个独特个体的组合，却形成了一幅和谐的画面。

（2）看看所有的作品，有怎样的相似处？

解说要点：从所有的画来看，色彩的选择都是能给人带来好感觉的颜色。主题也都是有积极心理意义的内容。回顾整个作画的过程，内心基本都在平和、愉悦的状态中，而没有激烈的情感体验，因此，呈现的画面带给人的也都是温和与清新的感觉。这个活动可以启示我们的是，当我们的心境在一个良好的状态中，和他人就能融洽、和谐地相处，不需要太多的语言交流就能够心领神会地相互配合，这就是一颗开放的心所创造的生活缩影。

5. 注意事项

（1）可以从一些新世纪音乐中挑选出让人放松、舒服的音乐，例如班德瑞系列。不要有歌词，节奏舒缓，旋律优美。领导者需要注意的是，不能根据自己的喜好来选择音乐。选择音乐以后，应该把音乐听完整，确定符合以上的要求之后，还必须给 10 个以上的人聆听，确定不会带来消极的情绪体验，方可运用到培训当中。

（2）注意用音乐的时间来控制作画的时间，领导者在布置小组学习时，需要提示学生，当音乐放完之后，没有完成的小组要尽快完成。音乐结束前就完成的小组，不要讲话，聆听着音乐感受自己的作品，有需要补充的就再进行补充，没有补充的尽量体验当下的感觉。

（3）在展示每组作品和心得之前，提示每个小组，用 2~3 分钟的时间进行表达和总结。要求语言简练，主要把作品的名字作个解释，将作画过程中学生的感受总结一下就可以了。

（4）每一组展示完成后，领导者需要询问一下其他小组对所展示作品的感觉，以及是否有一些特殊的感受和发现需要表达。

6. 拓展活动

此活动可以用在压力应对的主题中。可以变化形式，在咨询师个人成长的学习坊中应用。

7. 知识点

艺术治疗又称艺术疗法，是心理治疗的一种。一般心理治疗多以语言为沟通、治疗的主要媒介，而艺术治疗特色最为鲜明，主要是以提供艺术素材、活动经验等作为治疗的方式。

美国艺术治疗协会在 20 世纪 80 年代对艺术治疗所下的定义为："艺术治疗提供了非语言的表达和沟通机会。"艺术治疗主要有两种形式：（1）艺术创作便是治疗，这种创作的过程可以缓和情绪上的冲突，有助于自我认识和自我成长；（2）若把学习艺术应用于心理治疗，则学生所创作的作品和关于作品的一些联想，对于维持个人内在世界与外在世界平衡一致的关系有极大的帮助。由此可见，艺术治疗具有两种取向，一种为心理分析导向的艺术治疗模式，此模式中，艺术成为非语言的沟通媒介，配合当事人对其创作的一些联想和诠释来抒发负面情绪，解开心结；另一种取向则倾向于艺术本质，通过艺术创作，缓和情感上的冲突，提高当事人对事物的洞察力或达到净化情绪的效果。这两种取向，都是把艺术当作表达个人内在和外在经验的桥梁，让当事人能透过创作释放不安情绪，澄清以往经验。在将意念转化为具体形象的过程中，传递出个人的需求与情绪，经过分享和讨论，使其人格获得调整与完善。

活动七：主题创作

1. 活动目的

（1）引导学生的互动与交流，增进相互了解。

（2）每个人都有自己的想法，在团体中为了达到目标，应学会妥协，群策群力。

（3）体会在合作中达到共同目标的快乐，增强学生的团队意识。

2. 活动说明

（1）时间：20~30 分钟。

（2）材料：A4 纸、笔。

3. 实施程序

（1）分组，将团体分为 6~8 人一组，若是 10 人左右的小团体则不用分组。

（2）确定主题：以本次培训的内容为主题或团体领导者根据学生的特点拟定一个主题。

（3）要求各组在此主题下进行创作，形式不限，可以是任何具有创造性的形式如情景模拟、歌曲、三句半、朗诵等，在 20 分钟内完成任务。

（4）完成任务后，给各组安排 2~3 分钟的展示环节，在展示中一方面每个学生都要参与其中，另一方面要突出团队合作。

（5）各组展示结束后分享总结。

4. 领导者提问

（1）在创作之初你有什么感受？在创作结束后你的感受有怎样的变化？

解说要点：在创作之初，可能觉得这个任务很难轻而易举地完成，但随着学生间的交流、共同的努力，大家会发觉，这个任务并没有自己想象中那么艰难了。在创作结束后，每个人都会发现，自己对小组中的其他学生更加熟悉和了解了，甚至还会发现每个学生都很聪明，都有自己独特的想法。因为这些独特想法的融合，才得以把这个任务完成好。

（2）整个活动给你印象深刻的环节是什么？

解说要点：印象深刻的环节可以是创作的过程，可以是完成的喜悦，还可以是其他组展示带给自己的启发。无论怎样，这个活动如同我们的生活，投入其中，积极地参与，与他人合作交流，开放自己的心去感受，每个部分都会成为充实和愉悦的时刻。

5. 注意事项

（1）在创作之初，学生可能不知如何操作，领导者要及时地鼓励和催化。

（2）注意各组创作时间，有的组慢，有的组快，领导者有时需要到小组里观察一下，适当地指导。

6. 拓展活动

此活动其实是团队文化建设的改版，方法一致，内容不同。它的应用范围和场合更加广泛，在大型讲座中也可以使用。

活动八：同舟共济

1. 活动目的

（1）集思广益，创新思维，努力尝试。

（2）依靠团体力量，克服困难，达成目的。

（3）增强团体合作意识，营造团结和谐的团体气氛。

2. 活动说明

（1）时间：20~30 分钟。

（2）材料：大报纸。

3. 实施程序

第一阶段：

（1）活动开始时，老师要求将报纸铺在地上，代表汪洋大海中的一条船。

（2）现在，需要团体学生 8~10 人同时站在船上，一个也不能少，必须同生死、共命运。

（3）随后让学生们想方设法，使全体学生同时登上船。

（4）行动之前团体可以充分讨论，拿出最佳方案。常常会出现学生齐心协力、集思广益，人拉人、人背人、叠罗汉等各种方法，体现团体的合作。

第二阶段：

（1）当成功完成任务后，老师可以要求将报纸面积减半，继续实验。

（2）完成后报纸可以再继续减半，随着难度增加，学生也会越来越努力，团队的凝聚力空前提高。

（3）练习的过程中学生会忽略性别、年龄等因素，全组一条心，练习的结果常常出乎学生的想象，学生创造性地发挥全体智慧，充分体会团结合作的力量。

4. 领导者提问

（1）你对活动中的哪些环节印象最深？为什么？

解说要点：这是一个团队来完成的任务，在完成的过程中每个人都是这个团体的一部分，人人平等，一个也不能少。在这个过程中，每个人展现的不但是智力的投入，更是心的投入。每个人印象最深的部分，也是自己最为用心的部分。因为用心，不但在其中贡献力量，更能在其中获得丰富和积极的感受，这就是我们内心的良性循环。

（2）联系现实的学习和生活，你有些怎样的领悟？

解说要点：在我们的学习与生活中亦是如此，当我们没有了人际的揣测、得失的计较，而是用心、投入地做事的时候，无论能否出色地完成，过程本身就是一种宝贵的获得，而身心也将收获积极的体验与感受。

5. 注意事项

（1）领导者在各组完成任务的过程中要不断巡视，进行必要的鼓励和催化。

（2）如果小组几次尝试失败，可以考虑将大组分成两组进行尝试，以增强学生信心。

（3）在团体学生参与讨论各学生的问题时，不要过于强调问题的解决，而要引导学生在团体讨论当中得到一些启发，或引导学生从另一个角度看待问题。

（4）可以将游戏背景修改，比如地震的安全地带等，这样可以更切合主题。

（5）报纸在活动中容易破损，因此要准备足够多的报纸，以及时替换。报纸大小要一致。

（6）如果学生中有因身体原因（残疾或受伤）不能完成游戏中动作的，不适合进行此游戏。

6. 拓展活动

此活动可以用于热场环节。在压力应对、问题解决、创造力团体训练中也可使用。

7. 知识点

高峰体验：美国心理学家马斯洛在调查一批有相当成就的人士时，发现他们常常提到生命中曾有过的一种特殊经历，“感受到一种发自心灵深处的战栗、欣快、满足、超然的情绪体验”，由此获得的人性解放、心灵自由，照亮了他们的一生。这是一种从未体验过的兴奋与欢愉的感觉，这种感觉犹如站在高山之巅。这种愉悦虽然短暂，但却可能尤其深刻，是语言无法表达的，心理学家称之为“高峰体验”。

活动九：音乐不倒翁

1. 活动目的

（1）增进团体的凝聚力。

（2）增强学生的安全感。

（3）增进学生间的信任与合作。

（4）降低个人的焦虑，促进放松。

2. 活动说明

（1）时间：20~30 分钟。

（2）材料：音响设备、A4 纸数张。

3. 实施程序

（1）分组，将团体分为 6~8 人一组，若是 10 人左右的小团体则不用分组。

（2）学生先围成一个圈，肩并肩站好，其中一个学生站在圈中，任意向一边倒过去，其他学生用手把他推起。

（3）中间的学生双臂环抱在胸前，脚不能挪动，任意在圈里倒来倒去，无论倒向哪里，都能被推起。

（4）播放轻柔、舒缓的音乐作为背景音乐，当音乐停止时，圈中体验的学生轮换，待音乐开始，再行体验。

（5）小组分享，讨论领导者的提问，每组发一张 A4 纸进行总结。

（6）每组推举一人进行小组分享的总结演说。

4. 领导者提问

（1）请大家分享站在不同位置上的内心体验，在几个位置的不同感受。

解说要点：这个活动，每个人都从两个角度进行了体验。一个是在圈中的体验，每个人都有不同的感受，有的人感觉很放松，有的人则有一些紧张，也有的人从紧张慢慢到了放松的状态。这与自己对其他学生的信任和内在的安全感有关，能放心地依靠他人、全心信任他人的人在其中就会较为放松。而内心比较警觉，和他人建立信任关系比较慢和困难的人就会感到紧张。与其他人的熟悉程度也是影响体验的一个重要原因，对于比较了解的人，内心会多一些安全感，而在体验的过程中，这种非语言的互动也让学生之间的关系有了感觉上的增进，体验到周围的人都较为稳定而认真地“接”和“推”自己，内在的安全感就慢慢地被引发出来，因此能越来越放松地体验这个过程。

另一个是作为“支持者”的体验，每个人在这个位置，心里都在为“圈中人”着想，除了会担心自己是否能够很好地把人接住外，都感到平静和愉悦，“圈中人”越是放松、全身心地去体验，自己的感觉就越好。

（2）联系现实生活，怎样的境遇与活动中的这两种体验相似？

解说要点：这两种体验在我们的生活中会轮番出现，有时候我们需要他人的支持，有时候我们支持着别人。当我们需要别人的支持时，不是每个人都能够很好地接纳自己的这个状态，这个状态需要把自己放心地托付于人，但不是每个人都能让我们放心地托付，只有沉稳的、有力量的人才能让自己全然地放心，这种力量包括人格的力量、支持的能力等。稳定感主要来源于人的个性和意愿，这个支持的意愿通常也和人之间的关系有关，关系越近，意愿就越大。从自身来看，被人支持通常被视为一种“弱者”的表现，因此，很多人，即使周围的人值得依靠、自己也需要支持，但仍旧不能很好地接纳自己的这种状态，从而让自己置身于惶惶不安之中。因此，在生活中能让自己在有需要的时候接受他人的支持也是一种内心力量的体现。

而在生活中作为支持者，虽能够掌握局面，却对被支持者有些期待，被支持者的投入程度与内在状态会影响自己的感受。因此，在我们的生活中，无论我们付出了怎样的心力去支持他人，如果被支持的人不如自己期待中的那样信任自己，可以作一些自我检查，看自己是否具备“足够好的支持者”的因素。即使都已具备了，被支持者还是不能全然地投入，就应该理解，不是每个人的内心都能全然开放地接纳自身的所有状态。因此，支持别人尽力就好，期望值太高会给自己带来不必要的压力。

5. 注意事项

（1）活动过程的指导语说完后，让学生自愿出来 6~8 人进行示范。

（2）培训时需要警示那些熟悉度高的团体，在活动过程中，学生要遵循指导和示范，不能说话、开玩笑。特别是在支持的位置上，不能因为与某人熟悉而躲开，以此来恶作剧，从而破坏学生的心理体验，将活动当成一种游戏。

（3）领导者在活动过程中，既要控制播放音乐的时间，还要到每一组去观察和指导，催化学生投入的体验。

6. 拓展活动

此活动来自拓展训练中的信任背摔，但比背摔更加容易操作。该活动可以用于热场，也可以在压力应对主题中使用。

7. 知识点

了解心理安全感。

（1）从自然与社会中获得安全感。

安定的生存环境是成长的必要因素。生存环境直接关系到生命的延续，而生命的终结是每个人内心最大的恐惧，因此，生存环境的稳定是心理安全感的基础。人的心灵深处渴望与自然融合，渴望社会的和谐，这是人类最深层的安全需要。在家庭中获得不了的安全感，通常可以通过拥抱自然或是投身于对社会有益的学习中来获得补偿。特别是与自然的联结通常能更有效地抚平内心的各种不安，所以人最放松的时候大多是处在一个宜人的自然环境当中。而现代人的生活似乎离自然越来越远，于是人心里的不安与浮躁就更加明显，这削弱了人在社会中体验的安定感。因此，我们需要知道，内心的各种焦虑、担忧不单单来自于现实生活，而是在心理上有一个更大的不安背景——远离自然。

（2）从人际中获得安全感。

从出生开始，个体就从养育者的照顾、陪伴和保护中获得安全的体验，这就是最初安全感的建立。随着人的成长，这种安全的感受通常能从自己信任的人那里获得。如果人在幼年时生活在稳定和充满爱的养育者身边，内在的安全感就很充分，成长过程中较容易与他人建立起信任的关系，也容易从团体中获得安全的体验。而安全感不足的人在人际交往中会局促不安，容易封闭自我，不能与他人开放地交流自己的真实体验，从而使内心在人际环境中承受压力，不能产生良好的人际体验。但在团体中，可以运用活动营造一个足够安全的环境，使人在人际互动中体验安全与信任带来的愉悦感，补充内在安全感的不足。也可以通过团体活动，使安全感充足的学生作一种积极的行为示范，让那些自我封闭的学生对自我的不安全感有所觉察，认识到人际中消极体验的真正原因，从而在互动过程中有所学习和领悟。

（3）内心的安全感。

还有一种安全感是来自内心的体验，一部分是人与生俱来的心理能量，另一部分是成长过程中从自然和人际中获得的安全感的内化。这种内在的安全感能够形成一种力量，成为生命忧患过程中的抵抗力，维持内心的稳态。这是良好心态的基础，也是一种成熟人格的标志。内在安全感充足的人容易让人接近，通常成为团体的积极因素，在人际交往中能给予他人支持、理解和稳定的感受。虽然并非每个人的安全感都是充足的，但对每个人来说，其内心或多或少都有安全感，否则不能有稳定而愉悦的体验。而团体所提供的安全的氛围能使每个学生充实内在的安全感，从而增强内心的这种基本能量。

活动十：梦想在心中

1. 活动目的

（1）增强学生参与的动机。

（2）促进团体学生的合作。

（3）增强学生内心的积极力量。

（4）促进学生间的相互了解。

2. 活动说明

（1）时间：40~50 分钟。

（2）材料：彩笔、白纸、投影仪、音响。

3. 实施程序

（1）分组：6~8 人为宜，若是 10 人以内的小团体就不必分组。

（2）领导者作一个内在积极资源的说明，让团体学生了解每个人都有积极的资源，这些资源都是人成长的力量，也是人生活的积极动力，这些资源有内心的，如信念、爱、坚强等，也有外在的，如亲人、朋友等。

（3）聆听歌曲《隐形的翅膀》，同时在幻灯片中打上歌词。聆听过程中，引导学生思考自己生活中的力量是什么，这种力量就是每个人隐形的翅膀。

（4）聆听结束后，给每一组分发一张大的空白纸和彩笔，要求学生以组为单位，将自己生活中的力量用图画的形式展现在白纸上；在展现自己图画的同时，构思与组中其他学生的图画相互配合而成为整体的一幅画。要求学生在完成图画的整个过程中不要说话，在观察和思考中完成。此过程需要 15~20 分钟。

（5）以组为单位分享每个学生所展现的图画的意义，以及作画过程中的感受。最后，每组以整体的角度来感受整幅图画，并经过讨论给整幅画命名。此过程需要 15~20 分钟。

（6）每组依次展示本组的画作，并推选代表对图画作简短的说明。

4. 领导者提问

（1）什么是你隐形的翅膀？你所作图画的哪个部分或什么特征代表了你的这些力量和资源？

解说要点：每个人的成长和发展都离不开积极的资源和力量，它们就像是土壤，提供着人生长的养分。这些力量和资源来源于两个方面，一是自己的内心，例如希望、信念、情感以及在挫折中的领悟等；二是外在的资源，例如亲情的温暖、友情的支持、爱情的滋养以及老师的指导等。我们每一个人都在这两方面资源的支持下走到今天。但我们往往忽视或是忘却了这些资源和力量，所以把这些力量称之为隐形的翅膀。在歌曲中，我们又重新发现了一个或几个不曾丢失的资源，让我们重新体会它们，体会隐藏在我们心中的这种力量。当我们经历挫折、磨难或是身处黑暗中时，别忘了我们的这些力量。

（2）整个组的画传达了怎样的感觉？根据这种感觉给这幅画命名。

解说要点：我们可能发现，整幅画不是我们某个人的理念体现，而是我们整个小组共同的心愿或是信念。每个人在画中都贡献出一个积极的因素，才能把这件作品完成，而这些积极因素组成的是和谐、美好的画卷。这是我们每个人给集体带来积极力量的结果。而且，其他人的积极因素，也许是自己没有发现或是没有表达的资源，就像这幅共同完成的画卷，当你把自己心里的积极因素都开采出来的时候，内心也将是一幅和谐的景象。这样的集体，或是这样的个人都将得到最好的发展。

5. 注意事项

（1）分组时要注意男女生的搭配。

（2）领导者在小组完成画作和讨论的过程中，需要依次到组中进行指导，并推动学生间的互动和协作。

（3）领导者在展示开始前需要提醒，每组的展示时间不能超过 3 分钟。在每组展示时，需要把握时间，避免展示时对画的说明时间太长，造成整个团体的懈怠。

6. 拓展活动

此活动给大家带来的感触颇深。一些在生活中经常听到的歌曲，经过咨询师的引导便可以引发很多体会和感触。此活动可以在不同主题中应用，如压力应对、情感课堂、生命教育、咨询师的个人成长等，也可以在某个主题培训中作为结束环节，活动最后还可以再写封感谢信。

7. 知识点

（1）内在的积极资源。

探索内在的积极资源是对人与自我关系的觉察，通过寻找内在的积极资源来与自我进行沟通和联结，在寻找的过程中去觉察与内在自我的距离。内在的积极资源对每个人的生活、发展有着十分重要的作用，它是一个人建立积极心态的基础，也是生命的免疫力，如果匮乏，身心都会出现问题，更容易受到伤害。因此，要注意对自己进行觉察和更深入的认识，随着自我了解程度的提高，内在积极资源的作用将越发在生活中体现出来。

（2）外在的积极资源。

人从出生就面临的必不可少的环境是人际环境。而积极的外在资源就是人与他人的良性关系。在我们的一生当中，有一些必不可少的关系，心理学中称之为社会支持系统。社会支持系统的完善，对人的现实生活和心理状态都有着积极而强大的影响，从这个系统中可以看出人心理的健康程度。而这个系统有些是与生俱来的，有些是自己用心建立起来的，无论怎样都需要个体通过觉察生活中的支持，去发现我们每个人的支持系统。这个系统中可能只有亲人、爱人和朋友，也可能只有其中的一到两种，但无论多少，他们都是我们生活的重要部分。我们往往会因为消极的情绪和心态而忽略这个系统，从而丧失对这个系统的觉察、维护和建立。

三、精彩活动剪影：梦想在心中

1. 人数：56 人。

2. 活动主题：寻找隐形的翅膀。

3. 活动过程：

这个活动用在热身活动之后，目的是促进团体学生间的相互了解，增强团体的凝聚力，并激发和强化学生的积极情绪和内在体验。领导者将 56 名学生分为 7 个组，8 人一组，围成圈坐下。然后，领导者开始作活动的铺垫："每个人的成长都不会是一帆风顺的，人生都不可避免地会遭遇挫折、失败等不幸，但这并不会阻碍每个人的发展，因为每个人都有自己的资源和力量，帮助自己度过那些艰难的时光。这些力量有些来自他人的帮助、支持、关爱和鼓励，有些来自内心的坚强、热情、梦想和信念等。这些力量我们平时也许并不在意，也许会忽视它们的存在，但在我们需要的时候，它们会带领着我们飞越低谷和黑暗，这就是我们隐形的翅膀。每个人都有属于自己的那双翅膀，让我们一起聆听一首歌曲——《隐形的翅膀》。"

然后，领导者让学生们面对幻灯片站好，以小组为单位，与身边的学生手挽着手，看着歌词，一起聆听这首歌曲。在聆听的过程中，学生都不由自主地跟着唱起来，还有些学生流下感动的泪水。在音乐间奏时，领导者说："让我们跟随着歌曲，去寻找什么是我们隐形的翅膀，哪些力量带着我们走过失落和黑暗，飞向我们的梦想。"当歌曲结束时，让学生回到座位坐下，每组派来代表拿大画纸和彩笔。然后进行指导语的说明，要求每组用 15 分钟，在静思的状态中完成自己和全组的画作。作画开始后，领导者到每组中进行观察和推动，看到学生的创造力很丰富，有的画一朵花，有的画一棵树，有的先看别人画之后，再选择合适的位置把自己的画画上，有的在画完后，根据整幅画的呈现又进行些补充，使整幅画更完整和丰富。整个过程在安静的氛围中进行，有些需要协调和交流的部分，每个组会创造性地发展出一些非语言的交流方式来进行沟通。整个团体的氛围十分轻松愉悦，学生也十分投入。

作画完成后，领导者让学生在组里进行分享，分享的内容就是自己的"翅膀"是什么，自己的画在大幅画的哪个部分，它有怎样的意义。在说明分享内容的同时，提醒学生表达要简单、清晰、明了，每个人大约用 2 分钟的时间来说明自己的"翅膀"。在分享的过程中，大部分学生十分踊跃，分享的积极性很高。小部分性格内向的学生表达很简单，说话声音很小，当领导者在巡回观察的时候，遇到这样的学生，就鼓励他们多分享一下自己的画作。在这轮分享以后，领导者让团体安静下来，再说明下一步的任务，即分享自己对整幅画的感受，然后在组里讨论给画命名，并写在画上。

每个组都完成了命名，领导者给 2 分钟的时间，让每组准备展示自己组的作品，并推选一个代表说出组里每个人的“翅膀”是什么，是用什么画展现的，然后对整幅画的命名做出说明。准备妥当后，各组开始展示，并且都得到了其他组的赞赏，每个代表都热情洋溢地对画进行说明。当说明完毕后，领导者让其他组反馈这幅画带来的感觉，每个组反馈都十分积极。

领导者的观察与感悟

领导者让每组把图画都放在中间展示时，看到每一幅画的色彩都十分明亮，给人的感觉温暖、积极。在整个过程当中，每组的学生因为来自不同的年级、专业，相互并不熟悉，分到一组时还很拘束甚至有些不自在，到了这个活动结束后，小组学生间开始熟悉起来，所有学生在创作图画时，虽然不用语言，但都能找到适当的方式进行积极的沟通与合作。在分享自己的“翅膀”时，大部分学生都能找到共鸣，也加深了对他人的了解。甚至很多积极的情绪和内心状态在组里传递和蔓延，一个人的感动会牵动其他人的心，一个人的快乐会带动整个组的快乐，一个人的热情会带动整个组的活跃，因为积极的信息在其中传递着。因此，整个大的团体都笼罩在一种和谐、温馨的氛围中。这样的团体氛围，也为下一个活动打下了很好的基础。

另外，在聆听歌曲的过程中，每个学生都十分投入，音乐的感染力使得每个人都能回到自己的内心进行体验，同时，在音乐创造的环境中，团体学生形成情感共鸣，整个团体因此越发紧密。这种氛围让领导者的话语能更深刻地进入学生的情感世界。而在分享的时刻，学生间产生了深层而积极的认同，并能相互欣赏和学习，这种关系建立在了更深的心理层次当中。仅仅是几十分钟的时间，彼此内心的开放程度超越了生活中的普通关系，而能够进行较为深刻的沟通。

团体学生的反馈

当一个人真正意识到自己的存在时，才能感受到过去从未在意的强大内心力量。我们很少有机会与自己对话，也很难与身边的人倾心交流。太多的障碍摆在我们面前，有的是外在的，也有我们强加给自己的。当我们遇到困难时，常常会忽略自己的支持系统，如家人的支持、朋友的帮助，所以才会很无助，当看到这部分存在时，就会有力量面对当前的困境。这项活动是一次心灵的旅程，让我们更加了解自己的内在资源，同时也感到自己的幸运，有很多人帮助我们，在这里我们学会了感恩。

了解我自己——提高自我认识能力

每个人都渴望深入地了解自己，更期望不断改变自我、超越自我。对自我的了解程度、看法、态度和评价等心理过程，确实会影响个人的发展。从心理学的角度来看，自我探索包含主我对客我的认识、评价和监控。一个人如果正确认识自己，意味着他能够清晰地了解自身的优缺点，发现自身的成功与失败、痛苦与快乐；一个人如果正确评价自己，就意味着他能够接纳自己，接受自己的不足，无条件地喜欢自己，让自己的心灵得到更自由的成长；一个人如果正确地监控自己，那么他就会更轻松地把握自己的状态，了解自己的现状，并让自己做出相应改变，不断迈向成功。自我探索类的团体活动可以帮助学生通过与他人的互动发现自我，并在他人的帮助下探索自我，从中发现并体验成长。

本部分内容适用于团体发展到成熟期或中后期进行，在这一时期，团体学生相互有了一定的了解，且安全感、信任感已经建立，这一良好的氛围和信任程度更适宜开展本主题的活动。本部分活动内容较深，团体学生可以选择自身分享的内容和程度。

本部分节的活动围绕着上述自我认识、自我评价和自我监控三个方面展开，其中关于自我认识方面的活动有“我的自画像”“我的比喻”“昨天、今天、明天”等；自我评价方面的活动有“手的比较”“我的评分”“理想我、应该我和现实我”“优点轰炸和缺点揭秘”“写给自己的小诗”等；自我监控方面的活动有“换个角度看自己”“从今天起开始改变”等。一般一次培训可以分别从这三个方面中选取活动，且按照“自我认识—自我评价—自我监控”的顺序进行。

一、训练目标

1. 促使学生对自身各个方面进行探索，提高自我认识能力。促使学生主动探索自己的内心世界和行为，了解自身的外貌、优点、缺点、性格、情绪等方面的特征，并从他人的角度发现他人眼中的自我特征，形成对自我的整体认识。

2. 促使学生悦纳自我，接纳自我的优点和缺点，接纳自身作为独特的存在这一观点。引导学生无条件地接纳自己的一切，喜欢自己、肯定自己的价值，最终达到珍惜自己的独特性、不对自己有过高的要求、多鼓励和欣赏自己的成就的目标。

3. 启发学生树立正确改变自我的观念，不断完善自我。启发学生树立自我可以改变的意识，促进团体学生在生活中积极地完成改变，从小事、细节做起来改变自我，从而达到提升自我的目的。

二、训练活动

活动一：谢谢你，我的手

1. 活动目的

（1）增强学生自我探索的动机。

（2）引发学生对自我的关注和思考。

2. 活动说明

（1）时间：10~15 分钟。

（2）材料：无。

3. 实施程序

（1）所有学生围坐成一圈，领导者要求每个学生分别向坐在自己左边和右边的学生打个招呼。

（2）领导者缓缓说出指导语。先邀请学生伸出自己的一只手，仔细观察这只手的形状、颜色、纹路，感受手的温度和柔软程度，看看手上有没有值得纪念的痕迹、印记或者疤痕、老茧等，注意看到这些印记后自己的感受；邀请学生将自己的手和同伴的手放在一起，比较一下两只手在外观上有什么不同，感受一下同伴手的温度和柔软程度。每说一句指导语，领导者可以稍作停顿，观察学生的反应和进度。

（3）在与同伴的手相互比较之后，领导者邀请学生围绕以下三个问题进行讨论："你喜欢你的手吗？""与别人的手相比，你会更喜欢自己的手吗？""推而广之，与别人的外貌、性格、成就等所有的特征相比，你是否会更喜欢自己的这些特征？"

（4）最后邀请几位学生谈谈讨论的结果和自己的感受。

4. 领导者提问

（1）你喜欢自己吗？是什么使你给出了刚才的答案？你从小到大的经历、感受、经验等对你刚才的回答有什么样的影响？

解说要点：要区分"有条件的喜欢"和"无条件的喜欢"。我们平时说的"悦纳自我"就属于后者。在童年时期，自我是无条件接纳自己的，每个人会对自己的各方面感到很满意，无条件地接纳自己的一切，甚至有时儿童还会过高地评价自我。当儿童逐渐长大时，会把教师、家长和社会提出的各种要求内化为各种标准，这时会觉得自己"还不够好"，一旦这一心理暗示成为习惯，个体就会变得自卑，挫折感也油然而生。检验是否是有条件地喜欢自己的一个标准，即体察一下我们平时对自己的态度。当我们努力地试图找个方面来证明自己时，或者一定要找一个理由证明自己是有能力的，或者需要通过学习成绩、自己拥有的头衔、取得的成就等来证明自己时，这就类似于"有条件的喜欢"了。

（2）如何做到无条件地喜欢自己呢？

解说要点：对自己不满是不接纳自己的典型表现，而接纳自我意味着放弃对外在标准的追求，转而试图把自我作为一个独特的存在来接纳。我们要意识到自己的不完美，承认自己的不完美，带着这种不完美去自然地生活，这就是最大的积极。所以，成长的标准是更好地做自己，而不是做最好的别人。

5. 注意事项

（1）讨论的环节是关键，学生们一般会在前两个问题上说“更喜欢自己的”，而在第三个问题上答案会参差不齐，有相当一部分学生会说“喜欢别人的”。这时领导者需要留给学生一些时间思考。

（2）这一活动需要组织者引入较多的讨论话题，促使学生深入讨论，否则很有可能会流于形式。

6. 拓展活动

该活动适用于以“自我探索”为主题的团体活动的热身，领导者也可以将之后的分享引向深入，作为主题活动。

7. 知识点

自我可以分为主我（I）和客我（me）。主我指个体对他人态度的反应，以主体姿态出现，具有主动性和创造性，不断调整自己，改变环境。而客我则是一个人根据别人对自己所承担角色的要求而调整塑造出来的我。当一个人作为客我时，他就意识到自己是一个客体，就会按照自己或他人的要求来调整自我。

活动二：起“外号”

1. 活动目的

（1）引发学生的自我关注、自我思考。

（2）促使学生与他人建立联结，获得他人的反馈，与团体一起进行自我成长和团体成长。

（3）引导学生从他人的角度看待自我，发现平时被自己忽视的那一面。

（4）培养学生正确地、积极地对待他人的反馈。

2. 活动说明

（1）时间：40~50 分钟。

（2）材料：A4 纸、彩笔。

3. 实施程序

（1）分组：6~8 人为宜，若是 10 人左右的小团体则不必分组。

（2）领导者进行简短导入，说明我们在成长道路上，需要不断认识自己、了解自己，更需要认识、接纳他人眼中的自己，只有不断整合自身和他人对自我的认识，才能使我们变得更加完善。所以，下面要进行的活动是让我们了解他人眼中的自我，这个“我”可能是我们已经了解的，也可能是未知的，但是请大家全身心接纳这些自我。

（3）领导者给每位学生发一支笔和一张 A4 纸，先请学生针对自己的特征和个性，为自己起一个外号写在纸上，另外请学生给组内每一位其他学生也起一个外号写在纸上。

（4）所有学生完成后，领导者邀请一名学生作为主角，邀请其他学生分享自己给这名学生起的外号并说明理由，理由可以包含对这名学生的认识，他（她）的优点、缺点和建议等。学生分享时要注意以“你”作为主语，即直接以面对面对话的形式向主角表达。等所有其他学生分享完毕，请主角分享自己为自己起的外号，以及听到了他人的反馈后自己的感受。

（5）领导者邀请另外一名学生做主角，依次进行，直到最后一名学生分享结束。

（6）领导者邀请每一位学生用一句话或一个词总结自己对这一活动的认识和自己的感受。

4. 领导者提问

别人给自己起的外号是否真实地反映了自己？如果有所差别，那么是如何造成的？

解说要点：“以人为镜，可以知得失”，他人对我们的印象一般会很准确，有时甚至是我们自己所意识不到的。从他人眼中认识自我，可以帮助我们弥补自我认识的一些不足和缺陷，更全面地认识自己。只有我们把自身和他人对自我的认识整合起来，才能够使自我变得更真实、客观。

5. 注意事项

（1）这一活动需要小组学生彼此敞开心扉，彼此信任，彼此关爱，需要小组学生具有良好的关系，因此最好在活动的中后期或团体稳定下来后进行。

（2）在活动进行前，领导者要强调活动原则：真诚、分享、客观、负责、倾听，并要求学生准备好接纳他人眼中的自我，即“未知的自我”。另外也要强调起外号时不能带有消极的或人身攻击的词汇。对规则的强调可以确保这一活动的初衷得到有效实现。

6. 拓展活动

该活动的目标旨在引导学生获得他人对自己的认识，了解他人眼中的自我。该活动的变式可以有以下两种。

（1）“背上留言”。将 A4 纸贴在每个学生的背后，然后让学生在室内自由走动，在自己想留言的学生背上写下自己的话，不必署名。当纸都写满后学生可以摘下自己的纸阅读、分享。

（2）“你看我像什么”。请学生在组内随意走动，随机采访不同的学生，向他们提问“你看我像什么”，并记下答案，采访完一定数量的学生后回到大组内分享。

7. 知识点

人对自己的认识是一个不断探索的过程，每个人的自我都有四个部分，如表 3-1 所示：

表 3-1 自我四宫格

	他人知道	他人不知
自己知道	开放方格（对自己和他人敞开）	隐藏方格（自己知道，但对他人隐藏）
自己不知	盲目方格（对自己隐蔽，但他人可见）	未知方格（自己和他人皆不知）

开放方格：这部分的自我，自己很了解，别人也很了解；

盲目方格：自己不了解，但别人很了解的部分；

隐藏方格：自己了解，但对别人保密的部分，如自己的隐私等；

未知方格：自己和他人都不知道的自我的那个部分，有时会在心理咨询中显现出来。

每个人的自我都由这四部分构成，但每个人四部分的比例是不同的。随着人的成长及生活经历的增加，自我的四个部分发生着变化。当一个人自我的公开领域扩大，则其生活变得更真实，不论与人交往还是自处，都会显得轻松愉快而有效率。随着盲目领域的变小，人对自我的认识就越清楚，越能在生活中扬长避短，发挥自身的能力。所以，"识人者智，自知者明"，我们需要与他人适当分享隐藏的自我，并且通过他人的反馈来减少盲目的自我，这样就会更客观地认识自己。

活动三：我给自己打个分

1. 活动目的

（1）促使学生澄清对自身的满意程度。

（2）引导学生相互对自身的满意程度进行交流，分享每个人看待自我的角度。

2. 活动说明

（1）时间：30 分钟。

（2）材料：无。

3. 实施程序

（1）领导者进行简短的导入，请学生做一个深呼吸，静静地跟自己待在一起，体会此时此地自己的状态。

（2）一分钟后领导者邀请学生根据最近一段时间自己的状态、心情、表现，以及自己喜欢自己、认可自己的程度，为自己打一个分数。分数以 4 分为满分，表示对自己非常满意；3 分表示对自己比较满意；2 分表示对自己比较不满意；1 分表示对自己非常不满意。

（3）学生为自己打好分数后，领导者在教室里划分出四个区域，如最靠近讲台的区域是 4 分，然后是 3 分、2 分，最后面的区域是 1 分，邀请学生按照自己为自己打的分数，搬着自己的椅子坐到相应的区域中去，每个区域中的学生就组成了一个临时的小组。

（4）领导者邀请学生仔细观察教室中此时此刻的布局，然后按照4、3、2、1的顺序，每个区域（即相同分数的学生）中的学生相互分享给自己打这个分数的理由和此时此刻的感受。

（5）每个区域分享完毕后，领导者邀请不同组之间相互提问，或邀请不同组的学生向其他组表达自己想说的话。

4. 领导者提问

（1）请看看你所在小组的位置，你为什么给自己打这个分数？你的判定标准是什么？

解说要点：我们评价自己的标准一般是自己的成就、成绩等外在表现，但请注意，这些外在的表现是不稳定的。如果一个人以成绩作为衡量自己好坏的唯一标准，而成绩在很多情况下是不稳定的，你不能一直保持优秀，那么个人的自信、自尊肯定会随着成绩的起落而变化，从而使心态受到影响。减少这种消极影响的方式之一是尝试在生活中扮演多种角色，从而为自己建立多个衡量标准，在各个方面完善自己。

（2）请猜猜其他人为什么给自己打那样的分数，每个小组之间的学生有哪些不同点和相同点？

解说要点：评价自己的标准之一是社会比较。我们经常会自觉不自觉地拿自己和他人比较，从而获得对自身的评价。但比较的结果可能会影响我们的心情和对自身的看法。比如，跟更幸运、更有能力人进行比较，可以帮助我们寻找差距，达到自我的进步，当然也可能会造成自卑；跟较不幸运、较无能或较少力量的他人进行比较，可以较好地维持我们的自尊水平；与同自己能力和观点相似的他人进行比较，可以提供更为真实、有效并且具有评价意义的信息；跟过去的自己比较，会看到自己的成长。

无论我们怎样评价自我，要注意对自我的评价不能纯粹地建立在外界标准之上，因为无论是何种比较都可能使人们对自己不满意。其实，对自己是否满意、是否喜爱自己是主观判定的，与自己的成绩等客观因素无关。我们在这个活动中会发现，那些给自己打高分的学生往往不是成绩好的学生，也不是多么优秀的学生，而仅仅是那些自己喜欢自己的学生；而给自己打低分的学生却存在着各种各样判定自己好坏的标准。所以对自己的满意程度、喜爱自己的程度是一种自我的主观体验。

5. 注意事项

（1）这一活动需要组内学生之间足够信任，有足够的安全感，需要学生进行一定程度的自我暴露、自我分享，因此最好安排在团体的中后期进行。邀请学生表达或相互自由提问的环节可能会出现沉默，这时需要领导者妥善处理。

（2）在按照分数分组过程中，一般会出现这样的现象，即 4 分和 1 分区域只有 2~3 个人，而 2 分和 3 分的区域中聚集了很多人。领导者可以引导学生观察并思考这一现象产生的原因。那些为自己打 4 分的学生往往会成为团体中的积极力量，领导者要注意加以利用。

（3）分享时要注意从高分到低分分享，这样团体的正向、积极的情感会多一些。分数较低的学生在分享中可能会使团体的氛围一度变得沉重，这时领导者要注意正向力量的植入。

6. 拓展活动

分数的等级可以由领导者自己选定，满分为 4 分、5 分甚至 10 分都可以。

7. 知识点

自我价值感是个人对自己抱负的实现程度。早在 1890 年，心理学家詹姆斯（James）就提出一个经典的公式：自我价值感 = 成功/抱负，即自我价值感取决于现在拥有的成功和个体期望达到的成功水平的比值。一方面，自我价值感来源于对自身的价值和意义的认识，是自我接受、自我尊重的程度。自我价值感也来源于人际交往，从这一观点出发，自我是在人际交往过程中由对他人对自己评价的知觉及自我评价构成的我，即“镜像自我”，而个体的自我价值感来源于他人对自己的态度与评价。

活动四：昨天、今天和明天

1. 活动目的

（1）邀请学生进行深入的自我探讨，整合过去、现在和未来的自我。

（2）促进学生在相互的分享和反馈中提升对自我的认识和接纳。

2. 活动说明

（1）时间：90 分钟。

（2）材料：A4 纸、彩笔。

3. 实施程序

（1）分组：6~8 人为宜，若是 10 人左右的小团体则不必分组。

（2）领导者进行简短的导入，简要介绍下面的活动是关于自己的“昨天、今天和明天”，关于整合学生以往的经历并对未来设想的一个活动，能够帮助学生梳理、整合自我。

（3）领导者发给每个学生一张 A4 纸，并要求学生把纸折成三面，第一面写下“过去的我”，第二面写“现在的我”，第三面写“未来的我”。领导者可以请学生体会一下写字时的心情。

（4）领导者请学生先把注意力集中在“过去的我”上，请学生列出 10 个重要的可以描述自己过去是谁的答案。领导者要声明，没有人能看到学生的答案，所以请学生放心地思考。学生写完后领导者邀请每个学生从自己挑选的 10 个词中挑出 3 个自己愿意分享的词汇分享给大家，每个学生分享完毕后其他学生要轮流给该学生反馈和支持。所有学生分享结束后，领导者邀请每个学生在“过去的我”这页纸的最后写下一句自己写给“过去的我”的话，并在组内分享。

（5）领导者请学生把注意力转向“现在的我”。请学生列出 10 个可以描述现在自己是谁的答案，可以包括现在的我的情况、我的角色、我处在何时何地、感受如何。分享环节同上。分享结束后领导者邀请学生写下一句给现在的自己的话，并在组内分享。

（6）领导者请学生把注意力转向“未来的我”，请学生回答“我将成为谁”的问题，写出 10 个词汇。领导者可以提示学生：仔细思考你想成为的这种人，一旦你完成了自己的目标，有什么东西能证明你的成就？尽可能详尽地回答这个问题。分享环节、寄语环节同上。

（7）领导者请学生把注意力仍然集中在“未来的我”上，邀请学生确定出大约 5 个希望自己将来完成的具体目标。这些目标可能会有很多，列出后请学生按照自己希望的先后顺序排序。然后，从罗列的第一个目标开始，一步步地想象为达到这个目标需要做的事情。第一步是什么，结果是什么，并且想象自己的思想和感情历程，自己的心态如何、感受如何。完成后请学生分享。

（8）领导者最后请每个学生仔细体会自己的过去、现在和未来，并分享此时此刻的心情。

4. 领导者提问

请仔细体会你自己过去、现在、未来的三种状态，是否发现了自己的成长？具体表现为哪些方面？经过对过去、现在、未来的梳理，你的感悟如何？

解说要点：

过去的自我：你不能改变过去，但你可以改变对它的态度。记住那些事件已经是过去的了，它们不能决定今天的你，重现过去仅仅是让你控制过去，而不是让过去控制你。放下过去向前看并不意味着忘记过去，只是为了更好地把握当下。

现在的自我：现在自己和过去相比有哪些改变？当我们写下对现在自己的真实感受时，就会知道自己感到了什么。有时人们很难感觉到什么，当他们有真的感觉时又往往难以在第一时间描述出来。请花一些时间感受。冥想、瑜伽等都属于让自己活在当下的训练方式。你可以随时随地使用这些信息。你甚至连一张纸都不需要，只需要问自己我是谁、我身处何时何地、我感觉到什么，就已足够。

未来的自我：当你在估计完成这些目标所需的时间时，会感到有一定的计划性。如果我们需要完成较大的目标，不妨将其分解为一个个小的目标，一步一步地实现。当在思想上预演完成了一项任务后，我们的实际表现确实会有所提高。当你专注于成功的过程而不是努力的结果时，你将事半功倍。

总之，自我集生理和心理于一体，反映个人的生活历史，具有连续性和独特性。

5. 注意事项

（1）这一活动最好在 8~10 人的小团体内进行，如人数较多需要分组，领导者需要兼顾到每个组的进展情况。

（2）这一活动要建立在团体学生相互信任的基础之上，适宜在团体活动的中后期进行。

（3）分享过去的我和现在的我时，学生可能会出现不同的表达和消极情绪，领导者需要积极关注，并适时植入积极情绪。

6. 拓展活动

活动形式可以根据时间灵活调整，描述自己的词汇可以灵活地增加或减少。

7. 知识点

一个人的自我特征是稳定的还是可变的？一般认为，自我的发展具有时间上的稳定性，虽然在个体的发展过程中，个性特点、态度、观念等会发生一定变化，但个体的自我概念总体上是稳定的。一些外在因素，如社会比较、遭遇到了威胁自我的信息、暂时的不确定性等都会对自我概念造成一定影响，但个体会通过自我保护、自我提升，甚至忽视那些带有威胁性的信息等心理过程来保护自我，使自我保持稳定。因此，我们的自我概念是具有跨时间、地点的相对稳定性的。

活动五：理想现实找差距

1. 活动目的

（1）帮助学生认清自我的理想状态和现实状态。

（2）帮助学生澄清理想我与现实我的距离，并认可自我的现状。

2. 活动说明

（1）时间：30 分钟。

（2）材料：A4 纸、彩笔。

3. 实施程序

（1）分组：6~8 人为宜，若是 10 人左右的小团体则不必分组。

（2）领导者进行简短说明：我们每个人心中都会有一个理想的自我，它表示了我们自己的理想状态，也是我们的目标；另外我们也会经常对自己说“你应该怎样、你必须怎样”，所以我们也会存在一个应该我来告诉我们所期望的自己的状态。与它们相对的是我们自己当下的状态，称为现实我。

（3）领导者请学生以“理想中的我是……”“我应该是……”和“我现在是……”来造句，每个句式可以造10句左右。

（4）造完句后小组内部讨论并分享，领导者请代表谈谈自己的感受。

4. 领导者提问

（1）你的现实我、理想我和应该我有多大的差异？看到这些差异你感受如何？

解说要点：每个人心中都有一个完美的自我形象，期望自己能够变成自己心目中理想的那个形象；另外人们的内心都会对自我提出各种要求，这些对自己的苛求往往也会控制我们的生活。理想我和应该我势必与现实我有较大的差异，而这种差异会造成情绪的波动。理想我与现实我发生冲突会产生抑郁，而应该我与现实我冲突会发生焦虑。

（2）你能够做点什么来消除这些差异吗？如果不能，你又可以怎么做？你想对你的理想我、应该我分别表达什么？

解说要点：我们期望建立起一个连续稳定、内在一致的自我形象，又想不断追求自我提升，以及让自我符合各种规范。因此，如果想让理想我和应该我在自我中扮演和谐一致的角色，需要个体不断调整理想我和应该我的内容和自己对其的态度。我们可以向自己的理想我和应该我分别表达：我可能永远没有办法做到像你们要求的那样好，我只期望做最好的自己。

5. 注意事项

领导者要清晰地解释理想我、应该我和现实我的意义，并举例说明。

6. 拓展活动

如时间有限，也可以仅做理想我和现实我的差异部分。

7. 知识点

如果从差距的角度对自我价值感进行界定，那么一个人的自我价值感由现实我与理想我之间的距离决定，现实我是自我中成功的、已实现的部分，理想我是个人期望达到的抱负部分。

现实我和理想我的差异使人产生与沮丧有关的情绪，比如伤心、失望和羞愧，因为人们觉得他们没有能够实现自己或他人设定的目标，所以他们感到沮丧。

现实我和应该我的差异使人产生不安的情绪，比如焦虑、害怕和负罪感。人们会觉得他们没有达到自己或他人设定的负责、友善的标准。当人们没有做到应该做的事情时，常常感觉到自己正在受到自己或他人的责备，这时不安情绪就会产生。

不是所有的差异都会产生预期的情绪状态，自我差异在下列情况下更容易导致预期的结果：（1）当期望值很高时；（2）当你意识到差异时；（3）当差异对你很重要时；（4）当差异是真实的而不是想象的时。因此，减轻由于自我差异带来的消极情绪，就需要从以下四个方面着手：（1）降低期望值；（2）将注意力转移到自己的优势方面；（3）重新发现生活中什么对自己更重要；（4）放弃对自我的评价。

活动六：寻找优点和缺点

1. 活动目的

（1）引导学生在相互分享中了解自我，并从他人的角度看待自我的特点。

（2）促使学生更深入地接纳自我、喜欢自我。

2. 活动说明

（1）时间：30 分钟。

（2）材料：A4 纸、彩笔（事先把纸裁成小条，用于活动中抽签）。

3. 实施程序

（1）分组：6~8 人为宜，若是 10 人左右的小团体则不必分组。

（2）领导者邀请一名学生坐在小组中间，其他学生轮流对这个学生进行真诚的赞美，可以以“我最喜欢你的……”作为开始。领导者提醒学生，赞美要真诚，要实事求是，不能虚假地赞美他人。一名学生被“轰炸”后换下一名学生，直到所有学生都被“轰炸”。领导者邀请学生分享自己被“轰炸”后的心情。

（3）领导者提示学生，下面的一个环节是针对自身缺点的，每个人都有最接受不了自己的那一面，今天让我们花一点时间来跟自己最不愿意面对的那一面在一起待一会儿。领导者向每个学生发一个纸条，请每位学生写下自己接受不了自己的一个方面。提醒学生，这个方面对自己来说要足够安全，能够让其他学生在匿名的情况下了解。写完后搓成签，放在学生中间。

（4）所有学生都完成后，要求学生把签混合。请一名学生抽出一个并念出签上的内容，然后要求学生们轮流对这一内容进行分析、分享和反馈。反馈的内容可以是：你如何看待这一特征？自己有没有这一特征？这一特征真的是不好的吗？什么时候这个特征能够成为自己的优势？你对写下这一特征的学生有什么建议？每个学生都要对这一内容发表意见，学生之间也可以对这个特征进行讨论。一轮结束后再请另一名学生抽签，依此类推。

（5）所有讨论环节结束后请每个学生体会并总结活动感受，或请每个学生表达自己的体会和收获。

4. 领导者提问

（1）听到别人表达出对自己的喜欢，你的心情、感受如何？

解说要点：在我国文化背景下，我们可能一般并不习惯于表达对对方的赞美，也并不习惯于接受他人的赞美。但赞美往往会带来希望，给我们注入能量，并让我们获得积极的资源。我们需要把这些赞美内化为我们前进的动力。

（2）对自己不喜欢的自己的那一部分，你有什么新的感受？

解说要点：我们每一天似乎都想着去克服缺点、完善自我，这让我们把目光局限在了自身的缺点上。不能客观地认识和评价自我的情况有许多种，最明显的是对自我的渴求和追求完美。但过分追求完美的人则容易引起自我适应障碍。他们不能容忍自己的不完美，对自己不完美的地方过分看重，甚至把人人都会出现的问题都看成是自己不完美的表现，总是对自己不满意，不肯接纳现实中平凡的或有缺点的自我。产生这种现象的原因有不了解自己、过分受他人期望的影响等。“让兔子去跑，别教猪唱歌。”

我们要珍惜自己的独特性，意识到每个人都不可能完全不顾他人的期望或评价，但也不要被他人的期望所束缚。

(3) 你能容许并接纳你的不好的那一部分吗？如何能做到真正地喜欢自己？

解说要点：要树立“接纳不完美的自我”这一理念。每个人内心中都有消极的一面，自己的缺点、缺陷、不被自己接受的自己的特征，它们时时在提醒我们，让我们觉得自己充满缺陷、不够完美。这些特征尽管属于我们，但我们却极力掩饰、拼命否定、不愿承认，很害怕在别人面前表露这些特征。它们尽管是消极的，但也能起到积极的作用，它们也是我们的一部分，让我们的存在能够完整。所以，针对这类特征，接纳比压抑更能够让我们得到放松、完善和成长，我们需要包容这些特征，承认它们存在于自己身上。与其做一个好人，不如做一个完整的人。做一个好人，只是活出一半真实的自己；而做一个完整的人，则是活出了全部真实的自己。

5. 注意事项

领导者要强调并督促学生按照规则来进行，在缺点揭秘环节中促使学生真诚、中肯地提出自己的观点并充分讨论。

6. 拓展活动

优点轰炸部分，也可以改为每个人互相表达一句话或祝福，或者改为“遇见未知的自我”——每人在一张纸上写下自己喜欢自己的三个外在特征和三个内在特征，然后将纸折叠起来，做好标记后传给组内的每一位学生，学生们要互相在别人纸上找空白处写下自己最喜欢对方的一个外在特征和一个内在特征，最后传给本人并在组内相互分享。

活动七：我的自画像

1. 活动目的

(1) 将自我形象用绘画的形式表达出来。

(2) 分享对自我的认识，加深彼此了解。

2. 活动说明

(1) 时间：30 分钟。

（2）材料：A4 纸、彩笔。

3. 实施程序

（1）分组：6~8 人为宜，若是 10 人左右的小团体则不必分组。

（2）请学生在一张白纸上画一幅能代表自己的画，图形、简笔画或者抽象画等都可以。

（3）领导者引导学生和他人彼此分享作品。

4. 领导者提问

（1）你的画像代表着什么含义？每个部分有什么意义？是否能够代表独特的你的特点？自己是否喜欢这幅画像？

解说要点：代表自己的方式有很多种，自画像能够让我们以形象的方式进行自我探索。不同的作品背后展现的每一个自我都是一个“秘密”、一段历程、一个特征，代表着作者独特的特质。通过绘画过程和对画像的解读，每个人都会对自我衍生出新的认识和了解。

（2）你喜欢他人的画像吗？对方的自画像是否符合你对他的一贯了解？

解说要点：学会欣赏他人的作品，了解他人。通过认真观察别人的自画像，带着一颗包容的心去体察他人的特征、他人的心情，倾听他人讲述自我，我们会在他人身上发现他们独有的特征和闪光点，也会发现平时熟悉的人也有很多我们没有认识到的独特个性。真诚地认识和理解他人也是生活中对真实和善良的一种追求。

5. 注意事项

领导者要提醒学生，“自画像”并不是客观地通过绘画真实地描述自己的外貌，而是用显示自己个性、独特特征的图形或符号来描述自己，并给出自己的解释。

6. 拓展活动

可以采用比喻、投射的方式，如把自己比作一种植物、一种动物、一种颜色、一部电影、一种交通工具等。

7. 知识点

自画像和对自我的比喻，如将自我比喻成一株植物、一种动物、一种颜色等，属于投射测验，即使个体利用某种媒介（如绘画、游戏、心理剧等）自由表露其心理状态。投射这个词在心理学上是指个人把自己的思想、态度、愿望、情绪、性格等个性特征，不自觉地反映于外界事物或他人的一种心理作用。不同的人对外界的解释是不一样的，通过对这种解释的分析，可以看出他（她）隐藏着的人格特征。投射测验能够绕过个体的心理防御，在他们不防备的情况下探测其真实想法。在无防御的条件下，绘画或比喻的结果就会代表个体对自身真实的、不加掩饰的看法。这一过程的关键是个体对绘画内容的解释。

活动八：改变立刻做

1. 活动目的

（1）促使学生不断完善自我，邀请学生为自身的完善投入精力。

（2）增强学生自我改变的力量。

2. 活动说明

（1）时间：30 分钟。

（2）材料：A4 纸（印有王力宏《改变自己》的歌词）、《改变自己》音乐。

3. 实施程序

（1）分组：6~8 人为宜，若是 10 人左右的小团体则不必分组。

（2）领导者请学生讨论“改变”一词的定义，请每个小组给出自己的定义。然后领导者作一个简单的引入，说明下面的一个环节是关于自己的改变的，每个人都期望做出自己的改变，通过自身的一点点努力，让自己的生活变得更好。请大家想想目前自己的状态如何，是否需要改变；请每个学生想出一个自己在生活中可以改变的地方，并设想一下当自己完成这种改变后，自己的生活将会发生怎样的变化。

（3）邀请每个学生就上面提到的问题在组内分享，分享完毕后其他学生可以给这个学生一些反馈。

（4）领导者发给每个学生印有如下歌词的 A4 纸，并邀请学生根据自己的情况把歌词补充完整。

改变自己

主唱：王力宏

今早起床了　看镜子里的我
忽然发现我______________
一点点改变　有很大的差别

____

最近比较烦　最近情绪很 down

____

但脏话没有　大家只会轻松
我改变自己　发现大有不同

今早起床了　觉得头有点痛
可能是________________
一点点改变　有很大的差别

____

只要__________________
没有__________________

____

要调整自己
没想到一点　就能画龙点睛

新一代的朋友
我们好好地加油
大家一起大声地说 no no no no no
我可以改变______改变______
改变__________改变______
要一直努力努力永不放弃

____

come on 改变自己

（5）领导者邀请学生轮流分享自己所写的歌词，然后播放《改变自己》音乐，请学生先听一次然后跟着旋律把自己写的歌词唱出来，感受改变的力量。最后请学生总结。

4. 领导者提问

（1）你觉得“改变”意味着什么？是什么让你愿意去改变自己？

解说要点：改变意味着成长，改变的力量是巨大的。而想要在生活中有所改变，关键是要从自身做起。外界的环境我们控制不了，我们只能控制自己看待事物的态度，改变自己。我们不能期望外界的事物或者他人对我们的态度有任何改变，我们只能靠着改变自己的为人处世、行为方式甚至心情心态来改变我们的生活。而要决定主动地去改变，需要极大的勇气和智慧，更需要付出艰辛的努力。给自己设定一个小小的改变目标并坚持下去，你会收获更多改变带来的快乐。

（2）在改变中最大的困难是什么？如何克服？

解说要点：人生中我们最大的朋友是自己，最大的对手也是自己。改变首先需要克服的是自身的惰性和长期以来形成的习惯。有时我们会被习惯所控制，即使这一习惯已经阻碍了我们的成长，或者使我们丧失了对生活的控制，但我们仍然宁愿待在这一习惯中不愿出来。战胜自我的惰性，需要我们自己不断努力，打破以往的思维定式，才会有新的收获。

5. 注意事项

（1）分享自己所能做的改变时，领导者要促使学生深入交流，深入探讨“改变”的力量及改变能够给学生的生活带来什么。

（2）如果团体活动是持续的，领导者可以在下一次团体活动开始时请几位学生分享自己改变的经历和感受。

6. 拓展活动

在完成此次活动之后的下一次活动中，领导者可以邀请学生一起来检视一下自己完成改变的情况，以及取得的成就、遇到的困难等。

7. 知识点

小改变，大不同。当想要改变时，不妨从一个小的改变入手。个体是一个整体和系统，一点小的改变可以发生“雪球效应”，推动个体成长。

不要看轻了小小的改变，因为“小”的改变会累积出“大”的改变，就如“滴水穿石”一般。并且，从小的改变着手，事情比较容易成功，让我们更有信心去处理更大、更复杂的问题。小改变的发生是未来更大改变的动力来源，使我们容易尝试，并能够获得对生活的掌控感。

活动九：写给自己的诗

1. 活动目的

（1）促使学生通过写诗的艺术表达方式进行自我探索，调动学生对自己的积极情感。

（2）促使学生更好地接纳自我。

2. 活动说明

（1）时间：30 分钟。

（2）材料：印有一首自赋的小诗“我是＿＿＿＿＿＿”的纸，内容如下：

我是＿＿＿＿＿＿

我是＿＿＿＿＿＿＿＿＿＿＿＿＿＿＿＿（关于我的真实的事）
我想知道＿＿＿＿＿＿＿＿＿＿＿＿＿＿＿＿（感兴趣的事情）
我听见＿＿＿＿＿＿＿＿＿＿＿＿＿＿＿＿（想象的声音）
我看＿＿＿＿＿＿＿＿＿＿＿＿＿＿＿＿（想象的景象）
我要＿＿＿＿＿＿＿＿＿＿＿＿＿＿＿＿（真正想要的东西）
我是＿＿＿＿＿＿＿＿＿＿＿＿＿＿＿＿（同第一行诗）

我假装＿＿＿＿＿＿＿＿＿＿＿＿（扮演得很像或假装是真实的）
我感到＿＿＿＿＿＿＿＿＿＿＿＿＿＿＿＿（现在感觉到的）
我触摸＿＿＿＿＿＿＿＿＿＿＿＿＿＿＿＿（想象触摸到的）
我担心＿＿＿＿＿＿＿＿＿＿＿＿＿＿（在我头脑里的某些事）
我哭泣＿＿＿＿＿＿＿＿＿＿＿＿（真正令人痛苦或失望的事）
我是＿＿＿＿＿＿＿＿＿＿＿＿＿＿＿＿（同第一行诗）

我理解______________________________（我知道是真实的事情）
我说____________________________________（相信的某些事）
我梦想____________________________________（梦想的事情）
我尝试__________________________________（努力想得到的）
我希望____________________________________（希望的事情）
我是______________________________________（同第一行诗）

3. 实施程序

（1）领导者进行简短说明：下面我们要完成一首写给自己的诗，这首诗的内容要真实地表达我们自己，并且带有对自己的感情。请在完成的过程中尽可能地体察当下自己的状态，认真地完成。

（2）领导者向学生分发印有小诗的纸，邀请学生按照小诗的格式，根据自己的情况填空。

（3）当所有学生都写完后，领导者要求学生组内分享，然后邀请几名自愿分享的学生在集体中分享。

4. 领导者提问

在这首诗中，你要传递给你或其他读者怎样的信息？写完诗后你的感受如何？

解说要点：我们可能会在诗中发现另外一个更真实的自我。我们每个人都在社会中扮演着各种角色，特别是我们会按照他人的期望去扮演自己的角色。心理学中代表人格的英文单词来源于希腊文“Persona”，原意是面具，即暗示在人生的大舞台上，人也会根据社会角色的不同来换面具，这些面具就是人格的外在表现。面具后面还有一个实实在在的真我，即真实的人格，它可能和外在的面具截然不同。采用诗歌的方式反映自我，可以把我们的防御降到最低，帮助我们卸下面具，还原为我们真实的自己。这其中包含了无条件地接纳自我和自我激励，使自己变得更加真实。

5. 注意事项

（1）学生完成作品的时间会有很大差别，领导者要给学生充足的时间完成这首诗。

（2）有的学生可能不愿意写或者分享，这时领导者可以多鼓励、支持这类学生。

6. 拓展活动

诗歌的题目可以变为“我相信……”或“相信自己”，内容也可以由学生自己确定。

7. 知识点

艺术地用诗歌表达对自己的感悟和感受，能够调动起我们对自己的情绪情感。体察自我、细腻地感受自我是一种能力，需要自己不断培养。向内思考自我、体察自我能够让我们变得更加富有智慧、对自己的洞察更敏感，更有助于我们了解自我、感悟自我、接纳自我，并且更好地活在当下，能够恰当地进行自我调控。

我们也不妨常常按照如下步骤体察自己：

（1）仔细体察此时此刻自己身体各个部位的感受，并且写下对头部、心脏、胃部几个部位的感受；

（2）仔细体察此时此刻的情绪，并描述自己的情绪感受；

（3）仔细体察此时此刻自己的想法和念头，并描述出来；

（4）仔细体察此时此刻自己想做的事情，并描述出来；

（5）完成了前面的练习之后，请写下你的发现和感受。

活动十：换个角度看自己

1. 活动目的

（1）启发学生用一种全新的眼光看待自己，从另外一个角度观察自己。

（2）启发学生对自己做出适当调适。

2. 活动说明

（1）时间：20 分钟。

（2）材料：纸、笔。

3. 实施程序

（1）领导者邀请学生思考：假如今天晚上你按部就班地做好了你平常要做的一切事情，进入了梦乡，而明天早上你醒来后，奇迹发生了，你的生活变成了你的理想状态，你以前的困惑、迷茫都消失了。对你来说，这种理想状态是什么样的？是什么会让你觉得奇迹出现了？你会做些什么？请描述每一个细节和你的感受，写下你描述的关键词，然后在小组内分享。

（2）领导者引导学生思考：刚才我们想象的是我们生活变成理想状态的情景，请大家思考，如果你自己达到理想状态了，那么你周围的人，比如你的室友、亲人、朋友等重要他人会怎样看待你？他们会觉得你有怎样的改变？你周围的事物，比如你的台灯、你的床铺等又会发生怎样的变化？请写下关键词并在小组内分享。

（3）根据自己对前两个问题的答案，请列出一个自我提升或自我改变的计划，这个计划不一定很大，但一定要具体、细节性强、具有可行性。列完后在组内分享。

4. 领导者提问

（1）想象自己的理想状态给你带来了怎样的启发？

解说要点：我们每一天对自己说的话、对自己进行的心理暗示会决定我们的状态。我们往往会觉得自己还不够好，这时我们对自己的心理暗示就是消极的。但如果从积极的角度、以积极的眼光，暗示自己处于自己的理想状态，我们的心情和精神面貌就会有很大不同。所以，每天不妨给自己一定的积极心理暗示，给自己植入积极的观念。我们不妨想象一个困扰我们的问题全部消失的理想状态，然后将注意力集中在我们的正向资源、成功经验、优点、长处上，不断支持、赞赏和激励自我。

（2）换一个角度看待自己会让你产生哪些不同的想法？这些想法对你的自我完善有哪些影响？

解说要点：我们存在于关系之中，与他人产生联结，这也成为认识自我的一个途径。所以不妨想象，自己的改变会给他人和周围的事物带来什么，换一个角度来看待自己，可能就会有不一样的发现。

5. 注意事项

在所有步骤中，领导者要鼓励学生说出更多的细节。

6. 拓展活动

这一活动可以结合“改变立刻做”这一活动来进行。

7. 知识点

探寻例外经验和想象理想状态是焦点解决短期心理治疗中的常用技术，这一咨询方法的基本理念是将焦点放在来访者的效能、力量、曾经尝试过的经验以及未来可以改变之处上。当我们心中充满了各种“问题”，被各种困惑困扰时，我们不会去主动将目光放在正向、积极的地方。如果我们开始想象理想状态，那么我们就能够提取出更多成功的要素，为自己设定一个良好的发展目标。

三、精彩活动剪影：我给自己打个分

1. 人数：45 人。

2. 活动主题：我给自己打个分。

3. 活动过程：

这一活动用在热身活动后，领导者邀请学生综合评价自己目前的状态、喜爱自己的程度等，并打出一个分数。随后领导者在教室内划分不同分数的区域（如果教室内铺有地砖，可以直接按照地砖的长度来划分区域），并邀请学生们搬着椅子坐到自己相应的区域上去。学生们先是犹豫了一下，但随着一名学生开始移动椅子，其余学生也开始跟着搬动椅子。其中，给自己打 2 分和 3 分的人居多，领导者划分的区域内几乎坐不下了；而给自己打 1 分和 4 分的学生各有 2 名。

当学生的座位固定下来之后，领导者请学生们向四周观察一下，问大家看到了什么？一名学生诙谐地说看到了“正态分布”，引起了很多学生会心的笑声。的确，教室里人群的座次呈现了先少后多再少的纺锤形。

领导者首先邀请给自己打 4 分的两名学生发言。第一名学生是一名男生，平时在课上就非常活跃。此时他站起来信心满满地表达自己的观点：虽然可能自己在别人眼中很普通、很平常，但自己对自己目前的状态很满意，关键是要有一个乐观的心态。另外一位是女生，平时很文静。她说，其实她的妈妈总跟她说，人要知足常乐，只要自己不缺吃少穿，珍惜自己当下拥有的就好。随后，给自己打 3 分的学生分享自己的观点，有的说自己对自己挺满意的，就是现在还没达到自己的理想状态；有的说最近自己不错，成绩还好，所以给自己打 3 分。打 2 分的学生则表示，自己仍然有很多缺点需要改进，或者对自己的状态有太多的不满意。一名给自己打 1 分的学生表示，自己上学以来很多事情都没有做过，不抽烟、不喝酒、不谈恋爱，但也感到生活有点平淡，还没有找到自己的方向，所以给自己打 1 分；另外一名学生则表示自己对现状有着太多的不满，说着说着眼中还闪烁着泪光。

领导者随后邀请不同得分的学生之间相互表达。其中一名打 2 分的学生问 4 分的学生学习成绩如何，4 分的男生回答："我成绩中等偏下，兄弟，你要知道，成绩并不代表一切，不是说成绩好了就什么都好。"另外一名 2 分的学生表达："给自己打 4 分的学生肯定以前生活很顺利吧？"那名男生回答："兄弟，我不知道你以前生活怎么样，我的生活肯定比大多数人都惨一些。"双方这时有一些辩论的味道，为了避免争执，领导者这时插话表示这个问题可以等课程结束后再进一步交流。

最后领导者总结，我们这个分数代表了目前的状态，不需要跟别人比较，只要我们认可、接纳这个状态即可；但同时，我们不妨想想，为什么有的人很普通但很快乐、很喜欢自己，而另一些人却对自己存在着太多的不满。领导者阐释了"有条件的喜欢"和"无条件的喜欢"这两个概念，学生们均表示赞同。

领导者的观察与感悟

喜欢自己是一件很容易的事情，同时也是一件很难的事情。说它容易，是因为如果不带任何评价标准来看待自我，确实是非常之容易；说它困难，是因为完全放弃外界的评价标准，确实非常困难。因为我们每天都会被暴露在这些标准之中，并且我们从小到大都在受着这些标准的影响，我们没办法去忽略它们。看到参加活动的学生有的快乐，也有的痛苦、悲伤和迷茫，我也非常想把他们都带入到自我接纳的状态中去。

我也非常佩服那些选择给自己打 4 分或 1 分的学生。在团体活动中，大家的决策很容易从众，但总有那么一些人会勇敢地表达自己的真实看法。那些坐在 4 分区域和 1 分区域的学生都能够选择坦然面对、真诚分享，确实很不容易。

团体学生的反馈

学生 1：通过这次活动，我发现人与人对自己的看法真的是有所不同的，而且不一定成绩越好的人对自己的看法就越积极。这可能跟家庭因素有关吧。

学生 2：虽然我对自己的现状仍有很多不满，但看到那些快乐的学生也非常希望自己成为他们中的一员。所以，我会给自己加油。

沟通你我他——调适良好人际关系

沟通是一种基本的生活能力，也是人际交往的核心因素。无论是在家庭、学校还是社会，只要有人的地方就需要沟通，不善于沟通的人不仅会失去很多发展的机会，而且还会经常出现人际冲突，造成个人的精神压力，所以是否善于沟通不仅影响一个人的成功，而且在很大程度上也决定着一个人的幸福、快乐。

本书的主旨是通过团体活动促进个人成长，而团体活动发挥作用的关键就是通过人与人之间的互动来促进个人的成长，因此人际沟通在团体活动一开始时就已经发生。本部分的内容包括三个方面：不同人际发展阶段的注意事项、对自我沟通模式的觉察、有效人际沟通的技巧。

人与人之间的关系是从彼此无关到逐步深入再到密切相关的过程，包括觉察相识、表面接触、亲密互惠和稳固相容四个阶段。本部分内容里面“建立关系”“采访陌生人”“我说你做”的活动是针对人际沟通的不同阶段而设计的；手指游戏帮助学生了解自己的人际沟通模式；在每一个活动中都会穿插有效沟通的技巧，包括积极倾听、自我暴露、有效表达等。

一、训练目标

1. 帮助学生了解自己的沟通模式。

2. 帮助学生学习有效沟通的基本技巧，包括积极倾听、有效表达、合理拒绝、冲突解决等。

3. 帮助学生体验人际交往的发展过程，并了解在不同的人际发展阶段应该注意的事项。

4. 帮助学生体会良好沟通带来的积极情感。

二、训练活动

活动一：建立关系

1. 活动目的

（1）训练学生寻找交谈的切入点，并迅速和对方建立起关系，创造良好沟通的氛围。

（2）训练学生发现彼此的差异点，学会接纳不同、达成共赢的结果。

2. 活动说明

（1）时间：10~15 分钟。

（2）材料：寻找共同点和不同点的表格（见表 3-2）。

3. 实施程序

（1）把事先准备好的表格发给大家，每人一份。

（2）给大家 10 分钟的时间，要求每个人都要从小组的其他学生身上发现至少 3 个共同点和 3 个不同点。

（3）任务完成后，让小组中的学生分享每个人的发现。

表 3-2　寻找共同点和不同点

寻找共同点和不同点		
你的姓名________		
成员姓名	共同点	不同点
1. ________	________	________
2. ________	________	________
3. ________	________	________
4. ________	________	________
5. ________	________	________
6. ________	________	________
7. ________	________	________
8. ________	________	________

4. 领导者提问

（1）当你发现别人和你的共同点时你是什么感觉？你是如何看待别人和你的共同点的？

解说要点：人与人之间因共同点走在一起，当我们发现彼此有共同点时会有兴奋的感觉，在人际交往初期，找到双方的共同点能够迅速拉近彼此的人际距离，我们常说的“老乡见老乡，两眼泪汪汪”就是这样的意思。

在沟通中，彼此存在共同点也是沟通的前提。双方的共同点会创造一个良好的沟通气氛，在时间比较紧急的沟通中寻找出双方的共同点尤其重要。

（2）当你发现别人与你的不同点时你是什么感觉？你是如何看待别人和你的不同点的？

解说要点：人与人之间因不同点而成长。对于我们喜欢的不同点，我们可能会有好奇感；对于我们讨厌的不同点，我们可能会有失望感。但是，在人际交往中，能够去包容和理解别人与自己的不同是一个人成熟的标志。双方能够建立更加稳定长久的人际关系往往是因为双方能够更好地处理彼此的不同。

从沟通的角度而言，沟通的任务之一就是在双方的不同观点之间架起桥梁，因此双方在沟通中就会试图去理解对方，通过理解他人而使我们对这个世界有更多的认识。

5. 注意事项

（1）提醒大家不要写太外在化或太明显的共同点，如男性、学生等，而是要尽量寻找两人所具备的内在化的共同点，如开朗、喜欢打篮球等。

（2）在寻找不同点时，领导者要注意观察学生中有没有一些互补的特点，比如能言善辩和沉默寡言、粗心和细致等。

（3）注意观察完成活动后学生之间关系是否更密切，气氛是否更活跃。

6. 拓展活动

本活动也可以用于人际交往中关系的建立和发展。可以缩小探讨相同点或不同点的范围，比如只发现彼此在观点中的共同点和不同点，然后就双方在观念上的差异进行理解练习。

7. 知识点

在人际交往中存在着相似性效应和互补性效应。

相似性效应是指彼此相似的人之间常常相互吸引；相似性越大，吸引力就越大。中国古话说的“物以类聚，人以群分”，就反映了人们以相似性作为互相喜好的因素。

相似性为什么会导致人际吸引？一是人们试图建立和谐关系的愿望。人们总是希望自己与别人保持和谐的关系，而在态度、趣味等方面的一致，似乎比较容易使关系达到和谐。二是一致性是一种认同和正性强化。认同感会令人感到安宁和愉快。当个体对自己的某种观念或态度的正确性还不能完全肯定时，听到有人同意自己的观点和态度，是一种对自己的正性强化。

互补性效应是指不仅特征相似的人会互相吸引，而且彼此之间差异较大的人也容易建立较为亲密的关系。人不仅有认同的需要，也有从对方身上获得自己所缺乏的东西的需要。

相似性和互补性，究竟哪一种对人际吸引更重要？似乎如下规律便可说明：当双方有着相同的角色作用时，决定吸引与否的重要因素基本上是相似性，在大多数人际关系中都表现出这一特点，如爱好聊天者容易被喜欢聊天的人所吸引。当双方有着不同的角色作用时，有时互补性显然很重要，如在一个组织里，支配欲强的领导人，往往喜欢恭顺服从的下属。

活动二：采访陌生人

1. 活动目的

（1）学习如何与陌生人沟通。

（2）锻炼与人交往的勇气。

（3）学习如何给别人留下良好的第一印象。

2. 活动说明

（1）时间：60 分钟。

（2）材料：采访提纲。

3. 实施程序

（1）要求每个团体学生独自去外面采访三个不同类型的陌生人。

（2）采访前提醒学生准备采访提纲，采访提纲内容包括：采访对象的个人情况及兴趣爱好、采访的问题（按由浅入深顺序排列）。

（3）40 分钟后回来，在小组中分享自己采访的过程。

4. 领导者提问

（1）采访过程是否顺利？

解说要点：对许多学生来说，最难的问题就是如何与陌生人搭讪，觉得无从下手，甚至觉得很尴尬，其实这是人际交往的开始，有了和陌生人的第一次接触，将来就有可能与其成为好朋友。

（2）如果遇到采访者不愿意接受采访时，你的感觉如何？你会如何做？

解说要点：很多人害怕和陌生人交流，首先害怕的是被拒绝，对很多人来说，被拒绝意味着自己被否定，也就是自己会被别人作负面评价。其实在现实中，被别人拒绝是很正常的。所以如果被别人拒绝，并不一定是自己不好，可能自己选择的采访对象比较忙，或者采访对象对采访内容不感兴趣，或者采访对象自己的防御意识较强。当我们被别人拒绝时，我们可能会觉得很不舒服，这时应该调整好自己的情绪，做好采访下一个对象的准备。

另外，选择对象也是采访很重要的因素，选择对象前要注意观察，选择那些看起来比较悠闲、容易接近的人，这样不容易被拒绝。

（3）如果在采访过程中采访者不愿意回答你的问题，你的感觉如何？你会如何做？

解说要点：采访者不愿意回答你的问题可能有多方面的原因，不要沮丧，做好以下两点。第一，注意采访话题的选择。采访的问题一定要是对方感兴趣的，比如对老年人，可以选择健康、儿女、养生方面的话题；对中年女性，可以选择谈论养颜、减肥、孩子成长等方面的话题；对成年男性，应更多地谈事业、爱好、挫折等；对妙龄女子，可以说一说化妆、健美、时尚以及其他爱好等；对青年男性，他们更愿意谈体育运动、重大政治事件等；对孩子，可以问他们最爱吃的食物、最爱玩的活动和最想实现的愿望。所以一定要针对不同的对象准备不同的问题，这样才能保证采访进行下去。第二，注意提问的问题不要涉及个人隐私，要尊重采访对象，不要强迫对方回答，如果一不小心问到这样的问题要及时转向下一个问题。

（4）你在采访过程中获得了哪些经验？

解说要点：在初次和别人交流的过程中，应该遵循这样的流程：先问候对方，然后介绍自己，接着可以谈论一些比较浅的、与双方没有利益相关的问题，比如天气等，此时也可以适当地赞美对方，如对方的容貌、衣着等，在双方已经有了良好的气氛后，就可以开始由浅入深地作一些交流，临结束时可以和对方互相留下联系方式，约定以后再见，并向对方表示感谢。

5. 注意事项

（1）强调要单独采访，这样的采访会更有挑战，收获也更大。

（2）总结时要指出对不同的人要采用不同的话题。

6. 拓展活动

可以增加一项两人同去采访的活动，这样可以为某些缺乏经验或勇气的学生提供学习的榜样。

7. 知识点

在与陌生人交往的过程中，所得到的有关对方的最初印象称为第一印象。第一印象主要是根据对方的表情、姿态、身体、仪表和服装等形成的印象。第一印象在日常生活中是很普遍的，这种初次获得的印象往往是今后交往的依据。

在心理学中，这也被称作首因效应，心理学实验研究表明，外界信息输入大脑时的顺序，在决定认知效果的作用上是不容忽视的。最先输入的信息作用最大，最后输入的信息也起较大作用。大脑处理信息的这种特点是形成首因效应的内在原因。

心理学研究也发现，与一个人初次会面，45 秒钟内就能产生第一印象。这一最初的印象对人的社会知觉产生较强的影响，并且在头脑中占据着主导地位。第一印象并非总是正确，但却总是最鲜明、最牢固的，并且决定着以后双方交往的过程。在社会实践中，我们既要给别人留下良好的第一印象，又要尽量避免因第一印象而造成的认识上和用人上的错误。

活动三：传话筒

1. 活动目的

（1）使学生认识到在人际交流中主动倾听的重要性。

（2）帮助学生学习主动倾听的技术。

2. 活动说明

（1）时间：10 分钟。

（2）材料：写有一段话的纸条。

3. 实施程序

（1）让所有学生站成一列。

（2）把纸条递给第一名学生，让他看 2 分钟，等他记住后，将纸条收回。

（3）让他凑在第二名学生的耳边将纸条的内容完整地告诉他（她），如果第二名学生没有听清，他（她）可以向第一名学生复述听到的内容并要求确认，若信息确定则可向下一名学生传递。依此类推，一直传到最后一名学生。

（4）传话结束后，由最后一名学生复述传到他这里的内容，再由第一名学生将原纸条的内容读出来，核查一下有没有差异，如果有差异，探讨问题出在哪里。

4. 领导者提问

（1）为什么会出现内容差异？差异是从哪个人开始的？是什么原因导致的？

解说要点：出现内容差异往往是因当事人听后没有向前一名学生复述确认导致的，由于没有复述，使得信息发出者不知道听者是否完全记住了说话内容。所以一般的听并不是倾听，倾听还需要进行主动提问并给出反应。主动的倾听中有一个重要技巧就是复述，复述是指把某人刚刚讲的话再陈述一遍，这个方法看起来很简单，但对于保证倾听内容的准确性是一个不可缺少的步骤，除非你是记忆天才。一般人在倾听中都会忽视复述技巧，这也是沟通中经常会出现问题的一个重要原因。

（2）是不是倾听比说更难？

解说要点：很多人在听别人讲话的过程中心不在焉，或者根据自己的理解断章取义，所以倾听比讲话更难。主动倾听包括以下途径：复述、澄清、反馈。我们在前面已经介绍了复述，复述是为了保证自己不丢掉信息，澄清是为了确保自己能够理解说话人传达的信息，澄清和复述常常相伴而行，不能完全分开。另外，复述和澄清也能传递给说话者一个积极的信息：我对你讲的内容感兴趣，我愿意下功夫去理解你，这样一个积极的信息可以有效地推动沟通的深入。反馈是主动倾听中重要的一环，在沟通过程中如果没有反馈，就会让信息成为单方面的传递，只有反馈才可以让信息成为一种双向沟通，从而发挥沟通的最大效能。

5. 注意事项

（1）传话时要小声耳语不让别人听到。

（2）纸条的内容尽量要长一点，增加传递的难度，内容也要幽默一点，会使得活动变得更有趣。

（3）询问差异从哪个人开始出现、为什么会出现差异时，要创造安全氛围，不要让出错的人有被指责的感觉。

6. 拓展活动

可以分成几个小组，比赛看哪个小组又快又准。在这种情况下，更容易出错，因为在有压力的氛围下，人们会更加心急，断章取义地去听。可以引导大家认识到在时间紧急的情况下常犯的倾听上的错误，进而有意识地去改正。

7. 知识点

倾听属于有效沟通的必要部分，有利于思想达成一致和感情的通畅。狭义的倾听是指借助听觉器官接收言语信息，进而通过思维活动达到认知、理解的全过程；广义的倾听不仅借助听觉器官，也要通过视觉器官来接收他人传递的信息，包括言语和非言语信息两部分，进而达到认识和理解对方的目的。其中非言语信息包括面部表情、身体姿势、语调等，在倾听中有时候非言语信息比言语信息更重要。在人类进化的过程中，非言语信息形成得更早，常常会更真实，而言语信息出于礼貌和防御，个体常常会隐藏自己的真实意图。在倾听中，听懂非言语信息才能够真正地了解对方想表达的意思。另外，在人际沟通中，要采取积极倾听的方式，主动去理解他人，并给予积极的信息回馈和反应，这样才能保证沟通更有效地进行。

活动四：我说你做

1. 活动目的

（1）让学生感受单向传递信息和双向传递信息的不同。

（2）促进学生进行主动沟通和交流。

（3）体验有效的信息沟通要素，如准确表达、积极倾听、思考质疑、澄清确定等。

2. 活动说明

（1）时间：10~15 分钟。

（2）材料：A4 纸（保证每人 2 张）。

3. 实施程序

（1）领导者要求大家相背而坐，围成一圈，发给每人一张 A4 纸。

（2）要求学生根据领导者的指令，按步骤完成撕纸活动。活动期间不许说话，不许和领导者交流，不许看别人的动作。

（3）展示作品。会发现在同一指令下，学生的作品各不相同。引导学生讨论其中原因。

（4）进行第二轮游戏，重复上述环节，但允许学生间交流，不清楚的地方可以向领导者询问，并可以观察其他学生的动作。

（5）展示作品，学生的作品应该基本相同。

（6）引导学生讨论，帮助学生明确交往中沟通和交流的要素。

4. 领导者提问

（1）第一轮游戏中你的感觉是什么？为什么大家的成品会各不相同？

解说要点：在第一轮游戏中，指令的发出是单向的信息传递，信息如果仅仅是单向传递时，你可能经常会有困惑的感觉，对于同样的信息，不同的人会有不同的理解，如果信息发送者传递的信息模棱两可时，更会使得接收信息的人们行为大相径庭。另外，如果你仅仅是信息的接收者时，你会缺乏积极性，经常在头脑中猜测信息发送者的意图，这些都是阻碍信息有效传递的因素。

（2）第二轮游戏中你的感受是什么？为什么大家的作品能够基本相同？

解说要点：第二轮游戏中信息是可以进行交流的，如果信息可以进行双向交流，甚至多向交流，你的困惑就会减少很多，这样才会出现真正的沟通，沟通的结果就是大家的行为能够保持一致。

（3）为什么两次游戏结果会大不相同？

解说要点：第一次游戏是单向信息传递，第二次游戏是双向信息传递。在信息传递中，单向传递信息虽然速度快，但经常发生误解，信息接收者经常在头脑中猜测信息发送者的真正意图，而且单向传递中的信息接收者认为自己只是一个信息的受动者，缺乏行为的积极性；双向或多向的信息传递可能要花费的时间更多，但会避免对信息的误解，并能提高大家行为的积极性。在一个组织中，如果传递的信息比较简单，时间比较紧迫，就可以采用单向传递；如果传递的信息比较复杂，也有充足的时间，就需要选择双向或多向传递。在有些时间比较紧迫的情况下，也可以采用单向和双向传递并用的方式，将所有学生划分为不同的小组，小组中选出领导，对小组的领导采用双向传递信息的方式，在小组中则采用单向传递信息的方式。

5. 注意事项

（1）学生在第一轮游戏中围坐一圈时，注意让彼此之间距离稍远一点。

（2）选择撕纸者分享时，要选择有代表性的，比如撕得比较离谱或撕得比较准确的学生，这样便于分析造成不同结果的因素，从而找到改进的方法。

6. 拓展活动

（1）本游戏中的撕纸活动也可以改为折纸、画画等。

（2）指令可以选择由学生中的志愿者发出，两次指令的发出者可以是一人，也可以是两人。

（3）指令可以是已经写好的固定内容，也可以由发出指令者现场表述。

（4）可以两两一组，彼此相背，一名学生发出指令，另一名学生完成指令的要求。这样可以让更多学生体会作为一个信息发出者的感受。

7. 知识点

沟通按照是否进行反馈，可分为单向沟通和双向沟通。单向沟通是指发送者和接收者两者之间的地位不变（单向传递），一方只发送信息，另一方只接收信息。双向沟通中，发送者和接收者两者之间的位置不断交换，且发送者是以协商和讨论的姿态面对接收者，信息发出以后还需及时听取反馈意见，必要时双方可进行多次重复商谈，直到双方共同明确和满意为止。

单向沟通和双向沟通各有优缺点。单向沟通的速度快，信息发送者的压力小。但是接收者没有反馈意见的机会，不能产生平等感和参与感，不利于增加接收者的自信心和责任心，不利于建立双方的感情。双向沟通的优点是沟通信息准确性较高，接收者有反馈意见的机会，产生平等感和参与感，增加自信心和责任心，有助于建立双方的感情。不足是需要花费更多的时间，在沟通中会有更多的噪声出现。

活动五：手指游戏

1. 活动目的

（1）帮助学生了解自己的沟通模式。

（2）帮助学生学习如何观察他人的沟通模式。

2. 活动说明

（1）时间：10 分钟。

（2）材料：方桌、凳子。

3. 实施程序

（1）领导者将全体人员分成 8 人一组，让各组从中选出 4 人，坐在一张方桌四边。另外 4 人分别站在坐着的 4 人后边。

（2）领导者要求方桌四边所坐的学生把自己右手的手指头（左利手的是左手的手指头）点在桌面上边，允许手指头在桌面上随意活动 5 分钟。

（3）要求站在后边的学生观察自己前边的学生手指头的活动范围和活动方式，5 分钟结束后在小组内分享所观察的结果。

（4）观察者与刚才参与者互换角色，重复上述过程。

（5）领导者邀请学生自愿讲述作为参与者和观察者的感受，进行总结。

4. 领导者提问

（1）刚刚把手指头放在桌子上的时候是什么感觉？过一会儿后又是什么感觉？

解说要点：手指头游戏是一个了解他人人际沟通模式的活动。刚把手指头放在桌子上的时候，也就是人际交往开始的时候，一般情况下会显得拘束一些，大家也会采取试探的方式；过一段时间后，游戏者就会慢慢适应，表现得更放松一些。

（2）观察者有没有什么发现？

解说要点：人们常用的沟通模式可以分为过度积极、积极、过度消极、消极四种。过度积极的沟通模式有很强的侵略性，沟通者充满了竞争意识，在行为上表现为容易侵犯他人的人际领域，容易让别人感觉到压迫和敌对感，在现实中会经常被拒绝；过度消极的沟通模式表现为极端的防御性，对他人完全不信任，对他人的友好表现也视为危险信号，在现实生活中具有这样沟通模式的人基本没有朋友；消极的沟通模式在现实中表现为总是被动地等待他人主动交往，当别人主动表现出友好行为时，他（她）也会与对方交往；具有积极沟通模式的人在现实中能够主动和别人交往沟通，对人开放友好，同时尊重别人的空间，积极的沟通模式是人际交往中较好的一种沟通模式。

在手指头的活动中，过度消极沟通模式的人手指头会表现得退缩，只会待在自己面前的一小块区域，不会对别人的友好行为进行回应；过度积极沟通模式的人手指头会经常不经过友好的试探就长驱直入别人身边的领域，并表现出侵犯性的行为；消极沟通模式的人手指头经常只待在自己身前周围的区域，如果有手指头向它示好，它也会有回应，但不会主动向别人的手指头示好；积极沟通模式的人手指头会在他人的人际领域边界示好，如果得到友好的回应，它会稍微向前一点，继续示好，直到和对方建立起信任的关系，如果对方没有友好回应，它就不会贸然继续向前，而是继续在人际领域边界进行探索性的交流。

（3）对于不同的手指头沟通模式，你会有什么不同的感觉？

解说要点：对于过度积极的沟通模式，人们会感到压迫或有压力；对过度消极的沟通模式，人们会感到被拒绝，被排斥在外；积极的沟通模式会让他人感觉到舒服和信任；消极的沟通模式在开始的时候会让别人感觉到不舒服，但随着双方关系的建立，这种不舒服的感觉会渐渐消失。

5. 注意事项

（1）在活动完成前避免告诉学生活动真正的意图，防止学生有意表演，掩饰自己真正的沟通模式。

（2）这一活动需要在学生之间建立起足够信任之后进行。

6. 扩展活动

可以撤掉桌子，把手伸向前边，这样更具有挑战性，来访者的沟通模式更加真实，因为桌子可以起到防御作用。

7. 知识点

舒适区指的是一个人所表现的习惯性的心理状态和行为模式，人会在这种状态之中感到舒适并且没有危机感。舒适区是一种精神状态，它导致人们进入并且维持一种不现实的精神行为，这种情况会给人带来一种非理性的安全感。当人围绕自己生活的某一部分建立了一个舒适区之后，他（她）就会开始倾向于待在舒适区内，而不是走出舒适区。如果走出自己的舒适区，他们必须在新的环境中找到新的不同的行动方式，同时回应这些新的行动方式所导致的后果。能够在社会中取得成功的人为达成自己的目标，通常会走出自己的舒适区，不断获取新的知识和技能，与更多的人交往。当然，只有在打破舒适区状态的情况下，人们才能不断地成长壮大。

活动六：心有千千结

1. 活动目的

（1）帮助学生体会人际问题解决的步骤。

（2）培养团体合作的精神。

2. 活动说明

（1）时间：30 分钟。

（2）材料：无。

3. 实施程序

（1）全体学生手拉手围成一个圈，要求记住与自己左右拉手的学生，强调不要记错位置。

（2）要求大家闭上眼睛，放开左右手，原地转 360°，然后随着领导者的口令缓缓地随意移动。

（3）1 分钟后喊“停”，让大家站在停止时的位置，慢慢地睁开眼睛，寻找自己开始时左右拉手的学生，并重新将手连在一起。

（4）这时会形成一个错综复杂的“结”，要求大家在不松手的情况下想办法恢复成最初的圆圈。

4. 领导者提问

（1）“结”是怎么形成的？

解说要点：尽管人们都喜欢彼此和谐，但人与人之间难免发生冲突与矛盾，人际之“结”常常是在大家不经意的情况下形成的。

（2）开始让大家解“结”的时候，大家是什么感觉？

解说要点：人际纠结会让人感到困扰和不舒服，也很耗费个人的精力。在人们刚开始面对“结”的时候，常常会觉得无从下手。

（3）你们是如何解开这个“结”的？当解开“结”时大家的感觉是什么？

解说要点：在解“结”的过程中，人们需要互相沟通和交流，也需要齐心协力，有时候每个人都参与才有可能打开“结”。

在解“结”的过程中，有的人坚信能够打开，而有的人则抱着半信半疑的态度。坚信的人是解“结”的中坚力量，他们能够积极参与，并常常能在别人灰心丧气的时候鼓励大家继续想办法。而抱着半信半疑态度的人很容易在遇到困难的时候选择放弃。

处在“结”中的人往往彼此纠缠，看不清问题所在，“不识庐山真面目，只缘身在此山中”，而离“结”较远的人则相对能够看得更清楚，所以当遇到“结”时也可以请别人帮助解决。

“结”被打开后，大家都会有种兴奋和放松的感觉，而且越难解的“结”，最后被解开后学生也最开心，最欢欣鼓舞；而处在“结”当中的人们对游戏的影响最深刻，也会收获更多，彼此的关系会加深。这说明，有了“结”并不可怕，只要人们积极地参与解决，反而会促进彼此关系的发展。

（4）当“结”实在解不开的时候，你们又是怎么做的？

解说要点：对于某些“结”，有时候只有放下某些部分时，才能打开，正如现实中因为过去的恩怨耿耿于怀的“结”，只有学会原谅并放下过去的包袱时，才有可能解开现在的“结”。

5. 注意事项

（1）领导者要注意观察学生的不同表现。

（2）在学生解“结”的时候，领导者要注意自己的语言，尽量不要参与，因为领导者作为团体中的权威，会有很大的影响。

（3）当“结”实在打不开的时候，告诉学生有时候放开也是一种解决办法。但只能放开一个“关键结”，随后继续按照规则解“结”。

（4）当学生闭着眼睛随意走的时候，领导者要在四周巡视，保护大家的安全，防止有的学生碰到墙壁或走得太远。

（5）当大家停下来睁开眼睛后，如果有的学生相隔太远，允许他们往近移动，但是不能跨越别人。

（6）在人数上，可多可少，但不要少于10人，那样会使游戏变得简单，缺乏挑战性和趣味性。

6. 拓展活动

（1）领导者在活动中主要发挥观察的作用，但对于过于消极的团体或者年龄较小的团体，领导者也可以给予鼓励、支持，让大家体验积极协作给团体带来的感觉。

（2）对人数较多的大团体，可以先分为两个小组分别进行解“结”游戏，然后两个小组合并成一个大组，完成同样的游戏，让大家体会当人数增加后打开“结”的难度。

（3）也可以在游戏中增加音乐，这样会让团队的氛围更好。

（4）本游戏也可用于团队协作部分。

7. 知识点

人际冲突的类型。有研究者区分了三个层次的冲突。第一层次是特定行为上的冲突，即双方对于某个具体问题存在不同意见；第二层次是关系原则或角色上的冲突，即双方对于如何处理两个人的关系、在关系中各自的权利和义务有不同的理解；第三层次是性格与态度上的冲突，这往往牵扯到双方人格与价值观的差异，因此是比较深层次的冲突。

在人际交往中，这三个层次的冲突可能交织在一起，行为上的分歧，可能引起关系原则上的矛盾，并进一步导致个性上的冲突。一般来说，冲突层次越深，涉及因素越多，情感卷入度越高，矛盾就越复杂，解决起来也越难。但是人际冲突对人际关系也有正面的意义，它能提供一个机会，使彼此能够澄清自己的看法，促进彼此的关系进一步深入发展，同时也帮助冲突中的人更好地认识自己并改变自己。

活动七：踩刹车

1. 活动目的

帮助学生学习人际交往中的拒绝技巧，减轻人际压力。

2. 活动说明

（1）时间：20分钟。

（2）材料：无。

3. 实施程序

（1）把全体学生分成 2 人一组，分 A、B 角色表演规定的情景，A 要拒绝 B 的请求。

（2）领导者给出几组情境：

情境①：你想复习功课，有学生想邀请你一起出去看电影。

情境②：你晚上有课，社团的部长给你布置了一项学习。

情境③：快考试了，你最好的朋友想让你在考试中帮他（她）作弊。

（3）要求根据情境表演，A 要尽量拒绝 B 的请求，但又不能伤害 B。

（4）两人互换角色，完成同样的任务。

（5）两人分享讨论彼此在扮演不同角色时的感受。

4. 领导者提问

（1）你在扮演拒绝者和请求者时的感觉有什么不同？为什么？

解说要点：一个很少拒绝别人的人，在拒绝的时候可能会感到很困难，因为他（她）担心拒绝了别人会影响自己的人际关系，让他人疏远自己，有的学生对别人的要求不好意思拒绝，内心却非常不情愿，而对方通过你的行为就能感觉到你的情绪，这反而让对方感觉不舒服；而被拒绝的人，也会觉得不舒服，因为他（她）会容易把拒绝和对自己的否定联系在一起。

（2）你的拒绝是否让被拒绝者能够接受？

解说要点：拒绝是需要一些技巧的，适当的拒绝不但不会影响你的人际关系，而且会让彼此的人际关系更健康。在拒绝别人的要求时注意态度和措辞，因为对很多人来说拒绝意味着否定，所以拒绝别人时，要让别人感觉到只是拒绝他（她）的要求，而不是否定他（她）本人，具体应该注意以下几点：①注意聆听对方的谈话，听对方说话是对对方最起码的尊重；②要果断拒绝，在拒绝时要果断，不能含糊其辞，要明确地表达自己不愿意的态度，不要让对方产生误解；③做出必要的解释，在拒绝了别人时还应该做出简短的解释；④在拒绝时应注意说话的语气，应该比较委婉、有礼貌，适当的时候还可以给别人提供更好的建议。

（3）在现实生活中，有没有出现类似的情况？你是如何处理的？在什么情况下应该拒绝对方？

解说要点：在人际交往中，有些人担心得罪别人而对别人事事迁就、有求必应，因而让自己不堪重负，所以学会拒绝是人际交往中必须要掌握的一项技能，就如一辆好的轿车必定有良好的刹车系统。在碰到以下情况时应该学会适当拒绝：①手头的事比别人约你去做的事更重要时；②别人所要求的事确实是自己不愿的；③明显违背社会道德规范的事情。

5. 注意事项

（1）要求扮演者不管是拒绝方还是被拒绝方，都要看着对方的眼睛。

（2）选出一组拒绝效果较好的学生和一组拒绝效果较差的学生，这样更容易分析问题产生的原因。

（3）如果拒绝方的声音很小，眼睛不敢正视对方，可以在结束后让他看着对方，大声地说出拒绝的话语，连续多次进行这样的训练。

6. 拓展活动

本活动也可用于提高自信心的主题活动中。

7. 知识点

合理拒绝的方式：

（1）保持简单回应。如果你要拒绝，应坚决而直接。使用句子，如："感谢你看得起我，但现在不方便"或"对不起，我不能帮忙"。尝试用你的身体语言强调"不"，不须过分道歉。记住，你不必得到别人的允许才可以拒绝。

（2）给自己一些时间。打破"是"循环，使用句子"让我考虑一下"，在空闲时考虑考虑，你会更加明确是否应该拒绝。

（3）考虑一项妥协方案。如果你要同意这项请求，才采取这种方法，如果你真的想拒绝就要避免妥协。

（4）区分拒绝与排斥。记得你是拒绝请求，而不是排斥一个人。通常人们都会明白，你有拒绝的权利，就像他们有权利要求帮助一样。

（5）不要为拒绝感到愧疚。拒绝是人际交往不可缺少的，能够让人们知道彼此的界限。

（6）做你自己。要明确什么是你真正想要的。更好地认识自己，找出什么是你现在生活必需的。

活动八：镜中人

1. 活动目的

提高学生的共情能力，学会在沟通中首先了解对方的想法和感受，互相接纳。

2. 活动说明

时间：15 分钟左右。

3. 实施程序

（1）学生两两一组，面对面站着。分为 A、B 两种角色。

（2）A 可以想某件事情并表达出来，B 作为倾听者，将原话重复叙述，表达的模式为“你说……，是吗？”直到完全得到对方肯定的答复。

（3）随后，B 改为用自己的语言来表达 A 表达的意思，表达的模式为“你的意思是否是……”直到得到对方完全肯定的答复。

（4）接下来让 A 和 B 讨论 3 分钟刚才的活动。

（5）原来的两人继续一组，A 自由想某个活动并做出动作，B 模仿其动作。1 分钟后，B 询问 A 的行为含义，表达的模式为“你的行为是否是……”直到得到对方完全肯定的答复。交换角色。

（6）两人交流 3 分钟讨论刚才的活动。

4. 领导者提问

（1）当你在表达一件事情的时候最担心的是什么？当你听到别人重复你的话时你是怎么想的？

解说要点：一个人在表达一件事情时，最担心的是对方是否愿意去听自己讲。因为在现实生活中许多人都是争着去发表自己的观点，却很少能够认真去听别人讲话。当别人复述你的话时，你会认为对方在认真听你讲话，也会感觉到对方对你的尊重。

（2）当作为听者时你是怎么做的？你能够重复对方的语言吗？你是否理解对方的语言？

解说要点：要想重复对方的话，首先必须做到专心去听对方讲话，这做起来其实并不容易，因为听其实比说更难，学会听是人与人之间进行沟通的前提。学会听的第一个层次是能够复述对方的内容，第二个层次是还要听懂对方表达的意思，这是交流更重要的目的。当然理解别人的意思是更难的，理解他人需要学会站在他人的角度，学会去观察对方的非言语行为，也要学会去核实。

（3）当模仿者理解你时，你是什么感觉？当模仿者不理解你时，你又是什么感觉？

在沟通中，能够被别人理解时会有欣慰的感觉，会觉得彼此内心有了触碰，如果没有被对方理解，就会感到很遗憾，和对方交流会有一种被阻碍的感觉。

（4）当你做动作时是什么感觉？当别人做和你一样的动作时你是什么感觉？

在别人面前做一个动作会有点不好意思或感到有压力。当别人的行为和你的一样时，你的压力就会降低。这也是人们的从众效应，大部分人都有和多数人采取相同行为的愿望，因为在那样的情况下，人们会感觉到安全。

（5）你是否能够理解对方的动作？可以采用什么方式帮助自己理解对方的动作？

行为的理解比语言的理解更难，也比语言理解更重要，因为行为比语言更能够反映真实的心理，当语言和行为不一致时，我们会更多地按照行为来理解对方。行为又可以称为非言语信息，共情能力的提高，除了要用心听对方的言语之外，更重要的是要去观察对方的非言语行为，在双方的沟通中，言语信息只占不到10%，非言语信息占到90%多。在沟通中，当我们不能够理解对方的行为时，我们可以试着与对方保持同样的姿势，这样会帮助我们更容易理解对方的行为。

5. 注意事项

领导者要注意观察学生的不同表现，观察那些用心模仿和随便模仿的人，在后面的总结过程可以采访这些学生。

6. 拓展活动

这个活动也可以作为热身活动来使用。

7. 知识点

共情（empathy），也称为神入、同理心，是由人本主义创始人罗杰斯所阐述的概念，指的是一种能设身处地体验他人处境，从而达到感受和理解他人情感的目标的能力。共情能力是情商中的核心能力，加德纳多元智力理论中的人际关系智力主要指的也是共情能力，因此共情能力被视为社交中的重要能力之一。共情能力高的人能够很快地理解他人的需要，因此在人际交往中善于沟通，容易和别人建立良好的关系。

活动九：直面冲突

1. 活动目的

（1）帮助学生学习如何面对人和人之间的不同。

（2）掌握解决冲突的技巧。

2. 活动说明

时间：60 分钟左右。

3. 实施程序

（1）领导者要求每个学生都提出一个在现实生活中所经历的自己还没有解决好的冲突事件。

（2）当大家都提出自己的冲突事件后，领导者对冲突事件进行分类，如学生间冲突、师生间冲突、舍友间冲突、恋人间冲突、家人间冲突等。

（3）对每一类冲突的事件由大家投票选择，票数最多的冲突事件将被作为该类冲突的代表被表演出来。

（4）由讲述冲突事件的人作为导演，在团体中选择演员并负责编排冲突事件。

（5）编排结束后，进行演出。

（6）在演出结束后，领导者要求当事人谈自己观看冲突时的感受，然后让当事人的扮演者和与当事人发生冲突的角色的扮演者谈自己的想法、感受、期待。

（7）大家进行讨论，提出自己的建议和观点。

（8）重新演出一次，这一次要求当事人编排解决冲突的过程。

（9）领导者对整个过程进行总结。

4. 领导者提问

（1）你是怎么看待冲突的？

解说要点：人际冲突是由于人与人之间在利益、行为、观点、态度或价值观上出现不同而导致的对立状态。冲突解决得好会对我们的人际关系产生促进作用，冲突让人与人之间有机会进行较深层次的接触，加深彼此的了解；如果解决不好，就会导致人际关系的紧张、不和谐、敌对，严重的甚至发生暴力事件。所以人际冲突解决的根本在于我们如何对待彼此的不同。

（2）当你听到“你自己”的扮演者谈他自己的想法、感受和期待时，你有什么新的看法？

解说要点：发生冲突时，经常出现彼此情绪失控的情况，在这种状态下，很容易说出伤害彼此的话，进而造成无法挽回的局面，另外也很难客观地看待冲突本身。所以，让当事人站在局外观察整个冲突过程，会排除情绪的干扰，也能够使当事人更客观地看待冲突本身。

（3）当你听到与你发生冲突的人的扮演者谈他的想法、感受和期待时，你有什么新的看法？

解说要点：冲突发生的另一个原因是不能理解对方，包括不能理解对方的想法、期待和感受，也不能理解对方与自己的不同。事实上，每个人都有自己独特的成长环境和成长过程，所以形成了自己独特的观点，当我们能够理解对方的想法、观点时，我们对冲突也就有了不同的认识。

（4）遇到冲突时，你觉得怎么样解决更好？

解说要点：冲突发生后，我们要注意把握几个原则。第一，要控制好自己的情绪，如果自己处在愤怒的状态下，要给自己一点时间和空间，比如进行深呼吸、数数，或者转移注意力，直到自己情绪缓和以后再处理冲突。第二，当冲突发生后，不要逃避，更不要暗自较劲或记仇，而是坦诚相对，立即处理，大部分冲突的发生都是因为小事，如果当事双方能够直面冲突，彼此说出自己的真实感受，一般都可顺利解决；但如果经常回避冲突，小问题会积累为大问题，此时再处理就会难上加难。第三，在发生冲突时，要就事论事，对事不对人，因为事件是暂时的，并不能代表一个人，如果针对一个人，就是否定了这个人，这样会让冲突发展为人身攻击，冲突就更难得到解决。

5. 注意事项

心理情景剧的演出对领导者的要求比较高，领导者要有敏锐的观察力和比较强的控制场面的能力，在心理剧的排演过程中要注意创造一种宽松安全的气氛，在心理剧演出的过程中，要能觉察到冲突发生的原因、当事人的症结所在，在后面的总结过程中可以给出建议。

6. 拓展活动

心理情景剧的形式可以灵活安排，既可以自编自演，也可以自编他演，学生通过对不同角色的扮演，增加对各种角色的理解，也可以作为旁观者，这样会对所发生的问题观察得更清楚。

7. 知识点

心理情景剧实际上是精神分析学派的一种治疗方法，让来访者把自己的焦虑或者困惑用情景剧的方式表现出来，心理咨询师在一旁进行点评，并借此对来访者的心理问题进行指导治疗，而来访者在咨询师指导以后继续表演情景剧，直到最终对自己的问题解决有所帮助。心理情景剧通过团体学生扮演日常生活问题情境中的角色，使学生把平时压抑的情绪通过表演释放出来，同时学习人际交往的技巧、获得处理问题的灵感并加以练习。

角色扮演可以提供学生宣泄情感的机会，特别是困扰他（她）的消极情绪。在表演的同时，可以更深入地了解真实情况和他人的感受，增加对人际关系敏感的程度。当所有的扮演者都觉得无法继续演下去，或指导者认为已达到目的时，随时可以停止表演。指导者要让每个表演者说出自己的感受，并相互提供意见或建议。最后由观众发表意见。在表演过程中，如果某位学生对某种角色强烈地表现出否定情绪时，可以劝他扮演该角色。这样可以使他从不同的角度去看当时的情境，了解对方的心情和立场。再者，这也是一个自我反省的机会。最后，指导者组织团体学生讨论对整个活动的体会和感受，互相启发、互相支持。

活动十：爱在指间

1. 活动目的

（1）帮助学生认识人际交往中积极主动的重要性。

（2）帮助学生掌握人际交往中的相互原则。

2. 活动说明

时间：30 分钟左右。

3. 实施程序

（1）将团体学生分成相等的两组，一组学生围成一个内圈，再让另一组学生站在内圈学生的身后，围成一个外圈。内圈学生背向圆心，外圈学生面向圆心。即内外圈的学生两两相视而站。学生在领导者口令的指挥下，伸出 1~4 根手指。

（2）当领导者发出动作的口令，学生就按下列规则做出相应的动作：

①如果两人伸出的手指不一样，则站着不动，什么动作都不需要做；

②如果两个人都是伸出 1 根手指，那么各自把脸转向自己的右边，并重重地跺一下脚；

③如果两个人都是伸出 2 根手指，那么微笑着向对方点点头；

④如果两个人都是伸出 3 根手指，那么主动热情地握住对方的双手；

⑤如果两个人都是伸出 4 根手指，则热情地拥抱对方。

（3）每做完一组“手势—动作”，外圈的学生就分别向右跨一步，和下一个学生相视而站，跟随领导者的口令做出手势和相应的动作。依此类推，直到外圈的学生和内圈的每位学生都完成了一组“手势—动作”为止。

4. 领导者提问

（1）刚才自己做了几个动作？握手和拥抱的亲密动作各完成了几个？为什么能完成这么多（或为什么只完成了这么少）的亲密动作？

解说要点：一般情况下，在初次交往时，人们会相互点头或握手，这也符合中国式的礼仪。在人际交往中，戒备心理较低、较开放的人会更容易让别人接受，因此也会有更多的亲密动作，而戒备心理较高、较封闭的人则不容易让别人接近，亲密动作也会更少或没有。异性之间可能亲密动作更少一些，这也是因为女性对男性戒备心理更高，同时因为中国的礼仪文化，异性之间不允许在公众场合有太亲密的行为。

（2）当你看到别人伸出的手指比你多时，你心中的感觉是怎样的？当你伸出的手指比别人多时，心里的感觉又是怎样的？

解说要点：一般情况下，伸出手指更多的人在人际交往中会更主动一些，当别人伸出的手指比你多时，你会觉得有压力，也会觉得有些内疚，似乎亏欠了对方。当你伸出的手指比别人多时，你会觉得尴尬，或者有受挫的感觉，就好像你主动要与别人进行交往却被拒绝。

（3）从这个游戏中你得到什么启示？

解说要点：人际交往是具有相互性的，当一个人第一次拒绝了对方，下一次就会变得主动一些，以弥补上次拒绝对方的亏欠，因此在人际交往中，积极主动的一方虽然有可能在开始时被拒绝，但是随着更多的交往，另外一方也会慢慢开放自己，因此在人际交往中积极主动是很重要的。但是也要避免在初次交往时就采取过度积极的行为，那样会给对方带来非常大的压力，反而会让对方回避与你更多的交往。

5. 注意事项

对一些非常封闭或者过度积极主动的学生要注意他们在活动中的表现及其对其他学生的影响。

6. 拓展活动

本活动也可以作为团体活动结束时的分离仪式。

7. 知识点

个体之间在进行交往时通常保持的距离受到个体之间由于相容关系不同而产生的情感距离的影响。美国人类学家霍尔（E.T.Hall）认为“人际距离”可区分为 4 种：

（1）亲密距离（0~0.45 米），通常用于父母与子女之间、情人或恋人之间，在此距离范围内双方均可感受到对方的气味、呼吸、体温等私密性刺激。

①亲密距离——接近型（0.15 米）

这是为了爱抚、安慰、保护而保持的距离，是双方关系最接近时所具有的距离。这时语言的作用很小。

②亲密距离——较近型（0.15~0.45 米）

这是伸手能够触及对方的距离，是关系比较密切的同伴之间的距离，也是在拥挤的电车中人与人之间不即不离的距离。

（2）个人距离（0.45~1.2 米），一般是用于朋友之间，此时，人们说话温柔，可以感知大量的体语信息。

（3）社会距离（1.2~3.6 米），用于具有公开关系而不是私人关系的个体之间，如上下级之间、顾客与售货员之间、医生与病人之间等。

（4）公众距离（3.6~7.5 米），用于进行正式交往的个体之间或陌生人之间，这些都有社会的标准或习俗。这时的沟通往往是单向的。

①公众距离——接近型（3.6~7.5 米）

如果保持 4 米左右的距离，说明说话人与听话人之间有许多问题或思想待解决与交流。

②公众距离——远离型（7.5 米以上）

这是讲演时采用的一种距离，彼此互不干扰。

如能将以上 4 种距离铭记在心，就能准确、顺利地判断出你与对方所处的关系及密切程度。

三、精彩活动剪影：建立关系

有的初中生从 15 岁左右开始，出现精神分裂症状，发病前与其他同伴有所不同，出现行为退缩、同伴极少交往、敏感多疑、感觉他人心怀叵测等等。特别是有精神病家族史的初中生，到了青春期后开始发病。由于身体的发育、内心渴望成人的认可，当这些成长的渴望被压抑的时候，他们的内心无法整合，就以自我防御的方式呈现出来，有的出现妄想，这与情绪长期积累得不到排解及家族史有关。

1. 人数：49 人。

2. 活动主题：寻找共同点和不同点。

3. 活动过程：

这个活动的目的是促进学生之间的相互了解，增强团队的凝聚力，同时学习发现彼此共同点和不同点的技能，为课程的下一步深入作好铺垫。

领导者将学生分为 7 个组，每组 7 人，彼此已经知道对方的名字、学院、专业、家乡，但相互之间还不是很熟悉。领导者首先要求各组学生围成一圈落座，然后，领导者开始介绍活动："我们每个人既有共同点，也有不同点，人与人之间的关系只有通过不断发现彼此的共同点和不同点才会不断深入。下面，我们将给大家发一张填写我们彼此共同点和不同点的表格，请大家在 20 分钟内找到小组内每名学生与你的共同点和不同点，要求对每名学生至少写 3 个共同点和 3 个不同点，注意尽量不要写太表面化的共同点和不同点，如共同点写我们都是男生、学生，不同点写我们性别不同、班级不同，这对人际交往意义不是很大。"

然后，领导者给每位学生发一张填写共同点和不同点的表格，在活动中注意观察各个小组、不同学生的不同表现。在开始的时候，大家会有些不知所措，接着会有一些学生主动地去询问，然后其他学生也开始找身边的学生询问。如果是整个小组的学生都比较内向，这样的状况持续的时间会稍长一些，但慢慢地也会有人开始问旁边的人，然后小组内的学生就开始交流。在整个活动过程中，你会发现小组气氛随着活动的进展表现得越来越活跃，最后时间到的时候，许多学生仍然谈兴甚浓，不愿意停止。不过，也有个别学生填完表格后就坐在那里一言不发。

活动结束后，领导者让每组学生讨论以下几个问题：

（1）你是怎么询问到彼此的相同点和不同点的？

（2）当你发现别人和你有共同点时，你内心的感受是什么？

（3）当你发现别人和你的不同点时，你内心的感受是什么？

（4）你现在发现你和小组中的学生之间的关系发生什么变化没有？

领导者现场采访学生，关于第一个问题，有的学生说，"刚开始的时候觉得不知道该怎么办，我就尝试问别人的爱好，通过问他的爱好，然后就会越来越了解对方，就会发现自己和对方的相同点和不同点"；有的学生说，“必须要主动去问，否则你不可能会了解对方”；有的学生说，“刚开始问的时候有些担心，但是发现学生们都很友好，就心安了”。

关于第二个问题，大部分学生都回答“惊喜的”“开心的”，还有人回答觉得“更亲近了”“以后有人可以一块玩了”，不过也有人回答“没感觉”。通过进一步的询问，发现如果共同点并不能促使双方以后有更多的交流和来往，就没什么感觉，而且那些共同点都属于表面性质的。

关于第三个问题，有的学生回答“好奇”，也有的学生回答“遗憾”。

关于第四个问题，大部分学生回答“跟小组的学生更近了，有更多的话题了”。

领导者的观察与感悟

领导者对学生的回答进行了总结，人与人因为共同点走到一起，因为不同点而相互促进共同成长。当我们有共同点时，常常会有惊喜的感觉，比如“老乡见老乡，两眼泪汪汪”，就是因为有了乡土的共同背景，所以会觉得亲近了很多，也会有许多话题。许多人际交往高手，就是善于发现和寻找彼此的共同点，所以与别人一交往很快就能和对方熟识，所以在人际交往相见和相识阶段，找到双方的共同点对于建立彼此的关系十分重要，也是每个人要学习的一种人际交往技能。那么如何找到双方的共同点呢？直接问对方和自己有什么共同点会让对方感到别扭，也不知道该怎么回答，所以第一要学会观察，观察对方的衣着、口音、行为举止，从中寻找和自己共同的地方，也可以寻找交谈的话题；第二要学会提问题，不能轻易地问对方私密的问题，但是有一些问题可以问，比如对方有什么爱好、家乡在哪里、从事什么学习等，尤其是爱好，一般都不涉及个人隐私，但又是对方感兴趣的话题，所以谈论爱好是一种比较好的方式。

不同点，也就是人与人之间的差异。从人际关系的进展来看，在人际交往的初期，需要彼此有共同点才能形成人际关系的交集，走到一起，而后期人际关系的深入，就必须通过差异的碰撞和彼此的不断理解来加深交往，如果差异不是不可调和的矛盾，反而可以促使双方成为更亲密的朋友。有时候，我们期待对方和我们有共同的观点或爱好，但是现实和你的期待相反，这时你可能会觉得遗憾，但是如果你放下期待，采用好奇的态度去了解对方，去发现很多你所不知道的知识，当你理解了别人时，你们的关系也会发生很大的变化。

另外，从沟通的角度来说，首先要为双方找到共同点，也就是找到沟通的立足点，比如双方都希望建立一种良好的关系或者和谐相处，然后在此基础上来澄清彼此的差异，互相体谅和忍让，这样才能做到人际交往的双赢。

团体学生的反馈

学生们在活动后的反馈中，有的写道，"在活动中找到了彼此相同的兴趣爱好，感觉彼此的关系就近了一步，也容易与别人有共同的话题"；有的写道，"共同点和不同点的寻找能够让人加深彼此的了解，有机会一起深入探讨"；还有的学生写道，"个体之间的相似性和差异性总能带给我们无穷的乐趣，每个人都喜欢那些与自己相似的人，而个体的差异性又给我们每个人都塑造了独特的一面，这独特的一面又能激发别人对我们的兴趣"。

时过不再临——优化时间效能

时间是绝对均等、被每个人无偿使用的稀缺资源。时间又具有其特殊的本质：供给毫无弹性——就这么多，无法随意增减、无法蓄积、无法取代、无法失而复得。时间管理所探索的是如何减少时间浪费，以便有效地完成既定目标。所谓的"时间浪费"是指对我们的目标毫无贡献的时间消耗。就实质而言，时间管理是自我管理，自我管理就是培养或改变习惯，以使自己更富有效率、效能。

时间管理本身是个比较抽象的概念，其本质是对自我的管理。因此在活动设计方面，偏向于从自我这个概念入手，包括与自我相关的自我价值、自我认同、角色定位等。另外，时间管理既是手段，也是结果。我们进行时间管理是为了实现其他方面的价值最大化，这是时间管理的工具性。而另一方面，时间管理也是结果：其他事情安排是否得当，直接影响时间管理的效果好坏。因此，在活动设计时，要特别注意考虑可能影响时间管理的因素，尤其是人的内在动力系统。

就活动层次而言，本节的前六个活动相对来说是比较基础的、浅层次的活动，容易做，也容易探讨，可以作为导入性的活动。后四个活动侧重影响时间管理的内在心理因素，层次相对较深，可以在时间比较充裕且需要作深度分析的时候使用。

一、训练目标

1. 促使学生从深层次挖掘浪费时间的根源。

2. 帮助学生改进时间安排计划，提高时间效能。

3. 帮助学生在活动中体验时间的珍贵与价值，从而加强时间管理的理念，提升个人效能。

二、训练活动

活动一：画像识自我

1. 活动目的

（1）用视觉化的方式呈现时间对于每个人的意义。

（2）引发学生对自我的关注和思考。

（3）引导学生交流学习彼此的时间价值观。

2. 活动说明

（1）时间：30 分钟。

（2）材料：A4 纸、彩笔。

3. 实施程序

（1）所有学生围坐成一圈，领导者先作自我介绍并说明团体规则，然后要求每个学生分别向坐在自己左边和右边的学生打个招呼。

（2）领导者带领学生进行一个短暂的放松练习和冥想练习，在冥想中觉察自己的生命往事和生命期待，时间约 5 分钟。

（3）领导者进一步向学生说明此团体的意义，说明本团体活动将用视觉化即绘画的方式来呈现每个人内在的时间价值观。

（4）领导者给每位学生发放一张 A4 纸，请每个人在 10 分钟内描绘出自己所感知的时间是什么样子的，或者自己希望从时间那里获得什么，并为自己的作品命名并署名（也可以是其他的任一自己可接受的称呼）。

（5）领导者将大圈中的学生按照就近原则从自己左手顺时针方向每 5~8 人分成一组，请小组中的学生彼此分享自己的绘画作品，之后请每组自愿出 1~2 人介绍小组内的分享内容及自己的感受。

（6）领导者请大家恢复为大圈，并作总结和提升。

4. 领导者提问

（1）在做冥想练习的时候，最先进入你脑海的生命往事或者生命期待是什么？在什么地方你会感到犹豫，不知道该画些什么呢？

解说要点：按照心理学的理论，特别是精神分析的潜意识理论与防御机制理论，最先浮现出来的画面和感到犹豫的地方往往是内心深处最关键的和最自然的体现。一个人对于时间的管理就其本质而言是对自我的管理，找到自我最自动化表达的部分和因种种原因而停滞不前的部分，对于认清和识别自己的生命本质与目标是非常有帮助的，而我们在日常生活中之所以对一些事情能够投入非常多的时间，而对另一些事情消极怠工，其实是跟自我的核心需求密切相关的。最先浮现的画面可以看作是我们最直接的、最有内在动力的生命期待，也是我们最愿意投入时间和精力的部分；而犹豫的部分则可能暗示那是我们很纠结的部分，可能关乎我们对于生命中某些事件的取舍，也可能是阻拦我们通往生命本质的障碍，需要我们去克服，从而实现时间效率优化、个人效能提升。

（2）在做绘画练习的时候，你认为你的作品中最突出的元素或者成分是什么？为什么呢？

解说要点：最突出的元素或者成分其实是作者最在意的部分，无论是在第一时间想到并画上去的，还是在整个作画过程中特别注意彰显的，都有着非常有价值的并且很特殊的个人意义。有的人可能突出的元素是非常现实的事物或者人物，而有的人可能突出的是超越现实的或者虚拟的事物或者人物；有的人的画面可能让人感到具体生动，而有的则令人感到比较模糊抽象；有的人可能更多地在画作上体现当下的生活，有的人可能更多地反映或构想的是过去或者未来的生活；有的人可能会非常注意细节的描绘，有的人可能大而化之，注重整体的感觉；有的人可能逻辑感更强一些，有的人的画作则让人感到更凌乱一些……无论怎样，画如其人，凡画上的必有其意义，尤其是那些浓墨重彩特别突出的部分，不同的元素和呈现风格很大程度上体现了作画人的价值认同乃至自我认同取向，而不同的认同取向对现实事务的计划安排是有明显影响的，进而影响时间管理效能。

5. 注意事项

（1）指导语必须要明确，让学生清楚是用绘画方式展现自己所希望的在有限的生命时间里要达成的价值与使命。

（2）对绘画元素的分析要以当事人自己的解释为主，可以适当切入心理学和其他学科的专业分析，切忌牵强附会。

（3）对绘画作品进行分享，而不要作评判和比较。

6. 拓展活动

此活动也可以用于团体文化建设、自我价值探索、生命意义探索等主题活动。

7. 知识点

绘画分析是以精神分析理论和象征主义理论为基础的，和其他艺术心理分析有相似之处，尤其和沙盘游戏有很多相似之处。精神分析理论注重潜意识的分析，更注重本我、自我、超我与防御机制的分析，透过表象看本质。而象征主义注重人类文化的共性部分，着重分析文化元素的内在意义。整体而言，精神分析和象征主义都有着较强的现象学与诠释学背景，注重意义的后天建构生成过程，而不是先入为主。

活动二：光阴难再买

1. 活动目的

（1）促使学生澄清对自身的满意程度。

（2）引导学生相互就对自身的满意程度进行交流，分享每个人看待自我的角度。

2. 活动说明

（1）时间：30 分钟。

（2）材料：80 厘米长的绳子或者纸条，剪刀，A4 纸，笔（如有彩笔最好）。

3. 实施程序

（1）领导者带领学生简单探讨个人对时间的安排，可以随机叫几名学生简单分享自己的日常时间安排。

（2）领导者带领学生绘制时间分配饼图，具体内容包括：吃饭时间、睡觉时间、个人卫生洗理时间、交通时间、生病走神发呆状态不佳时间、上网通话看报时间、学习与健身时间等。请每位学生先把每天 24 小时中，每一项活动所占用的时间及比例计算出来，然后按比例绘制饼图。

（3）领导者带领学生在每一小组内进行简单分享，学生可以互相观摩交流。

（4）领导者发给每位学生一根绳子或者一张纸条，长度为 80 厘米。领导者带领学生在绳子或纸条的一端标记上“出生”，另一端标记上“死亡”。之后请学生用剪刀将出生这一端的 20 厘米剪掉，将死亡一端的 20 厘米剪掉，并向学生加以解释：“这根绳子有 80 厘米长，就象征我们一般人可能会活到 80 岁。出生之后的头 20 年，自己还没有独立，多数人还没有进行独立的有创造性的生活；而人生的后 20 年，也就是 60 岁之后，多数人都退休了，不再直接为社会做贡献，因此，我们把这两段剪掉。大家现在看看自己手中的绳子，只有 40 厘米了，是刚才的一半。”

（5）领导者带领学生拿着手中剩余的绳子或者纸条，每个人按照自己在程序（2）中每一项所花的时间，剪掉对应长度的绳子，譬如在 20～60 岁期间在睡觉一项共花费 10.3 年，就剪掉 10.3 厘米。

（6）剪完各项所花费时间后，领导者带领学生展示各自手中剩余的绳子或者纸条，告诉学生剩下这段绳子，就是我们真正用来进行创造性生产活动的时间量，是以年为单位的，并请每个小组推选学生来分享自己的感受。

4. 领导者提问

（1）活动刚一开始的时候，你估计自己手中的绳子最后会剩下多长？

解说要点：很多人都会出现错误估计，而且往往会认为自己手中剩下的绳子即便很短，但也有十几厘米，甚至二三十厘米。这可能是因为人们往往容易对自己生活中的事情作过于乐观的估计，同时对于具体细节缺乏思考所致。

（2）当你看到手里最后剩下的这段绳子时，是什么感受？

解说要点：多数人看到自己手中剩下的一般不会超过五厘米长的绳子时，都会感到很惊讶，甚至有的人只剩下两三厘米。平时我们很难想象，其实人在一生中真正能自己把握的时间，满打满算不过就这两三厘米至多五厘米的长度，也就是两三年到五年左右的时间。我们感到惊讶，感到震惊，感到失落，更有理由感到警醒，因为再不小心，这两三厘米也会缩水，剩下短短的一厘米让我们想珍惜都感到把握不住，生怕再失落。

（3）手中剩下的这最后一段绳子，就是你一生中真正能够自己把握和创造人生价值的部分，你打算怎么利用？

解说要点：我们都知道，生命只有一次，时间过去了就不会再回来，但是我们在生活中，依然可能在不知不觉中，在自己有限的时间里填塞了许多其实占用了宝贵时间资源的事情，我们贪恋于各种好玩或者享受的事情，也可能做了许多看似“不得不”的事情，最后大好时光就只剩下那么一小段。当我们看到手中仅剩下的这一小段绳子的时候，就要拿出勇气好好重新规划设计自己的人生了，做自己最有价值感、最能自我实现的事情。毕竟，我们手中这条绳子的总长度不太容易改变，能够改变的只是其中每一段的剪法。你认为在今后的生活当中，你会如何调整中间的各部分，以保证最后剩下的绳子更长一些呢？

5. 注意事项

（1）这一活动需要团体学生对个人的时间安排有比较充分的掌握，对个人日常的时间安排要有尽量细化的概念。

（2）领导者需要注意引导学生通过看着手中的绳子逐渐缩短而感悟时间的宝贵与稍纵即逝。

（3）领导者可以适当引导学生探讨个人安排中哪些时间是可以压缩的，或者是否有其他优化方式。

6. 拓展活动

本活动主要用于时间管理，但也适用于自我探索。

7. 知识点

心理学，特别是决策心理学的研究表明，人类最常见的决策陷阱包括过度乐观偏见和计算谬误。前者是说人很难正确估计自己的状态，而且由于自我服务归因，往往导致对自己的事情的估计更容易盲目、过度乐观，对其中可能存在的风险过于弱化淡化乃至忽略不计。而计算谬误是指人类并不具备充分的运算能力，并不能对自己生活中每一件事情都做出最合理的、效益最大化的估计与安排，或者对各事件之间的关系没有弄清，有些事情彼此独立，互相不影响，有些是相关事件，一件事情发生与否、成败与否，直接影响后续事件。这些都导致我们在对自己生命中有限的时间进行估计的时候发生错位，得出错误的结论。

活动三：沙漠求生记

1. 活动目的

（1）通过活动来体验时间的紧迫性和生命中不同事件的优先性。

（2）在活动中充分体验在时间有限的条件下“舍”与“得”的关系和感受。

（3）学会理性分析，充分利用有限时间获得最大的“得”。

2. 活动说明

（1）时间：30~40 分钟。

（2）材料：A4 纸、制作好的象限图答题纸、中性笔、闹钟。

（3）场地：小桌子（至少七张单人座小桌子或者五张双人座大桌子）。

3. 实施程序

（1）背景。

①在炎热的八月，你乘坐的小型飞机在撒哈拉沙漠失事，机身严重撞毁，将会着火焚烧。

②飞机的位置不能确定，只知道最近的城镇是距此70公里的煤矿小城。

③飞机上生还人数与你的小组人数相同；你们装束轻便，只穿着短袖T恤、牛仔裤、运动裤和运动鞋，每人都有一条手帕。

④全组人都希望一起共同进退。

⑤飞机燃烧前，你们只有15分钟时间，从飞机中抢救物品。

⑥机上所有物品性能良好。

⑦沙漠日间温度是40℃，夜间温度随时骤降至5℃。

（2）问题。

在失事飞机上，你们只能从15项物品中挑选5项。在考虑沙漠的情况后，请现场各位首先通过讨论挑选出5件最重要的东西，然后根据重要性由高到低进行排序，并说明理由。

15件物品包括：①一个闪光信号灯（内置四个电池）；②一把军刀；③一张该沙漠区的飞行地图；④七件大号塑料雨衣；⑤一个指南针；⑥一个小型量器箱（内有温度计、气压计、雨量计等）；⑦一把45毫米口径手枪（已有子弹）；⑧三个降落伞（有红白相间图案）；⑨一瓶维生素片（100片装）；⑩十加仑饮用水；⑪化妆镜；⑫七副太阳眼镜；⑬两加仑伏特加酒；⑭七件厚衣服；⑮一本《沙漠动物》百科全书。

（3）任务要求。

①每位小组学生首先利用3分钟时间仔细阅读题目，并在此3分钟内将自己独立思考所得的答案写在所给答题纸上（只写标号即可）。

②然后利用15分钟时间进行小组内部讨论，严禁采用举手表决、少数服从多数或诸如此类的方式，既要尽量阐明和坚持自己的观点，同时又要给出小组一致结论。

③达成一致意见后，请推选一名队员作2分钟的汇报，简要陈述你们的讨论过程及做出最后选择的原因。

④请每位学生对自己在小组讨论中的表现进行1分钟的概述，主要包括自己所做的贡献及为自己在小组中的表现打分（最低1分，最高10分）。

⑤规定时间内未完成任务，小组各学生均将被扣分。

（4）领导者引导学生对小组讨论中发生的状况和问题进行分析与解答，并加以适当推广。

4. 领导者提问

（1）每个人在生活中都有遭遇某种风险的可能。如果你真的遇到了“沙漠求生记”这种事情，最先想到要带走的是什么？为什么？

解说要点：在遇到风险的时候，每个人都会有自己的选择，有的人选择带走“最有用的”，有的人选择“最值钱的”，有的人选择“最有纪念意义的”，有的人选择“最难修复”的，等等。不同的选择，不同的人生。但是无论如何，在时间紧迫、生命危在旦夕的时候，我们都必须要做出最后的选择，这种选择可以被看作是我们生命的救星，它承载着我们的希望。无论怎样，我们都要带走一些对我们有所帮助的东西，但如果想全部带走，只会耽误时间甚至丧命。

（2）生活中的你会在时间很紧迫的时候做出理智的选择吗？

解说要点：虽然说人生如戏，但是生活中人们多数时候没有那么轻松的心态真的把生活当作游戏。在游戏时，人们知道那是游戏，即便时间到了飞机也不会爆炸，人也不会死，无论做没做出选择，生活还会继续。不想放下的，放下了，因为这只是游戏而已，可能会觉得无所谓。但是真的在生活中呢？真的遇到这种时间紧迫的时候，我们是否能够放下那些并不重要的事物呢？是否会贪恋更多呢？有时候游戏时反倒比生活中更加理智些，尽管我们知道那只是游戏。

5. 注意事项

（1）无领导小组讨论的设置与要求一定要当场宣布并确认无疑义。

（2）无领导小组讨论本身一般没有标准答案，关键在于当事人的自圆其说及活动目标本身，因此比较灵活，也需要领导者灵活把握。

（3）无领导小组讨论的题目一定是具有争议的，这样才能引发争论和思考，在本活动中则体现为在有限时间内对不同事物的优先次序的考虑。

6. 拓展活动

本活动是一种具有普遍性的活动，可根据不同的活动目的，更换其中具体的任务，可以适用于各种活动目的。

7. 知识点

这个活动本身属于无领导小组讨论（leaderless group discussion，LGD）。无领导小组讨论是指由一组学生组成一个临时学习小组，讨论给定的问题，并做出决策。由于这个小组是临时拼凑的，并不指定谁是负责人，目的就在于考察所有人的表现，尤其是看谁会从中脱颖而出，但并不是一定要成为领导者，因为那需要真正的能力与信心还有十足的把握。在本活动中，更看重的是在时间有限的条件下，学生如何做出明智的取舍，使得最终效益最大化，而不是拘泥于局部的或者暂时的得失。

活动四：时间 ABC

1. 活动目的

（1）引导学生探索自己目前所投入精力的深层次目标。

（2）帮助学生分清哪些事情是“必须做的”，哪些是“应该做的”，哪些是“不值得做的”。

2. 活动说明

（1）时间：40 分钟。

（2）材料：A4 纸、彩笔。

3. 实施程序

（1）分组：6~8 人为宜，若是 10 人以内的小团体则不必分组。

（2）领导者进行活动导入，可做相识及热身游戏。

（3）领导者向学生说明生活中的事情其实可以分为三类，如图 3-1 所示：

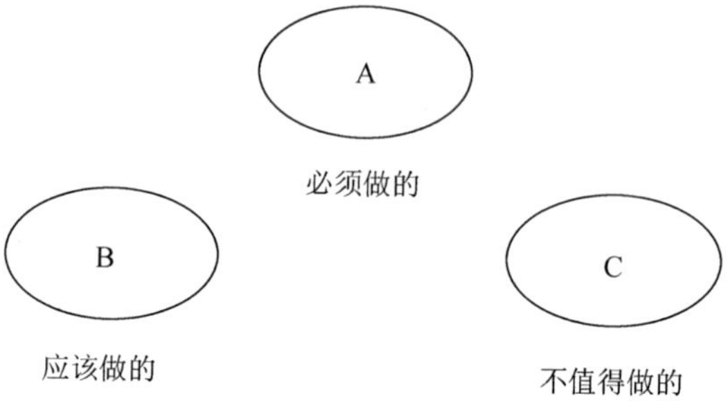

图 3-1　时间 ABC

（4）领导者给每位学生提供一个清单，参考“本周事务清单”。请各位学生在最重要的活动上写 A（必须做的）；在那些一般重要的活动上写上 B（应该做的）；在不重要的活动上写上 C（不值得做的）。

本周事务清单

1. 你从昨天早晨开始牙疼，想去看医生。

2. 后天是好朋友的生日，你还没有给他（她）买礼物，还没有想好怎么样帮他（她）庆祝。

3. 你有好几个月没有回家，也没有写信或打电话回家。

4. 有一个参加志愿者组织的机会不错，但你必须在星期二或星期三晚上去面试（19 点以前），估计要花 3 小时。

5. 明晚 8 点有个 1 小时长的电视节目，你很感兴趣。

6. 明晚有一场演唱会。

7. 你在图书馆借的书明天到期。

8. 你想好好洗个澡。

9. 你的老师留下一张便条，要你尽快与他见面。

10. 你没有干净的内衣，一大堆脏衣服没有洗。

11. 你身上只有 5 元钱，需要取钱。

12. 宿舍学生晚上聚餐。

13. 你收到一个朋友的信 1 个月了，没有回信，也没有打电话给他。

14. 后天上午的英语课上，你需要作一次汇报，预计准备要花费 5 个小时。

15. 两周后，你要参加一场计算机考试，需要时间复习。

（5）考虑到个人时间有限，而且不同条目的紧迫程度也不一样，所以你可以对条目再作进一步的细分：A–1，A–2，A–3，A–4……依此类推到 B 类和 C 类事务。

（6）领导者引领学生先进行小组内交流分享，之后进行大组分享。

4. 领导者提问

（1）你认为什么是“应该的”，什么是“必须的”，它们的区别是什么？

解说要点：对于什么是“没有价值的”往往比较好说，但是什么是

“必须的”或者“应该的”则相对不易分清。“应该的”往往是某种道义、规范上的需求；而“必须的”更多是客观现实的需要，是不做不行的事情。分清这两者，对于我们有效利用时间是非常有帮助的，因为有时我们会把那些只是自己个人情理或者情感上认为应该做的事情也当作必须做的事情，结果就会给自己造成很大的压力，影响办事效率。

（2）对于那些“没有价值的”事情，你一般是怎么处理的？

解说要点：很多看似“没有价值的”事情往往是生活中人情世故不可避免的，有这些事情耽误时间还可能影响心情，没有这些事情可能会影响自己潜在的生存环境，所以很像“鸡肋”：食之无味，弃之可惜。一般而言，这种事情还不太可能全然删除或者忽略不计，但是一定要注意控制这类事情在生活中、在总时间中所占的比重，千万不能本末倒置。

5. 注意事项

（1）注意组内学生比较的启发性，而不仅仅是为了比较，更不是为了分清孰优孰劣。

（2）注意询问不同学生对三个类别的划分的深层次原因。

6. 拓展活动

本活动还可用于自我发展探索。

7. 知识点

时间的有限性和不可逆性是生命最大的特点。用一种逆向思维，可以起到警示我们的作用。心理学认知情绪疗法也提出让人把事情想到极端看看到底会如何，如果面对极端的危险自己都不会害怕，甚至连死亡都不怕，那其他还有什么好怕的呢？如果自己归根结底还是会珍惜的，那为什么不从现在就开始珍惜呢？所以，用这种方法往往会把问题的性质和方向考虑得比较透彻，甚至可以一步到位。

活动五：时间图谱

1. 活动目的

（1）学习并掌握“重要—紧急”时间象限图。

（2）学会用象限图来规划自己的生活事件并优化时间效能。

2. 活动说明

（1）时间：30 分钟。

（2）材料：A4 纸、制作好的象限图答题纸、中性笔。象限图如图 3-2 所示：

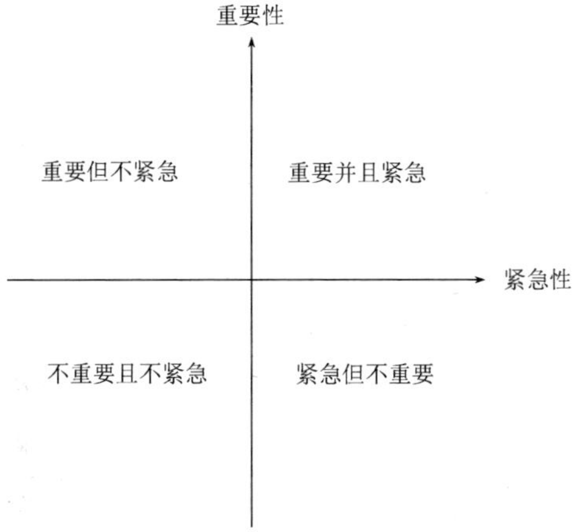

图 3-2 "重要—紧急"时间象限图

3. 实施程序

（1）领导者带领全体学生做热身活动，围成一圈，并通过活动（譬如"大风吹"）邀请几位学生分享其日常生活安排。

（2）分组：6~8 人一组为宜，若是 10 人以内的小团体则不必分组。

（3）领导者请组内学生进行简单相识，介绍彼此的姓名、籍贯、日常爱好等。

（4）领导者引导每位学生先回忆自己典型的一周都会做哪些事情，把这些事情都写在一张白纸上，并按照自然顺序标上序号。

（5）领导者向学生介绍"重要—紧急"象限图，并把事先印制好的象限图发放到每个学生手中，请各学生把刚才所写的生活事件填写到象限图中，只要填写序号即可。

（6）领导者请每个小组组内互相交换象限图并交流心得与感受，小组学生可在交流后对自己的象限图内容进行修改完善。

（7）领导者引导学生回到大组进行分享，请每个组都选出代表，分享自己的生活事件安排和彼此观摩交流后的感受，之后由领导者作总结。

4. 领导者提问

（1）你认为第一象限（重要并且紧急）和第二象限（重要但不紧急）在你生活中哪个相对更“重要”更“紧急”？

解说要点：生活中我们都知道一句俗话，叫作“放长线钓大鱼”，另一句叫作“人无远虑必有近忧”。但是说归说，日常生活中我们常常疲于奔命，既没有放长线的时间，也没有远虑的时间，总在忙于那些第一象限的事情，最后甚至没有时间去思考那些真正事关重大和事关全局的事情，只是在用不断地做事来填塞时间。最后的结果必然是“必有近忧”。

（2）第四象限中，很多事情是紧急但不重要的，为什么我们知道这些事情并不重要却还要急急忙忙地去做呢？

解说要点：很多人都知道第四象限的事情是不重要的，自己也不太想做，做的时候时间压力很大，内心的动机也不是很强，但是还是会去做，甚至占用了做更为重要的第一、二象限事务的时间。其根本原因恐怕还是在于我们并没有澄清什么是真正重要的，以至于很多时候把紧迫性与重要性混为一谈。

5. 注意事项

（1）列举生活事件尽量齐全，这样才能充分分类和澄清问题。

（2）因为个人的身份角色不同，因此事情的轻重缓急、象限的划分归属对于每个人而言可能是差别很大的，譬如对于某些总在学习的人来说，日常做的就是看似“无聊”的事情，但那是他的学习任务，因此对他本人可能是第一、二象限的事情。也即象限归类不可强求群体一致，要尊重个体差异性。

6. 拓展活动

本活动的象限法几乎适用于任何一种需要将事务进行分类的活动，根据活动本身的目标加以分类和解释即可。

7. 知识点

“时间象限图”法是美国管理学家斯蒂芬·柯维提出的一个时间管理的理论。该理论把学习按照重要和紧急两个不同的程度进行了划分，分为四个象限：重要并且紧急、重要但不紧急、不重要且不紧急、紧急但不重要。第一象限是重要又急迫的事。但很多重要但不紧急的事（即第二象限的事）都因为缺乏有效的学习计划而转变成为第一象限的事。这也是传统思维状态下管理者的通常状况，就是“忙”。第二象限是重要但不紧急的事。这个领域管理不善将使第一象限日益扩大，使我们面临更大的压力，在危机中疲于应付。反之，多投入一些时间在第二象限有利于提高实践能力，缩小第一象限的范围。做好事先的规划、准备与预防措施，很多急事将无从产生。这个领域的事情不会对我们造成催促力量，所以必须主动去做，这是发挥个人领导力的领域，更是传统低效管理者与高效卓越管理者的重要区别标志，建议管理者要把 80% 的精力投入到该象限的学习中，以使第一象限的“急”事无限变少，不再瞎“忙”。第三象限属于不紧急也不重要的事，譬如阅读令人上瘾的无聊小说、观看毫无内涵的电视节目、办公室聊天等。第四象限是紧急但不重要的事。表面看似第一象限，因为迫切的呼声会让我们产生“这件事很重要”的错觉——实际上就算重要也是对别人而言。我们花很多时间在这个象限里面打转，自以为是在第一象限，其实不过是在满足别人的期望与标准。

活动六：我的梦想

1. 活动目的

（1）帮助学生认清自我的理想状态和现实状态。

（2）帮助学生澄清理想我与现实我的距离，并认可自我的现状。

2. 活动说明

（1）时间：30 分钟。

（2）材料：A4 纸、彩笔。

3. 实施程序

（1）分组：6~8 人为宜，若是 10 人以内的小团体则不必分组。

（2）领导者进行简短说明：我们每个人心中都会有一个理想的自我，也就是我们的梦想，它代表了我们自己对未来的期望，更展示了我们要超越现实的内在需求。但是理想与现实之间往往是有着显而易见的距离的，完全放任自流很容易迷失方向或者半途而废，最终是浪费我们有限的生命，制约了我们人生效能的最大化。要想更好地实现我们的梦想，就要设定良好的计划，SMART（详见下文“知识点”部分）就是非常好用也很常用的方法。

（3）领导者进一步向大家解释什么是 SMART。

（4）领导者发给每人事先印制好的纸张，带领大家共同完成详细的 SMART 规划。具体如下：

①设定你的总体目标。

我的总体目标：________________________

S：________________________

M：________________________

A：________________________

R：________________________

T：________________________

②制订一个包含所有步骤的计划。

将你的总体目标最多分成五个步骤来完成。每个步骤都包含一个符合 SMART 原则的子目标。思考你如何完成每个步骤，以及完成每个步骤之后应给自己什么奖励。你可以奖励自己任何你喜欢的东西。在完成每个子目标的时候，请填写下面的陈述。

步骤一：

我的第一个子目标是：________________________

我相信我可以实现这个目标，因为：________________________

为了达成这个目标，我将：________________________

这个目标在以下的日期之前完成：________________________

我对自己完成这个目标的奖励是：________________________

步骤二、步骤三、步骤四、步骤五依此类推。

③达成总体目标的好处。

集中关注你的生活将会得到多大的改善，然后列举出三个重要的好处。尤其关注那些跟你渴望的未来有关的好处，而不是与逃避现实生活有关的好处。

好处一：______________________________

好处二：______________________________

好处三：______________________________

④让其他人知道

你会把你的总目标和子目标告诉谁？也许是你的家人、朋友或者学生，甚至是一个投缘的陌生人。你能把自己的目标用日志描述出来，或者把它展示在你家里或其他你常待的地方的显眼位置吗？

____

____

____

4. 领导者提问

（1）想想看，在你的生活中，在你认为那些最重要的事情上，如果用 SMART 原则去分析，它们缺少什么？

解说要点：如果仔细想想，我们生活中有时自认为目标很明确，自己要做什么很清楚，但是用 SMART 的方式加以分解，却发现很多所谓“清晰”的目标却是大而化之。譬如我们要做一个好学生，要当一个称职的父亲，要赚很多钱，要获得很高的荣誉和地位，但是什么叫作“好”“称职”“很多”“很高”，恐怕是我们平时没想过的，也是很模糊的。模糊的目标有时容易让人懈怠，有时容易让人偏执，过犹不及。用 SMART 的方式加以分解后，其实可以很好地帮助我们澄清自己真正的盲点或者误区在哪里，什么地方才是下一步的关键所在。用好 SMART，能够帮助我们和理想目标更加接近。

（2）想想看，一般而言，SMART 的五个方面，哪个方面对于你而言是比较困难的？

解说要点：S 强调的是具体描述，M 是量化衡量，A 是评估现实可行性，R 是目标的准确与坚定性，T 是时间的规划与约束性。每个人在这五个方面上可能互有长短，因为每个人擅长的方面是不一样的。有的人可能前几个方面做得都不错，但就是在具体执行的时候控制不好时间；有的人可能其他方面不错，但是对于结果无欲无求，实际上动力也就减弱了；有的人盲目而行不考虑现实后果；等等。因此，找到自己的弱项，通过向人请教等集思广益的方式弥补自己的短处是非常必要的。

5. 注意事项

（1）SMART 是一种目标具体化的方法，因此在操作过程中也一定要注意具体化，不要含糊其辞。

（2）注意在使用过程当中，阶段性奖励的可行性。

（3）使用 SMART 不是一蹴而就的事情，也不会立竿见影，要明确向学生说明贵在日常生活中的演练和不断总结反思。

6. 拓展活动

本活动还可用于职业生涯规划、个人或团体成长分析等。

7. 知识点

SMART：这里 S（specific），代表具体的，是说你的目标尽量细化；M（measurable），代表可测量评估的，指你的目标要能用某种方式来衡量，譬如你挣了多少钱，你接受过多高的教育；A（achievable），代表可实现的，你说你要当全球首富，那比较难；R（result-oriented），代表要有结果导向的，不能只追求过程，结果也不可忽视；最后一个，T（time-limited），代表要有时间限制。

活动七：拒绝是一种力量

1. 活动目的

（1）引发学生关注自我核心价值。

（2）明确个人与外界的疆界。

（3）学会拒绝。

2. 活动说明

（1）时间：40~50 分钟。

（2）材料：A4 纸、彩笔。

3. 实施程序

（1）分组：4~6 人为宜，若是 8 人以内的小团体则不必分组。

（2）领导者进行简短导入，询问在场学生是否遇到过一些勉为其难去做的事情，自己因为种种原因没有拒绝，结果耽误自己的事情而且因此不开心。请学生简单分享几例自己亲身经历的事情。

（3）领导者结合学生分享的案例，拟定几个日常困扰大家、耗费大家时间和精力的主题，譬如请客吃饭、打网络游戏、陪朋友逛街购物等，将每个主题写在一张小纸条上，折起来，请每个小组派人来抽取一张纸条，并根据纸条主题来设定一个具体化的模拟情境。

（4）领导者邀请任意两组进行现场情境表演，由两组自己协商决定哪一组来呈现自己设定的模拟情境，而另一组负责应对该情境，负责应对的这一组可以委派一名学生去应对，或者轮流出场应对。

（5）每一轮模拟结束，领导者请其他学生进行分享评议。之后，分别请模拟方和应对方进行分享。

（6）领导者邀请每一位学生用一句话或一个词总结自己对这一活动过程的认识和自己的感受。

4. 领导者提问

（1）生活中什么事情是你最难拒绝、最难说“不”的？

解说要点：每个人在生活中都难免会遇到这样那样的难以拒绝、不好意思说“不”的事情。一旦形成习惯，我们往往不加区分，凡事都不加拒绝，甚至害怕拒绝，而且还可能落得“老好人”的名声。而如果对这些自己不能拒绝的事情加以区分，会发现它们彼此之间还是有差别的，自己完全可以区分对待，即便最终无法回绝，也可以在这些事情中排出轻重缓急，为自己赢得时间和精力。

（2）生活中什么人是你最难拒绝、最难说“不”的？

解说要点：尽管我们一直强调“对事不对人”，也就是以事情本身的性质为判断和决策准则。但是中国是一个人情社会，很多时候情面大于事情本身的准则。这直接导致一个问题：有时候我们对一些事情看似难以拒绝，其实不是这事情本身不好拒绝，而是看这是与谁有关的事情，对于有些人的事情，可能很重要而且我们也能有所作为，但是也会轻松回绝，而对另一些人，即便事情千难万难，我们也不情愿拒绝，宁可自己多花费时间、精力、财物等。我们要看看，那些难以拒绝的人，到底是什么样的人，他们有什么共性。找到他们的共性，便于我们今后更好应对，进而缓解我们的时间压力。

（3）如果拒绝了别人，你最担心的后果是什么？为什么？这些后果曾经出现过吗？

解说要点：说到底，之所以有些事情或者人我们难以拒绝，不好说“不”，是我们自己内心有顾虑，甚至有恐惧。这些顾虑和恐惧有些是有现实依据的，但是往往更多的是自己捕风捉影、无端顾虑。如果我们能够想清楚自己最担心最害怕的后果是什么，再考虑这种后果的现实可能性，其实是可以很好地为自己壮胆的，更可以让我们认清自己的核心价值，将有限的时间优先用在自己的核心价值实现方面，提升自我效能。

5. 注意事项

（1）这一活动需要对情境有深刻与形象的领会，并在现场完成源自现实但是又比现实更加概括和集中的展现。

（2）在活动进行中，领导者需要对情境进行仔细观察和提炼，对应对者的应对方式进行有效的概括。

（3）领导者需要引导学生共同分析，为什么有的事情拒绝不了，拒绝不了的内在原因与动力是什么。

6. 拓展活动

此活动也适用于人际沟通训练、自我价值定位训练等目的。

7. 知识点

学会说“不”，善于有理有据地拒绝别人或者事情，是对个人核心价值观的一个重大考验，也是对个人核心态度信念的考验。多数情况下，人们在力所能及的时候都或多或少愿意帮助别人，但是如果对方所要求的事情与自己的核心价值观严重违背，则很可能会予以拒绝。如果和自己的核心价值观偏离不是很远，就很有可能比较犹豫，最后接受。所以从某种意义上而言，我们会不会拒绝别人，能不能说“不”，与其说是冲着他人，不如说是在面对自己的内心。正如即便是在深度催眠状态下依然很难诱导被催眠者去做违背道德伦理底线的事情一样，如果我们清楚自己的核心价值并明确其界限，也就更容易拒绝那些和自己价值观相违背的事情，更有勇气去说“不”，而不是担惊受怕，唯恐自己会失去什么，因为可能失去的，都与自己的核心价值观无关或者影响甚微。

活动八：时间运筹学

1. 活动目的

（1）邀请学生进行日常生活事件的探讨和安置。

（2）促进学生合理利用时间，优化时间运用效能。

2. 活动说明

（1）时间：30 分钟。

（2）材料：A4 纸、中性笔。

3. 实施程序

（1）分组：6~8 人为宜，若是 10 人以内的小团体则不必分组。

（2）领导者进行简单的导入，说明在很多情况下，如果我们要做的事情不能减少，而且都在同一个时间段，我们可以通过合理的运筹而增加时间效能，即提高单位时间的利用效率。

（3）领导者发给每个小组一个抽签筒，里面装有 20~30 个折好的纸签（实际数量视具体人数而定），每一个签上写一件事情，同时标注上做完该事需要的时间。纸签上所写内容样例如下（每一条占用一个纸签）：

烧水 8 分钟　整理内务 10 分钟　英语听力 30 分钟　回复短信 10 分钟　网络购物 20 分钟　室内健身 15 分钟　看英语文献 30 分钟　倒垃圾 5 分钟　闹肚子上厕所 10 分钟　给花草浇水 3 分钟　给朋友电话 10 分钟　听新闻 15 分钟　看短剧 30 分钟　吃饭 20 分钟　取快递 10 分钟　等待程序运行结果 15 分钟

（4）领导者请每个小组的每一位学生轮流在抽签筒内抽签，每一次只能抽一个，直到抽完所有的纸签。

（5）在所有纸签都抽完之后，领导者请每个小组的每一位学生打开自己手中的纸签，要求每一位学生都去思考如何用最少的时间来完成自己所抽到纸签上开列的事项。限时 3 分钟。之后小组内交流讨论 5 分钟。

（6）小组交流结束后，领导者请每个小组派一名代表，到抽签筒中轮流抽取纸签（要保证每个小组至少抽到不少于 5 个纸签）。

（7）各小组代表回到本组，与小组学生共同商讨如何用最短的时间完成纸签上所开列事项。限时 5 分钟。

（8）领导者请每个小组另派代表来陈述本组的讨论过程及结果。领导者带动各组之间互相学习。

4. 领导者提问

（1）在你所抽到的纸签中，你认为去掉哪一件事情会使你的安排变得更加容易？为什么？

解说要点：我们的日常时间安排往往因为一两件事情“不合群”，难以纳入一个规范、有效的体系而变得混乱，如何把这少数的几件事安置好就显得非常重要，否则一两件小事可能会破坏掉整体局面的协调。

（2）你平时更喜欢一件事一件事去完成，还是喜欢把事情加以整合来完成？

解说要点：不同的人有不同的时间规划风格，有的人喜欢完成一件是一件，每件事单独划分时间；有的人喜欢整体统筹安排，各件事情在同一时间段去做，相得益彰。前者的好处是专一，同时准确把握事情的进度；而后者则可以有效避免单一事务操作的“审美疲劳”，增强新鲜感，同时各件事情中的有利成分可以相互促进，提升整体办事效率。

5. 注意事项

（1）每一小组人数不要太多，人数太多需要准备的纸签也要相应增加，因为每个人抽到的纸签如果太少就缺乏现实性了，同时难度也会降低。

（2）领导者既要注意和褒奖每个人及每个组的创意，同时也一定要兼顾个人或小组所给答案的现实可行性，如有疑问，可请当事人或小组进一步解释说明。

6. 拓展活动

本活动适用范围较广，除了用于时间管理之外，也适用于生命意义探索、职业生涯规划等目的。

7. 知识点

（1）注意的特性。注意的特性包括稳定性、广度、分配性、转移性四个方面。在本活动中主要关注的是广度和分配性两点。注意的广度是指在同一时间点或时间段内能有效注意到的信息或事务的总量；注意的分配性是指在同一时间内把注意分配到不同的对象上，注意分配性的良好实现需要对各事务熟练掌握，这在本活动中尤为重要。

（2）多任务操作。多任务操作是认知心理学的一个研究内容，一般而言是指在规定时间段内同时或相继操作多种任务。多任务操作需要对各种任务有良好的掌握，达到至少熟练以上的程度，且注意力有较好的广度和分配能力，同时适时地予以转移。

（3）运筹学。是一门运用数量关系合理安排事项，并使各事项的完成整体最优化的学问。中国古代“田忌赛马”的故事就是运用运筹学的范例。本活动的核心就是运筹学的运用，各事项均已给定时间限制，在此基础上合理安排时间，提升效能。

活动九：我的时间我做主

1. 活动目的

（1）通过活动帮助学生认识或者重建自己的角色，达到新的角色认同。

（2）通过角色认同，来确认不同事情对自我成长的价值，并有所选择，进而提升时间利用效率。

2. 活动说明

（1）时间：30~40 分钟。

（2）材料：A4 纸、彩笔。

3. 实施程序

（1）领导者带领学生做充分的相识和互动活动，如“大风吹”“天气预报”等。

（2）分组：6 人一组为宜，10 人以内可不分组。

（3）领导者请每一组的学生彼此再进一步确认相识。

（4）领导者给每位学生发一张白纸，请每位学生在白纸上列出自己在日常生活中都承担了哪些角色，每个角色间留有足够的空间。

（5）领导者请每位学生在每个角色后面（或者下面）写上为这个角色

做的事情，并标注所花费的时间，时间量要尽量精确到小时。

（6）领导者请每位学生回想所做每件事给自己带来的实际生活回报和满意度，非常不满意是“0”，非常满意是“1”，将每件事情花费的时间和满意度相乘，把所得的数字记录下来，然后根据数字的大小由高到低将所有事件排序。

（7）看看自己在不同角色上时间收益如何（也就是花费时间和满意度的乘积），看看在哪一个角色上的整体收益最高，哪个最低，标记出那些收益最低的事件和花费时间很多但是满意度相对较低（譬如在 0.3 以下）的事件。

（8）小组内学生彼此交流分享，看看自己多数时间都投入在哪些角色上，是否是自己最在意的角色。

（9）领导者带领全体学生在大组内进行分享。

4. 领导者提问

（1）你在哪一个角色上投入的时间最多？你对这些投入的回报满意度如何？

解说要点：很多时候，我们对于什么事情花费多少时间、投入多少精力，是跟我们的相对角色息息相关的。对于某些角色，我们可以轻描淡写，对于另外一些角色，必须要花费时间精力，即便是做无用功。在照顾这些角色的同时，有时候我们非常容易过于“先人后己”，也就是替其他人考虑了很多，但是其他人也许并不满意或者领情；而留给自己的时间则微乎其微，或者留给家庭的时间微乎其微，自己和自己的家人也不满意。我们不能只活在自己的世界当中，但是也不能活在他人的阴影之下，找到自己真实的最想做的角色，多投入些时间，完全值得。

（2）为什么你会看重某个角色？这个角色对你的意义是什么呢？

解说要点：我们所看重的角色，就外在而言，往往是利益相关的，就内在而言，更多是有潜意识的情绪情感在里面。无论怎样，每个角色其实都担负着我们特定的人生使命。但是角色当中必然有主角配角之分，这是需要我们分清楚的，否则人生大戏就会唱得很凌乱。

5. 注意事项

（1）刚开始练习，学生所列的角色不宜太多，以 3~5 个为宜。过少缺乏分析价值，过多则容易发生混乱。

（2）领导者应注意处理学生可能出现的负面情绪。

6. 拓展活动

本活动除了用于时间管理之外，还可用于人际交往、生命意义探讨、职业生涯规划等。

7. 知识点

很多跨文化研究发现，自我在不同文化中是有显著差异的。以美国为代表的西方文化是显著崇尚独立性自我，而中国则是明显赞同依赖性自我。自我，其实也是人生角色的复合。中国人因为偏向于依赖性自我，个体的自我或者角色是比较混淆的，个体与外界他人缺乏明确的疆界，情感和利益纠葛更复杂，而多数人往往穿梭于不同的角色或者自我中，频繁换下一个面具，戴上一个新面具，再换再戴，以至于失去了真正的自我，挥霍掉大量的时间财富。

活动十：如果生命只剩这一天

1. 活动目的

（1）通过生命的紧迫性来思考和澄清自己生命中最重要的东西，放下早该放下的，珍惜早该珍惜的。

（2）将自己填写完成的纸张作为生命的备忘录留存在身边，提醒自己如何用好有限的时间资源。

2. 活动说明

（1）时间：30~40 分钟。

（2）材料：A4 纸、中性笔。

3. 实施程序

（1）领导者带领全体学生进行初步相识，之后将学生进行分组，每组 5~8 人为宜，每个小组的学生可以围坐在一起。

（2）领导者引导学生伴随音乐进行冥想，可用《童年记忆》、恩雅《指环王》主题曲、舒伯特《摇篮曲》、久石让《The Rain》《乘着歌声的翅膀》《蓝色的爱》等曲目。

（3）领导者可用美国著名企业家史蒂夫·乔布斯（Steve Jobs）的名言作为活动导入——“把每一天都当作生命的最后一天”，让学生想象假如今天就是自己的最后一天，一共有24小时的时间，自己都会做什么。并请小组内部进行短暂交流。

（4）领导者给每位学生发放一张事先打印好的纸张，上面印有如下内容，请学生完成填空：

a. 如果今天是我生命中最后一天，我最想见的是____________，因为____________。

b. 如果今天是我生命中最后一天，我最想说的是____________，因为____________。

c. 如果今天是我生命中最后一天，我最遗憾的是____________，因为____________。

d. 如果今天是我生命中最后一天，我最自豪的是____________，因为____________。

e. 如果今天是我生命中最后一天，我最痛苦的是____________，因为____________。

f. 如果今天是我生命中最后一天，我最感动的是____________，因为____________。

g. 如果今天是我生命中最后一天，我最留恋的是____________，因为____________。

h. 如果今天是我生命中最后一天，我最不舍的是____________，因为____________。

i. 如果今天是我生命中最后一天，我最开心的是____________，因为____________。

j. 如果今天是我生命中最后一天，我最想做的是____________，因为____________。

k. 如果今天是我生命中最后一天，我最希望的是____________，因为____________。

l. 如果今天是我生命中最后一天，我最想说的是____________，因为________________。

签名：

年　月　日

上述内容也可由领导者发给学生空白纸张，领导者口述，学生听写来完成。

（5）领导者请小组内部学生互相交换自己写的内容并进行交流，之后领导者请大家回到大组，带领学生进行大组分享。

4. 领导者提问

（1）在你对以上这些句子进行填空的时候，你对哪一句最有感觉？对哪一句会感到不知道能填什么？为什么会有这些感觉？

解说要点：反应最快的和最无法落笔的，往往都是最本质和最关键的，也就是最值得我们思考的。那些无须很多思考，很快就可以完成的内容，在生活中我们也应当考虑珍惜或者及时地放下；而那些再三思考还是不知道该写什么的，往往是我们充满纠结或者空虚的地方，一旦想清楚，我们的生活就可能会发生质变。茫然无措，可能是因为太多，也可能是因为太少，无论是多少，都值得思考并最终付诸实践。

（2）如果今天真的是生命中的最后一天，而且你在这里感到很安全和值得信任的话，你愿意和在座的学生们分享什么？

解说要点：无论是否愿意分享，都没有关系。不愿意分享的内容，也许是你很深的秘密，也许是还没有想清楚以至于还没有足够的自信与底气说出来，也许是不知道你和大家是否一样，是否显得怪异；愿意分享，可能是你很放得开，也愿意看看大家是什么样子、每个人在生命中最后一天到底都在想着什么。无论怎样，都没有关系。分享出来的，大家与你一起感动；没有分享的，自己好好珍惜。

（3）请问你对这些句子所描述的事情，今后将会采取什么行动？

解说要点：既然这些都是在生命最后一天我们大彻大悟之时发现的“生命之最”，那为什么在我们现在还能够自由来安排我们生活的时候不去做呢？是否要等到生活或者时间已经不再给我们机会的时候才去进行无谓的尝试呢？因此，无论你最想说的、最想见的、最珍惜的、最希望的、最感动的是什么，就从现在开始吧！

5. 注意事项

（1）本活动需要有充分的热身，最好有冥想导入。

（2）本活动需要给学生充分的时间来完成思考。

（3）本活动最后的签名纸张由学生自己带回保管，作为纪念和督促。

6. 拓展活动

本活动也可用于生命意义和个人成长探讨。变换题目内容后也可用于职业生涯规划分析。

7. 知识点

无论是哲学家还是苹果公司创始人史蒂夫·乔布斯这样的企业巨子，都认为人的生命，即时间的有限性是人生在世最伟大的事情，是造物主最伟大的发明，因为时间的有限性可以除旧布新，可以让我们知道自己不能虚度光阴，因为总有一天无论什么样的人都会老去和故去。当我们进行生命最后一天的假想时，其实就是在考虑生命的终极价值。有时候为什么时间蹉跎，做事总是拖沓？一个重要原因就在于我们缺乏终极价值的引导，只是在忙碌中完成一个个小的生命片段而已。缺乏终极价值的引导，就缺乏动力，就容易拖沓，浪费时间、虚度年华。

三、精彩活动剪影：时间图谱

1. 人数：50 人。

2. 活动主题：探索时间四象限图，提高时间管理效能。

3. 活动过程：

首先，向学生说明活动目的。本次活动目的主要有两项：（1）学习并掌握“重要—紧急”时间象限图；（2）学会用象限图来规划自己的生活事件并优化时间效能。

其次，带领全体学生做热身活动。做的是一个非常简单的“掰手腕”的游戏，规定每 2 人一组，两个人中以掰倒对方算一次，记一分，在一分钟内，掰倒对方的总次数，也就是两人累计的次数最多的组为胜者。由于这个游戏特意说明是看小组内累计次数，而不是哪一个人的次数，因此这个游戏的最佳策略是两个人不要用力掰腕，而是尽快轮流掰倒对方最好。这个游戏要说明的是双赢与合作才是最佳的时间管理方式，而不是采用过度竞争和对抗的方式。这个环节总共约需 3 分钟时间。

之后，将 50 人按 1~7 报数分成 7 个小组（有一组 8 人），请每个小组围坐在一起，并互相介绍认识。这部分大概需要 10 分钟时间。

领导者简单询问大家为什么要参加关于时间管理的团体，有的学生说是因为自己事情太多，乱了，没有头绪；有的学生说是想未雨绸缪，怕将来事情多了自己照顾不过来；有的学生说自己其实目前时间比较空闲，要看看该如何更合理利用；有的学生说现在自己有很重要的事情要做，但是已经抽不出时间，因此想看看怎样重新规划现在手头的事情；等等。虽然大家说法不一，但是多数学生还是认为，目前的时间其实还是比较紧迫的，学习时间管理是非常必要的，早晚用得上。领导者跟学生分享了如下的“大忙人自白书”，很多人都说有同感。

“因为我不知道究竟什么对我最重要，
所以每件事好像都很重要。
因为每件事好像都很重要，
所以我不得不每件事都做。
有些人看到我每件事都做，
所以他们期望我什么都做。
每件事都做让我非常忙碌，
所以我没时间去考虑，
究竟什么对我最重要。”

领导者进一步询问大家平时是如何安排时间的，发现多数学生都是把时间最紧迫的尽量先做，时间宽松的就放到后面去做，也就是把时间的紧迫性当作最重要的衡量指标。问大家是否知道“时间管理四象限图”，有少数学生知道，更多的人还不知道，表示很感兴趣。

接着，领导者向学生介绍“时间管理四象限图”，并说明重要和紧迫的含义。重要的事是对个人学习生活会产生重大影响的事情。紧迫的事是此刻不做就会给我们带来麻烦的事情。但是紧迫的事情不一定是重要的事情。有的学生开始若有所思，有的学生在点头，认为确实是这样。

之后，领导者把事先准备好的 A4 纸、制作好的象限图（见图 3-2）答题纸、中性笔发给大家。

领导者引导每位学生先回忆自己典型的一周都会做哪些事情，把这些事情都写在象限图上方留有的空白处，并给每件事情依次排上序号。然后，请各学生把刚才所写的生活事件填写到象限图中，只要填写序号即可。在这个过程中，领导者发现有的学生很快就写下很多事情，有的学生很犹豫，写的事情很少，这个时候领导者主动去关照这些写得较少的学生并鼓励他们不要过多想什么，想到什么事情就写什么事情即可。有的学生写得非常详细，包括自己一周所上的不同课程、经常性的饭局、打球打牌打游戏、陪朋友逛街、打电话、睡觉、锻炼身体、洗漱等各种事情都列在上面。领导者也发现其中不乏好玩的事情，譬如有的学生会把“洗袜子”列为“不重要也不紧急”，领导者追问原因，回答说是因为大不了再买一双，反正便宜；有些学生会把上某些课当作“紧急不重要”，因为这些课听了没收获，但是老师喜欢点名，不去扣分，不去不行。如此等等，五花八门。

在填写完毕之后，领导者请每个小组组内互相交换象限图并交流心得与感受，小组学生可在交流后对自己的象限图内容进行修改完善。在此过程中，发现学生之间有较强的共性，多数学生都是迫于眼前的形势，在做着“重要又紧急”甚至“紧急不重要”的事情，不光占用了大量时间，而且收获甚微，自己心情也很不愉快，甚至有很强的自责：太浪费时间了！

最后，领导者引导学生回到大组进行分享，请每个组都选出代表，分享自己的生活事件安排和彼此观摩交流后的感受，之后由领导者作总结。不少学生认为，通过这种简便的象限图，让自己的日常生活更加明白清晰了，原来很混乱，现在方向更加明确了，改变的动力更足了。

领导者在作总结的时候，对每个象限又加以特别的说明，告诉大家，偏重第一象限重要并且紧急的事情，往往导致压力过大甚至精疲力竭、忙于处理危机和收拾残局；偏重于第二象限重要但不紧急的事情，一般心态会更加平衡，有纪律且自制，生活中少有危机；而偏重于紧急但不重要的事务则容易导致目光短浅、忙于危机处理、被他人视为急功近利，同时还轻视目标与计划、缺乏自制力，因为时间仓促而得不到他人支持时还怪罪他人，人际关系一般比较浮泛，甚至导致原有人际关系破裂；第四种忙于不重要且不紧急的事情的人，恐怕早晚要被社会淘汰出局，辜负自己的大好年华。

最后大家带着收获的心情，在大组内进行分享，并结束了此次活动。

领导者的观察与感悟

每个人的生命都是由一连串并行或者交织的事件谱写而成的。对于不同的人而言，这些事情的轻重缓急既有相同的地方，又有明显的区别。对于一些人而言至关重要的事情，另一些人则觉得一点都不重要。但是也有些事情，可能多数人都会看得很重要，譬如留出时间照看我们的情感：亲情、友情。可以看出来，其实对于时间图谱的描绘，对于轻重缓急的划分，实际上是对我们自我人生价值的澄清与划分：什么是你生命里的核心成分，什么是可以割舍而且不会影响你人生大局与质量的。当我们看清了自己的人生价值核心所在的时候，时间似乎不是一个大的问题了：那些无关大局的事情我们不做了，那些关乎大局的事情多做些，多花些时间，甚至于多“浪费”些时间我们也愿意，因为做的过程本身就是我们有价值有意义的生命展开的过程。

团体学生的反馈

以前没有太仔细想过要把自己的事情分得这么细，每天就是觉得时间不够用，要么就是突然一段时间特别闲，无所事事的，过后又会很后悔，感到浪费时间了。今天通过这个活动把自己日常生活的事情列出来，再这么一分组，就感到清晰很多，发现自己的时间很多都用在那些突然布置、马上就要结果、做完也没什么意义的事情上，感到对自己的成长没什么帮助，而那些自己感兴趣的、想做的却总没时间做，时间长了也就懈怠了。

现在做了这么一个时间图谱的规划，感觉清晰多了，有些事情能割舍的自己尽量去割舍掉，多做些真正让自己觉得有意义又有意思的事情。

与压力共舞——积极应对压力

压力主要是指由刺激引起的，伴有躯体机能以及心理活动改变的一种身心紧张状态。每个人都面临着不同种类、不同强度的压力，来自外界的压力如竞争压力、选择的冲突、繁忙的学习生活等；来自自身的压力包括角色的迷茫、过高的目标、对生活的不适应等。另外，当自身需求没有得到满足、自身目标没有实现时，学生也会面临着强烈的挫折感。从一些社会调查的数据来看，心理压力在学生中覆盖面较广，因此认识压力、应对压力就成为了学习生活中的一门“必修课”。而正是在面对和解决压力与挫折的过程中，个体才能够坚强地成长；压力和挫折是生活中必不可少的“调味剂”，当迈过压力和挫折之后，人们才能发现人生的魅力所在。

本部分的活动围绕着学生的压力与挫折应对展开，适合在团体发展到成熟期或中后期进行，团体学生的相互信任和支持以及与领导者良好的关系是开展此主题活动的关键。在团体活动中，个体可以获得以下三个方面的收获：首先，在相互交流中发现压力和挫折并不是个人化的，每个人都会或多或少存在一定的压力，从团体中获得相互支持和陪伴；其次，通过群策群力找到解决问题的方式方法，发现自身和他人身上的积极资源；最后，通过团体活动学到应对压力和挫折的有效方法。

本部分的活动主要包括三类：第一类是关于压力的应对方式活动，如“放松训练”“压力传递”“问题应对与情绪应对”等；第二类是针对压力的心态调整活动，包括“我不得不和我选择”“得与失”“重要事件的澄清”“最坏结果设想”等；第三类是关于挫折应对的活动，包括“人生四部曲”“做个负责任的受害者”等。

一、训练目标

有的初中生表现非常怯懦，常常受控于同伴而不敢反抗。由于对自我的觉察日渐明显，对自己言谈举止过度关注，担心自己一句失言，会带来不好的影响，所以在众人面前不能坦然地表达自己，一说话就脸红的现象，在少男少女中是非常常见的，从这一点上看，具有怯懦性。

1. 引导学生正确认识压力，采取积极的态度面对压力。帮助学生认清压力的普遍性，在感受和体验压力的同时获得成长的经验，在压力中不断丰富自己的人生。

2. 引导学生学会科学的压力应对方式，掌握应对压力的技巧并运用于生活。

3. 帮助学生正确看待挫折，培养正确对待挫折的心态和能力，增强学生对挫折的承受能力，提升“逆境商”水平。

二、训练活动

活动一：放松练习

1. 活动目的

（1）教给学生放松的技巧。

（2）促使学生更好地把注意力集中在当下。

2. 活动说明

（1）时间：10 分钟左右。

（2）材料：放松训练指导语、舒缓的放松音乐。

3. 实施程序

（1）邀请学生按照最舒适、最安全的姿势坐在椅子上，慢慢闭上眼睛。

（2）领导者给出放松训练的指导语，邀请学生按照指导语，按顺序放松全身肌肉，并体验放松之后轻松、愉悦的感觉。放松训练的指导语举例如下：

准备好了吗？好，现在深深地吸气，慢慢地呼气；再来一遍，深深地吸气，慢慢地呼气；再来一遍，深深地吸气，慢慢地呼气，好！春天来了，一片鸟语花香的美丽景色，你静静地躺在草地上，心情舒适而愉快地享受春天带给你的欢乐与愉悦。

一束温暖的阳光暖暖地照在你的头顶，你觉得头部放松了，特别安逸舒服，这股暖流从整个头部慢慢地流向你的额头，你紧锁的眉头舒展开了，请你仔细体会一下眉头舒展之后的放松的感觉，你觉得好舒服好轻松，你觉得额头暖暖的，脸上的每一块肌肉都特别放松，你觉得舒服极了。这股暖流从整个头部流到颈部、颈椎，你觉得颈部放松了，颈椎放松了，血液流动非常流畅，慢慢地这股暖流流向你的双肩，你的双肩放松了，每一块肌肉都得到放松，特别舒展，血液很流畅，暖暖的，非常舒服。这种温暖的感觉流向你的上臂，你的上臂放松了，又慢慢地流向你的前臂，你的前臂放松了，然后顺着你的手掌心慢慢流向你的手指尖，你的手心暖暖的，请你体验一下手心温暖的感觉，非常温暖，非常放松。你再重新体验一下这股暖流从头顶慢慢流向你的双眉、额头，你脸部的每一块肌肉都得到了放松，顺着你的颈部、颈椎、双肩一直流向你的手指尖，所有的疲惫都从你的手指尖流走了。这股暖流流向你的前胸后背，整个前胸后背的肌肉都特别放松，你胃里的不舒服、炎症在慢慢地消除，你的感觉好极了，腰部非常舒服，非常放松。整个髋关节都非常放松，臀部的每一块肌肉都得到彻底放松。你的整个身体都感觉非常放松，请你体会一下这种放松后舒服愉快的感觉。请你把注意力集中到你的前额，你的前额非常放松，你试试看，体验一下这种舒服愉快的感觉。你紧锁的双眉舒展开了，你的前额暖暖的，头脑空空的，你的大脑中的每一个神经细胞都得到了最好的休息，你的精神非常愉快、放松，身心舒畅。现在请你把注意力集中到你的大腿上，这股暖流慢慢地流向你的大腿，你大腿上的每一条肌纤维都非常放松，你的膝关节也放松了，这股暖流顺着你的膝关节慢慢地流向你的小腿，你的小腿放松了，踝关节放松了，脚后跟脚掌心非常放松，体验一下脚掌心那舒适放松的感觉，非常舒适，慢慢地这股暖流流向你的脚趾尖，你的脚趾尖非常放松。现在从头到脚再来一遍，现在你的头部放松了，体验一下头部放松的感觉；你紧锁的眉头放松了，紧锁的眉头舒展开了；你的颈部放松了，你的颈椎放松了，你的双肩也放松了，你的手臂放松了，一股暖流顺着你的手臂流向你的手心、流向你的手指尖，所有的疲惫、烦恼都从你的手指尖流走了。当这种烦恼和疲惫都消失时，你有一种无拘无束的感觉，你的感觉真的好极了。你的胸部放松了，你的躯干放松了，尤其是你的颈部、颈椎、双肩、腰部都非常放松，你体验到一种从未有过的放松感觉。你的髋关节放松了，你的臀部放松了，你身上所有的肌肉都非常非常放松，请你慢慢地体验，好舒服好轻松！现在你觉得浑身放松，心情舒畅，就像躺在湖面上随风飘荡的小船上，暖风徐徐吹过你的整个身躯，还有一丝淡淡的水草的香味，你闭上眼睛，深深地陶醉在这片水波荡漾的美丽风景中，你觉得心胸特别宽广，心情特别愉快！全身的肌肉非常放松。

好，现在请你慢慢体验一下这种放松后愉悦的感觉。现在你觉得浑身特别特别放松，心情特别特别愉快，你觉得舒服极了！你觉得浑身都充满了力量，心情特别愉快，你的头脑清醒，思维敏捷，反应灵活，眼睛也非常有神气，你特别想下来走走，散散步，听听音乐。准备好了吗？好，请你慢慢地睁开眼睛，你觉得头脑清醒，思维敏捷，浑身都充满了力量，你想马上起来出去散散步，也很想立即投身到学习中去。

（3）提示学生在睁开眼睛后，观察一下周围的情景、周围学生的表情和刚才有什么不同。领导者可以提示学生，在今后如果遇到压力大的情境，可以采取这种方式有意识地放松全身肌肉，来达到放松的目的。

4. 领导者提问

经过放松后感觉如何、心情如何？放松训练可以如何运用于生活中？

解说要点：每天我们在忙忙碌碌中度过，很少有时间“停下来”，和自己待在一起。因此，为自己减压的一个方式就是让自己的生活节奏慢下来，留意一下自己的身体状态。在生活中，我们也可以为自己创设一个安静安全的环境来进行自我放松，有意识、按顺序地放松身体的各个部位即可。

5. 注意事项

放松训练的方式有很多种，但一般都是按照指导语，有意识、按顺序地放松身体各个部位，领导者可以酌情采用。

6. 拓展活动

指导语的形式可以多样，但基本思路是暗示学生觉知身体的各个部位并放松。可以配合舒缓的音乐来进行。甚至当时间紧迫时，一个简短的深呼吸就能够使个体全身放松下来。

7. 知识点

（1）放松是指身体或精神由紧张状态向松弛状态转变的过程。放松训练是自身通过有意识地放松，来控制自己的心理和生理活动，从而达到消除肌肉的紧张、调节神经系统的兴奋程度、改善机体功能紊乱的目的。

（2）深呼吸的作用及方法：当人们面对压力时，呼吸会变得快而浅。要停止这种面对压力的反应，最简单的方法之一，就是慢慢地深呼吸。

具体的方法是：将手放在你的腹部，放松你的腹部。现在，用鼻子深深地吸入一口气，感到空气进入你体内，到达横膈膜，充满你的胸腔，如果你感到空气“进入胃里”，就说明横膈膜已经放松。这意味着你的肺已经充分扩张，你已经吸入了最大量的空气。停顿片刻，然后通过嘴将气体呼出。当吸气时，试着数到5，心里想着“吸气”；当你呼气时，也试着数到5，心里想着“呼气”。反复练习，直到每次的吸气和呼气都能数到10。学会了深呼吸，你就会发现你能够很好地放松自己了。

活动二：一枚硬币两个面

1. 活动目的

（1）帮助学生澄清压力事件、挫折事件的付出和收获。

（2）促使学生调整心态，辩证地看待问题。

2. 活动说明

（1）时间：30分钟左右。

（2）材料：大白纸、笔、黑板。

3. 实施程序

（1）分组：每组6~8人，若是10人以内的团体则不必分组。

（2）领导者进行简短的引入，说明生活中我们会获得一些事物，也会有相应的付出，我们往往把注意力集中在花费最小的付出而获得最多的收获上去，往往忽视了得与失的过程。然后领导者向每个小组派发一张大纸，请小组学生将纸对折，其中一面写上“得”字，另一面写上“失”

字。领导者邀请学生讨论上学校以来自己的得与失，并分别写在纸上的相应位置。

（3）领导者邀请每个组派代表分享，自己把内容写在黑板上，如有的组有重复则不必写出。

（4）全部小组分享完毕后领导者邀请学生以“我得到了……”或“我失去了……”的句式大声读出所有写在黑板上的得失，并分享感受。

4. 领导者提问

（1）看到黑板上的内容后，你的感受如何？把视角集中在“得”和“失”上的心情有无不同？

解说要点：只要转换视角，就会看到不一样的风景。我们的人生面临着各种选择，当我们做出选择时就意味着要面对风险，要得到一些东西而失去另一些，这时我们会感到焦虑和压力。往往我们会将目光集中在已经失去的东西上，而忘记我们当下拥有的资源。这也是心理压力产生的一个原因，即我们失去了客观看待选择的两面性的能力。但是我们也需要注意那些我们已经拥有的事物，所谓的“舍得舍得”，有舍才能有得，说的正是这一道理。

（2）请学生为这一活动起个名字。

解说要点：曾经有个小组为这一活动起名为“得失于心”，说明任何得失都是自己为自己制造的心理暗示。对于“世界上什么最珍贵”这个问题，有一个答案是“得不到”和“已失去”，另一个答案是“现在拥有的”。看上去后者更理性、更客观，而且更符合社会适应的标准，但人们总是去追求或者缅怀前者。所以，不妨换一种角度去看待人生的失意与不幸，对生活时时怀有一份感恩的心情，则能使自己永远保持健康的心态、完美的人格和进取的信念。感恩，是一种歌唱生活的方式，它来自对生活的热爱与希望。

5. 注意事项

领导者在黑板上书写“得”“失”的内容时要注意最好使这两部分的内容数量上相等，即保持“得”与“失”的平衡。

6. 拓展活动

本次活动是很好的热场活动，可以用在各种场合，不受场地限制。

7. 知识点

积极心理学是心理学一个较新的领域。它呼吁心理学不仅要关注疾病，也要关注人的力量；不仅要修复损坏的地方，也要努力构筑生命中美好的东西；不仅要致力于治疗抑郁痛苦的创伤，也要致力于帮助健康的人们实现人生的价值。积极心理学最基本的假设就是，人们的美好和卓越，与疾病、混乱、悲痛同样都是真实存在的。

积极心理学的领域有三个相关的主题：积极的主观体验（如幸福、愉悦、感激）；积极的个人特质（如个人力量、天分、兴趣、价值）；积极的机构（如家庭、学校、商业机构、社区和社会）。积极心理学能够帮助我们观察到自己身边的积极力量，发现自己生存的质量和价值，并向更好的方面发展。

在积极心理学中，一个重要的因素是感激。很多团体研究都做过类似的实验：让人们停下来，请他们思考一下自己心存感激的事情有哪些。这些研究的细节不尽相同，但结果往往都很一致，即定期的感恩祝福会使你更快乐，使生活更充实。为什么会出现这样的现象呢？人们往往对发生在自己身上的好事情不是特别在意，即使是在列举它们的时候。对于大多数人来说，“完成不需要任何理由”，意思是，我们常常认为好事情是我们应得的，因此我们不会为此想得太多，这样就会失去有意识的感恩所带来的更深层的收获。

活动三：释放压力一身轻

1. 活动目的

（1）引发学生参与团体的兴趣，增强学生间的协作。

（2）引发学生对压力事件和在压力条件下自身感觉的思考。

2. 活动说明

（1）时间：20 分钟左右。

（2）材料：小物品（一只手能拿得住的），小件会发声的物品。

3. 实施程序

（1）先选择一件一只手能够拿得住的乐器，或自己的私人物品，如钥匙等，再让学生围成圈站好，把小件乐器和物品放到自己的脚前。领导者先带领学生在一个稳定的节奏中拍手。

（2）然后要求学生把手放到左边，左手在下，右手在上，拍一下自己的左手后，再拍右边学生的左手，还是在稳定的节奏中进行。

（3）领导者把小件乐器或物品拾起放在自己的左掌上，用右手拿起左手的物品放到右边学生的手中，领导者要求学生一起念“拿起”和“放下”，配合抓起和放下的动作，也按一个稳定的节奏来不断进行。

（4）待学生熟悉口令和动作时就开始加快节奏，如有物品滑落，需要在不影响节奏的情况下拾起。

（5）待传递速度加快节奏到一段时间后，看到物品滑落的情况越来越多、学生显得有些手忙脚乱时，领导者可以宣布停止传递，请学生安静地观察教室内发生的事情和景象，并讨论分享自身感受。另外领导者可以提供的话题包括：回忆活动中感觉最有趣和最紧张的一个环节；自由表达自己对“得”与“失”的领悟；活动中怎样的失去对自己参与活动的干扰最大；回味在活动中对身边学生的感觉；干扰最大时出现的内心感受，在生活当中是否经历过。

4. 领导者提问

刚才大家有什么感觉？这种感觉在生活中熟悉吗？

解说要点：事务一个接着一个、纷至沓来的那种疲惫、无力感是否会出现在刚才的活动中？似乎我们每天都在疲于应付各种事务。但我们也有“拿起”和“放下”的自主权，特别是当外界各种事件让我们身心疲惫时，我们也能够在内心默默地放下它们。另外，我们会发现，很多时候我们都身不由己地在为别人忙碌，而最后我们手上剩下的东西却寥寥无几，因此我们需要珍惜生活中令我们感到重要的东西，关爱自我。

5. 注意事项

（1）领导者在开始时要提醒学生注意在活动中自己的感受如何，在结束后要积极引发学生的思考，否则有的学生会仅仅认为这个活动很有趣，但缺乏感悟。

（2）一些平时生活中压力过大的学生的消极情绪可能在这个活动中被

调动起来，并且会产生抵触现象，这时领导者要提醒学生自己是与他们在一起的，自己非常愿意参与到学生中与学生一起探索压力带来的感受。

6. 拓展活动

这一活动中所念的口号也可以是“得”和“失”，该活动与“得与失”活动配合起来会更有效果。

7. 知识点

时间管理的理念：按照事件是否重要和是否紧急可以将事件分为四类，即重要而紧急、重要而不紧急、紧急而不重要、既不紧急也不重要。其中，后两类事情是可做可不做的，需要我们仔细分辨。不紧急但重要的事情是那些涉及长远规划的事情，譬如自己的人生理想、自己希望获得的生活状态等，这些事情是可以暂缓考虑，但是不得不做的；紧急且重要的，则是现在必须着手做的。这样划分归类后，我们就可以让有限的精力花在最值得的地方，在学习和生活以及未来的人生安排规划上达到一个较好的平衡点。另外，如果把事件都堆在一起，养成拖延的习惯，也不利于事情的解决，而且会给自己带来压力。

活动四：我选择

1. 活动目的

（1）澄清学生的压力源，以及压力源给自己带来的感受。

（2）体会应对压力时个体自身的力量。

（3）促使学生用接纳的态度看待自己所面对的压力事件。

2. 活动说明

（1）时间：30 分钟左右。

（2）材料：A4 纸、彩笔。

3. 实施程序

（1）分组：6~8 人一组，若是 10 人以内的团体则不必分组。

（2）领导者导入活动，说明每个人在生活中都面临着很多压力，这些给我们带来压力的事件被称作压力源。向每一组发一张纸和彩笔，请学生们集体讨论并以“我不得不……”造句，写下在生活中确实困扰着自己、自己不得不做的事情。领导者要提示学生，可以尽可能多地造句，并把“我不得不”这四个字写在纸的最上端。

（3）当每个组内“不得不”的内容写满一张纸或学生表示已经基本完成后，领导者邀请每个组的学生集体站起来，大声朗读自己造的句子，并体会读之前和读之后自己的心情有什么变化。所有的小组都需要重复这一过程。

（4）集体朗读完毕后领导者进行下一步的说明，可能这一步做起来有些困难，很多人都不愿去完成，但一旦这么做了，我们会发现自己有很大的改变。然后领导者要求所有小组把原先纸上的“我不得不”四个字划去，改成“我选择”，并请所有学生以“我选择……”的句式大声读出刚才造句的内容，并体会读之前和读之后有什么变化。邀请一些代表来分享自己的感受。

（5）针对有的学生拒绝以“我选择”句式朗读，以及有的学生认为用“我选择”这一句式没有任何意义的情况，领导者可以继续深入引导活动。这时领导者可以向所有学生发问：“你认为生活是有选择的吗？”并以教室中间为界，邀请认为生活有选择的学生站在左边，认为生活没有选择的学生站在右边，两方学生组成辩论队分正方和反方进行辩论，可以以每个组选出 3~5 名代表的形式进行。

（6）辩论完成后，领导者进行总结，引导学生发现自己内心的积极力量，以“我选择”的积极心态去面对生活中的压力。提示学生，在压力下如果选择不了外界的环境，还可以选择自己的心态。

4. 领导者提问

（1）你觉得生活是有选择的吗？理由何在？

解说要点：可控性是指我们对事件控制力的知觉，即通过自身努力对事件的结果所施加影响的程度。按照这一标准，我们可以将压力事件分为三类。

第一类是完全可控的事件，是我们完全能够控制的，解决起来也比较容易，我们只需要下决心去改变自己的习惯，朝着我们的目标方向努力，就能够改变现有的状态。

第二类是部分可控的事件，我们虽然不能直接控制，但通过我们的努力能够对其产生影响的事情。

第三类是完全不可控的事件，例如家人或者好友忽然生病、突发的交通事故等。这些事情会给我们带来很大的压力，但我们却无法影响和改变它们。那么，对待这些事情的最好办法，就是改变自己嘴角的弧度，以微笑、积极、乐观的心态去面对，这样才能不被消极的情境所左右。

这时，你可能要问：前两种情况，我们还是有选择的，那么第三种情况呢？在完全不能控制的情境中，我们还能选择什么？我们的回答是：我们能选择自己的心情和生活态度，选择自己的心态是否能被情境所左右。在极端困难、恶劣的条件下，我们也能够让自己保持积极的心情。正如这句名言："没有人能够伤害你，除非你允许他这么做。"我们要做生活的主人，自觉地区分压力的种类，并且选择怎样去面对压力。

所以，在任何情况下，生活确实是有选择的，这种选择权始终把握在我们自己手里。即使我们改变不了事情，我们还可以改变心情。

（2）经过这次活动，你的看法是否有所转变？你可以怎样将这一理念运用在生活中？

解说要点：掌握"操之在我"的自由。不妨问问自己，自己每天头脑中是否有"我被迫""我不得不"等字眼。因为这些外界对我们的要求等客观条件而受制于人，并不足惧，重要的是我们有选择如何对外界事件进行回应的自由。我们可以对事件进行积极回应，为生命负责，同时也为自己创造机会。人的个人行为取决于自身，而非外在的环境，人有能力也有责任创造有利的外在环境。所以，虽然压力很大，但我们自己可以选择压力对我们自身的影响程度。

5. 注意事项

（1）这一活动要建立在充分热身的基础上，并且需要学生之间相互信任，建议放在团体的中后期进行。

（2）在以"我选择"这一句式朗读造句内容之后，往往会有一些学生不理解该游戏的含义，跳出来反驳领导者的任务，并认为压力永远都是不得不面对的。这时领导者不能与反驳的学生辩论或争执，否则团体便会陷入僵局；领导者要把自己放在和团体学生一样的位置上来回应反驳者的话语，并及时进入辩论环节，通过学生之间的辩论来逐步引导学生进行思考。

(3) 在划分“辩论队”时，往往会出现由于群体压力、从众等因素，认为“生活有选择”的学生会多于认为“生活无选择”的学生。这时领导者要给予少数群体以更多的支持。

6. 拓展活动

该活动中，辩论的环节也可以改为下列形式：将学生随机立刻分成两组，一组为正方——认为“生活是有选择的”；另外一组为反方——认为“生活是没有选择的”，然后让两组学生成对地辩论这一话题，辩论持续几分钟后双方交换话题，原来是正方的组变成反方，原来是反方的组变成正方，然后再辩论几分钟，最后邀请学生谈谈感受。

7. 知识点

个体对自己生活中发生的事情及其结果的控制源有不同的解释。对某些人来说，个人生活中多数事情的结果取决于个体在做这些事情时的努力程度，所以这种人相信自己能够对事情的发展与结果进行控制。此类人认为控制点在个体的内部，称为内控者。对另外一些人，个体生活中多数事情的结果是由个人不能控制的各种外部力量作用造成的，他们相信社会的安排，相信命运和机遇等因素决定了自己的状况，认为个人的努力无济于事。这种人倾向于放弃自己对生活的责任，他们认为控制点在个体的外部，称为外控者。

由于内控者与外控者理解的控制点来源不同，因而他们对待事物的态度与行为方式也不相同。内控者相信自己能发挥作用，面对可能的失败也不怀疑未来可能会有所改善，面对困难情境，能付出更大努力，加大学习投入。他们的态度与行为方式是符合社会期待的。而外控者看不到个人努力与行为结果的积极关系，面对失败与困难，往往推卸责任于外部原因，不去寻找解决问题的办法，而是企图寻求救援或是赌博式的碰运气。他们倾向于以无助、被动的方式面对生活。显然这种态度与行为方式是不可取的。

活动五：什么是我想要的

1. 活动目的

（1）帮助学生梳理自身面对的压力事件是否重要。

（2）促使学生在处理生活事件时分清主次。

2. 活动说明

（1）时间：20 分钟左右。

（2）材料：A4 纸、彩笔。

3. 实施程序

（1）分组：6~8 人一组，若是 10 人以内的团体则不必分组。

（2）领导者进行简短说明：在生活中每个人都有很多忙碌的事情，这些事情构成了我们的生活，但这些事情有的却不是我们生活中的必须。

（3）领导者以放松训练的形式引入活动，邀请学生以最舒适、最安全的姿势坐在椅子上，慢慢闭上眼睛，做一个深呼吸，把注意力放在自己的呼吸上一段时间，然后按照头部、颈部、肩部、双手、胸部、腹部、大腿、小腿和脚部的顺序慢慢放松，直到整个身体都非常放松。然后领导者缓缓说明下面要问各位学生一个问题，请大家注意浮现在头脑中的第一个答案，这个问题是："对你来说，什么是最重要的？"然后告诉学生这个问题会被重复问两次，请学生继续注意在问题话音结束后头脑中浮现的第一个答案。然后领导者重复两遍问题："现在对你来说，什么是最重要的？"三次提问结束后领导者邀请学生再做一次深呼吸，然后缓慢睁开眼睛。

（4）领导者请学生把自己刚才对三次提问的答案写在纸上，然后在组内讨论、交流自己产生这三个答案的过程。

（5）领导者邀请学生分享他们写下的内容，并与他们自己最近在忙碌的事情比较，看看有什么差异。领导者可以询问学生自己在这些最重要的事情上花了多少时间和精力，并思考原因。

4. 领导者提问

请思考这些重要的事件对我们意味着什么，我们每天又花了多少时间和精力在这些事情上，对照这些你有怎样的感悟。

解说要点：因为走得太远，所以忘记了最初的方向。我们很多时候都会有迷失自我、迷失方向的感觉。确实，一件事情重复做着，渐渐地就忘记了我们为什么做了。在现实的世界中，很多事情让你随时都会迷失，你走着走着可能就被其他的事情吸引住了，而忘记了最初的梦想。记得最初的梦想，去坚持它，不忘记它，其实非常之难。但是在生命中，我们应该避免舍本逐末。如何平衡人生命中最重要的两部分，即学习和生活，是我们每一个人都应该思考的问题。而最容易被我们忽视的，是健康、亲情、友情、快乐等。我们不妨思考一下，是否生命中有我们最值得珍惜的那一部分，在等待着我们去抓住或做些什么。如果有，我们不妨下定决心从今天起开始改变，多投入一些时间到自己珍惜的事务中去。

5. 注意事项

（1）此活动与上一个活动配合起来进行效果会更好，可以促使学生们比较一下每天自己在忙碌的事情，即写下的“我不得不”的事情，是否真正是自己需要的。

（2）该活动适宜放在团体中后期进行，领导者要给足学生相互讨论、分享的时间。

（3）身体健康、心态快乐可能往往被学生忽视，领导者可以适当提醒学生，这些因素对他们也很重要。

6. 拓展活动

这一问题也可以由领导者直接向学生提问。

7. 知识点

对自己最重要部分的澄清属于心理咨询中的存在主义取向。存在主义针对那些在生活中很难找到生命意义与目的，以及那些无法认同自己的人提出了独具特色的观点，认为我们在不断地发现与明确着我们存在的意义。我们必须为自己的生命、行动及不采取行动负全部的责任。当事人需要自己去决定“为什么”“对何事”“向何人”负起责任。我们需要的是认清一个事实：不是我们对人生有何指望，而是人生对我们有何指望；不该追问人生有何意义，而应该接受生命的询问。

活动六：最坏结果是什么

1. 活动目的

（1）促使学生宣泄自己的压力。

（2）启发学生分析压力事件能够给自己带来的最坏的后果，自己能否接受这一后果。

（3）引导学生平和地看待压力事件的缘起。

2. 活动说明

（1）时间：10 分钟左右。

（2）场地：教室或团体训练室。

3. 实施程序

（1）分组：学生之间两两一组，面对面坐好。尽量选择自己不熟悉的学生。

（2）领导者邀请学生以“我不得不”句式造句，比如“我不得不做某事”，然后继续造句“如果我不做某事，就会 B”，“如果 B，则 C”，依此类推（B、C 均为某个不好的结果），一直到学生觉得可以结束，即没有更坏的结果发生为止。另一名学生倾听，第一个学生分享完毕后交换角色。

（3）分享完毕后领导者可以邀请几名学生自愿分享他们的内容并谈谈感受。

4. 领导者提问

（1）大家最后的最坏的结果究竟是什么？

解说要点：有时我们说完这一连串的“不得不”后，会发现很多情况下我们最终否定的是自我的价值，即如果这件事我没做，那么就体现不出自我的存在价值了。但是要注意，我们自身存在的价值不可能也不应该仅仅因为遇到一些小事而被否定。事实上，是否否定自我价值取决于我们自己。另一些“不得不”的最后结果会让我们感到非常有趣甚至荒谬，我们往往倾向于将一些小的失败看作巨大的灾难，把一些小的压力事件主观放大，其实这些“不得不”并不会给我们带来多严重的后果。

（2）体察一下当我们说完这一连串的“不得不”后，感受如何？说完后这件让你担心的事情还会继续让你担心吗？

解说要点：生活事务的状态只有两类，即做了和没做。其余的一切都取决于我们自己的心态。我们每天对自己说的话决定了我们做这些事情的心情，如果我们每天生活中真的出现这么多的“不得不”，那么我们就会在一个悲惨的状态下学习，而这一悲惨的状态是自己强加给自己的。谁能够为我们的选择和生活状态负责？答案只能是自己。

5. 注意事项

（1）如有黑板，最好把造句的句式在黑板上写下来以便学生观察。

（2）有的学生分享到最后可能会觉得这一过程和最后结果有些可笑，会感觉到其实没有多大的压力，领导者要抓住这一机会进行引导。

6. 拓展活动

领导者可以以这一活动为切入点，引入情绪管理的 ABC 理论，请学生分辨自身的不合理信念。

7. 知识点

（1）情绪管理的 ABC 理论认为，人们对外界事件的认识、态度、想法、信念等决定了外界事件对人们心情的影响，即：

事件（antecedent）→认识（belief）→情绪（consequence）。

对事物的认识和看法没有绝对的对错之分，但有积极与消极之分，并且不同的态度决定不同的结果。有一种不合理信念叫作“灾难化”，表现为把一件暂时的、较微小的失败看作是巨大的、不可逾越的失败，或者因为担心最坏的结果会发生而惶惶不可终日。这种想法会让人感到绝望、丧气。在语言表达上表现为：将“很难”误解为“没有办法”，将“暂未成功”误解为“失败”，将“可能失败”误解为“一定失败”。而我们仔细想想就会发现，这种想法是非理性的，当我们把最坏的结果或后果以这样一种有点幽默的方式表达出来的时候，其实我们担忧的结果也没有那么令人讨厌或恐惧。即使最坏的后果发生了，它也是我们人生的一个新的起点。

（2）有一位心理学家做过一个实验，他要学生写下未来 7 天内所忧虑的烦恼，然后投入一个大的“烦恼箱”中。三周以后，研究者再打开箱子，发现了一个令人惊讶的结果。他逐一与学生核对每一项“烦恼”，结果发现其中有九成烦恼并未真正发生。他又要求大家把那剩下的字条重新丢入纸箱中，等过了三周，再来寻找解决之道。结果到了那一天，他开箱后，发现那些烦恼也不再是烦恼了。虽然“人生不如意之事十有八九”，然而，生活中很多事情其实都是“世上本无事，庸人自扰之”。烦恼是自己找来的，这就是所谓的“自寻烦恼”。实验证明，人的忧虑绝大多数并未变为现实，剩下的极少数即使发生了，也是你能够轻易应付的（邱美荣，2010）。

活动七：关注圈与影响圈

1. 活动目的

（1）帮助学生澄清压力事件下自己的控制程度。

（2）帮助学生获得对压力事件的控制感。

2. 活动说明

（1）时间：10 分钟左右。

（2）材料：A4 纸、笔、多媒体。

3. 实施程序

（1）分组：6~8 人一组为宜，若是 10 人以内的小团体则不必分组。

（2）领导者进行简短说明：我们每天都在思考很多事情，有些是正在我们身边发生，是我们能够控制的，而有些是我们不能控制的。对于后者，我们无法也不必去管。因此，我们要记住的是，能解决的事不必担心，不能解决的事担心也没有用。对于那些已经过去、尚未发生的事情，以及不在我们控制范围之内的事情，我们要学会放下。领导者可以用图 3-3 来说明：

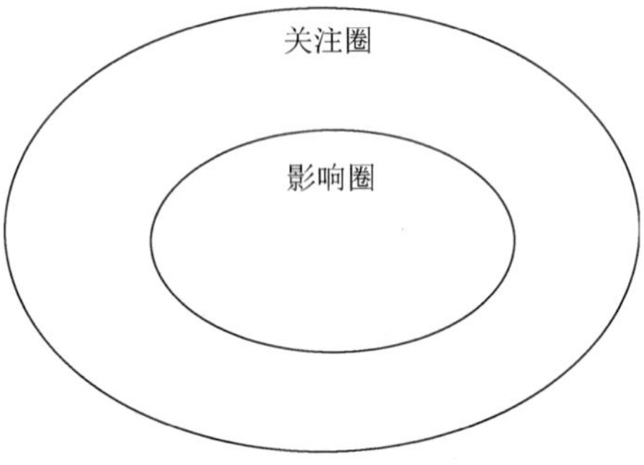

图 3-3　关注圈与影响圈

如图 3-3 所示，我们担心的事情可以放在“关注圈”内，但这些事情中只有一少部分是我们能够真正控制的事情，所以可以将其放在“影响圈”内。

（3）邀请学生做一个深呼吸，让自己完全放松下来。然后，请思考一下你目前的生活状态，想想你最关心、最关注的事情都有哪些？最令你担心的事情有哪些？这些事情中哪些是你能够控制的，而哪些是你不能控制的？领导者向每个学生发一张 A4 纸，请学生在纸上画出关注圈和影响圈，并在相应的位置上写下最近一段时间内的压力事件。请学生们注意，写这些事件时留意一下这些事件应该放在关注圈还是影响圈中。

（4）领导者领导学生在组内讨论写下的内容，分享写下这些事情的感受，并提示学生，在生活中把注意力集中在影响圈的人会感到相对更小的压力，并有较大的成就感。

4. 领导者提问

（1）大家每天的精力都在哪一个圈里？哪些事件我们在生活中可以控制，哪些事件我们即使拼命试图控制、拼命担心也没有用？

解说要点：每个人都有一些关注的问题，包括健康、成绩、经济状况、社团活动，这些可以归入关注圈，其中有些问题是个人可以掌握的，而有些则无能为力。把个人可以控制的事情圈起来，就形成了影响圈。

世界上有三种事：自己的事、他人的事和老天的事。能够控制的事情我们可以控制，而控制不了的事情担心也没有用。我们甚至会发现，当我们越想控制那些无法控制的事情时，就会变得越沮丧。事实上，很多压力就是源于我们自己试图预测或控制我们根本不能控制的事情。

（2）关注哪一个圈里的事件对人的适应、心态和成功最有利？

解说要点：着重于影响圈的人，脚踏实地，不好高骛远，把心力投注于自己能有所作为的事情，所获成就将使影响圈逐步扩大，这类人属于积极主动的人。反之，消极被动的人全神贯注于关注圈，时刻不忘环境的种种限制、他人的种种缺失，徒劳地为无法改变的状况担忧，结果是怨天尤人，畏畏缩缩，受迫害的感觉日益强烈。由于着力方向错误而产生副作用，影响圈便会缩小。

5. 注意事项

领导者要注意引导学生看看写下的事情是否确实是“关注圈”或“影响圈”内的事情，有时学生会把不能控制的事情写入“影响圈”；领导者也要确保学生们都清楚“关注圈”或“影响圈”的含义。如一名学生在影响圈内写的是：健康、学习成绩、自己的心情、言行、对事的态度、宿舍环境、班级建设；在关注圈内写的是：新闻、他人的近况、保护自然、日本地震、房价、天气、自己的体重。这时领导者可以向学生询问：为什么把“宿舍环境”“班级建设”放在影响圈，而把“自己的体重”放在关注圈？请说明理由。学生写的不一定是错误的，只要言之成理即可。

6. 拓展活动

此活动可结合学生的具体挫折事件，如迟到、落选、摔伤、考试未通过等来讨论哪些事情可控，哪些事情不可控。

7. 知识点

当事人认为自己能否控制局面，即能否自主地控制或调解压力的出现与发展，是否能够自由地调整自己的适应行为，属于当事人自身对压力的认知调节。对客观事件认知上的不足，是造成相对压力增加的重要因素。对压力的控制可以有以下三类：

（1）行为的自我控制，指个人处在压力下时，对自己的行为有无主动权的问题。当事人面临压力时，自己的行为是否是自由的，能否主动控制进退，如在强噪声环境下能否自由地离开等，这属于行为的自我控制问题。

（2）认知控制，指处在压力下时对自己的思维活动有无主动权的问题。

（3）环境控制，比如宿舍不够安静，但自己可以选择戴耳机或耳塞，或者去自习室学习等方式，均属于环境控制。

活动八：创伤事件再解读

1. 活动目的

（1）促进学生分享自己的挫折，获得他人的支持。

（2）促使学生对挫折的过程进行分析思考，并对挫折事件进行合理归因。

2. 活动说明

（1）时间：20 分钟左右。

（2）材料：无。

3. 实施程序

（1）分组：学生之间两两一组，面对面坐好。尽量选择自己不熟悉的学生。

（2）领导者导入活动，说明每个人生活中必然会遇到很多挫折，这些挫折有时是自己造成的，而有时却不是自己的责任，这些挫折会使我们变得沮丧、无助。然后，邀请学生之间相互轮流分享自己成长过程中的两次挫折经历，提示学生分享时要注意以自己作为“受害者”的角色来分享，同时另一个学生要全神贯注地倾听。如果倾听者认为对方的确在这件事上受到了莫大的委屈，确实是“太受害了”，可以拍着对方的肩膀表示安慰。

（3）第一轮分享结束后领导者邀请学生进行第二轮分享，但要换一个角度，请学生在分享时说明自己在这件挫折事件上承担了多大的责任，或者重新看待这件事时，学生愿意承担多大的责任，即以一个“负责任者”的角度来重新看待这次挫折。

（4）两轮分享结束后领导者请学生分享自己在整个过程中的感受，并派代表分享。

4. 领导者提问

（1）在两次不同的分享时，你的心情有什么变化？应该用怎样的态度看待过去的挫折、创伤等事件？

解说要点：对过去事件的解释往往会决定当前的心情，而往往我们对于过去的创伤、挫折的解释是不准确的，掺杂了很多我们自己的主观观念，也就是说，我们对过去挫折的解释取决于当下我们的观念和心态，你愿意把它看作是积极的，它就是积极的；你愿意看作是消极的，它就是消极的。人终其一生，最不能摆脱的是自己给自己设下的陷阱，我们可以选择做挫折的受害者而一蹶不振，也可以选择重新解释挫折。现在我们再回头去看这些过去事件，不妨用一种积极的、充满力量的解释来重新认识挫折。当我们试图做一个负责任的受害者时，会感受到自身的力量，会更客观、更理智地去看待以往的挫折经历。我们要寻找自身内在的能量去克服挫折带来的消极影响。

（2）听到别人的挫折事件、别人的分享对你有什么启示？

解说要点：倾听他人的挫折。当遇到挫折事件时，人们会感到沮丧、失落，甚至会人为地把挫折事件放大、“个性化”，觉得自己遇到的挫折、伤痛的经历是独一无二的，没有人和自己一样，甚至觉得他人都不能理解自己、帮助自己。但如果我们有机会与他人分享挫折事件，我们就会发现自己遇到的事件大多数人也会遇到，并不是那么可怕，也并不是那么难以接受。

5. 注意事项

活动适宜放在团体中后期进行。领导者要小心其中暴露出的创伤事件，避免对学生造成二次伤害，并及时处理学生涌现的情绪。

6. 拓展活动

结合学生在日常生活或学习中遇到的挫折事件，引导学生换一个角度看待和诉说这些事件，尽量看到和表达事情的正面意义。

7. 知识点

这一内容属于“叙事疗法”，即人类活动和经历更多的是充满了“意义”和故事。当事人叙述的自己的生命故事往往包含了自身的解释和建构。当事人在选择和述说其生命故事的时候，会维持故事的主要信息，却往往遗漏一些片段，为了找出这些遗漏的片段，咨询师会帮助当事人发展出双重故事。例如，有学生在叙事治疗中谈到他的“问题故事”，而咨询师会引导他说出另一段他自己不曾察觉的部分，进而帮助他自行找出问题的解决之道。也就是说，这一过程能够唤起当事人生命中曾经活动过的、积极的东西，以增加其改变的内在能量。

活动九：进化论

1. 活动目的

（1）感受自身的成长、发展历程，体验挫折感的形成。

（2）促使学生接纳挫折，用淡定、平和的心态去看待生活。

2. 活动说明

(1) 时间：15 分钟。

(2) 材料：无。

3. 实施程序

(1) 领导者宣布规则，所有学生都要参与，完成“蛋—小鸡—人—神”的四级进化过程。每级生物都有自身的代表性姿势，如蛋是双手抱头蹲下，小鸡是蹲下舞动双手，人是站起来直立行走，神是坐在椅子上。

(2) 领导者示范姿势和游戏规则：每一次进化采用“石头、剪刀、布”的形式进行，两个同类的生物猜拳竞争，谁赢了谁就向上进化一级，输了的人要向下退化一级。当进化成为“神”的时候，就可以享受坐在椅子上观察场地中央的人竞争的特权了。没有完成进化的学生要继续完成进化，最后结束时，总会留下个别没有完成进化的学生。

(3) 领导者可以邀请最先进化成“神”的学生、经过多种起伏才进化成“神”的学生，以及仍然留在场地中未完成进化的学生谈谈他们的感受。

4. 领导者提问

(1) 在这场活动中你体验到了什么？你经历了多少次的起伏和曲折？心情如何？

解说要点：在达不到目的时，人们可能焦急、焦虑，特别是在这样一种紧张的心情中。其实生活也是一样，成功并不是那么容易，有时甚至会适得其反，越想成功，体会到的挫折感和失落感可能会越大。接受人生的可变性，把自己的生命看作流动的、非静止的，就可以在这一过程中享受到自己的人生，在享受过程的同时也可以收获到结果。

(2) 在活动中你成就了谁，谁又成就了你？你想对在活动中跟你相遇猜拳的人表达些什么？

解说要点：我们会遇到各种机会，也会在各种关系中成就自我。我们每个人生活中都有很多重要的人，他们能够给我们提供支持和帮助。压力、挫折来临时，也不要忘记我们目前拥有的资源。一个善于利用资源的人才是善于应对压力的人。

（3）请给这个活动起一个名字。

解说要点：很多人会说“进化论”等，而我们把这个游戏叫作“人生四部曲”，就像我们的人生一样起起落落，但玩这个游戏的过程往往比最后的结果更让人能够得到享受。人生也是如此，我们往往过度注重结果而忽略了生活中的风景。

5. 注意事项

（1）领导者一定要将规则讲解得清晰、明确，最好先邀请一个志愿者做动作进行示范。

（2）领导者在引导分享时要注意充分邀请学生发言。

6. 拓展活动

该活动能够用于压力应对中的热身，进化过程还可以改为五级，如“蛋—小鸡—鸟—猴子—人”等。

7. 知识点

人生过程中人们往往愿意去追求快乐和意义。快乐很简单，一帆风顺的人生、享乐主义的生活都能给人带来快乐，但如果生活只是快乐而没有意义会让人感到乏味无聊。而意义在于我们要投入到能给我们带来成效、给社会带来益处的活动中，它可能给我们带来挑战，但我们也乐此不疲。让人生变得太过于安逸、充满了幸运可能并不适合自身的成长，而那些应对了挑战、困惑、迷茫的人生经历才会使人活出更多的精彩，才会使自己变得充实。

活动十：寻找压力释放法

1. 活动目的

（1）促使学生明确压力应对的方式有积极和消极之分，并认清问题应对和情绪应对的含义。

（2）帮助学生选择更适合自己的压力应对方式。

2. 活动说明

（1）时间：15 分钟。

（2）材料：纸、笔。

3. 实施程序

（1）领导者邀请学生在一张纸上写出自己面临压力时的各种应对方式，并讨论分享哪一种应对方式最有效，邀请学生针对每种应对方式打分，10 分表示最有效，1 分表示最无效。

（2）领导者向学生介绍问题应对与情绪应对的概念（见“解说要点”），并邀请学生进行第二轮的讨论，将刚才各种应对方式归类，区分哪些是问题应对，哪些是情绪应对，并重新评价这些应对方式的有效性。

（3）领导者邀请每个小组的学生分享自己小组讨论的结果，并邀请每个学生选出最有效的、最适合自己的应对方式。

4. 领导者提问

你觉得问题应对和情绪应对哪一种更有效？

解说要点：压力与挫折不仅仅会带来一系列需要我们解决的困难，包括难以解决的事情、问题，相应的计划得不到实现等，也会带来相应的情绪，如烦躁、郁闷、自卑、伤心、沮丧等。相应地，压力的应对方式也可以分为两种：问题应对与情绪应对。

问题应对就是我们调动自身资源直接解决问题的过程。我们通过明确地界定压力的来源，客观地描述事实，澄清给我们带来压力的事件，并且通过努力克服困难，排除障碍，达到目的，将问题解决后，压力便消除了。例如我们可以通过调整目标、制订相应计划、合理分配时间、组织相应的资源来解决问题。情绪应对就是对情绪的自我调控和管理，包括尝试减轻痛苦、宣泄愤怒、平和心态等。只有调整好心态，才能以积极的态度面对问题，更好地解决问题。如果运用恰当，两种应对方式都能成为你应对压力的好帮手。

情绪应对可以帮助我们暂缓压力的消极影响，但绝对不能代替问题应对。只有带着勇气直面问题，主动着手去解决问题，才是最好的压力应对方式。再怎么逃避压力、不愿面对问题，压力也不会消除。

5. 注意事项

领导者最好将问题应对与情绪应对的概念做成课件，便于讲解和说明。

6. 拓展活动

活动中也可引导学生讨论如何看待“阿Q精神”和“酸葡萄心理”。

7. 知识点

学生受到挫折后的积极行为反应：

（1）表同。指一个人在遭遇挫折时自觉地效仿他人的优良品质和获得成功的经验、方法，使自己的思想、信仰、目标和言行更适应环境、社会的要求，从而在主观上增强获得成功的信念与勇气。

（2）升华。当一个人在人生的主要目标和兴趣上遭遇失败时，从而转移理想到另一项更有价值的事业上去。

（3）补偿。在社会生活中由于主客观条件的限制和障碍，使个人的某一个目标无法实现时，行为主体往往以新的目标代替原有目标，以其他方面的成功体验去弥补原有失败的痛苦。

（4）幽默。当处境困难或尴尬时，有的学生往往以幽默来化险为夷、对付困难的情况，在不伤大雅的情形下，转达意图，处理问题，把原本困难的情况转变过来，大事化小，小事化了，摆脱困境，维护自己心理平衡，渡过难关。

学生受到挫折后的消极行为反应：攻击、冷漠、幻想、固执、逃避、压抑、文饰等。

三、精彩活动剪影：我选择

1. 人数：23人。

2. 活动主题：与压力共舞。

3. 活动过程：

本着自愿参加的原则，共有23名学生参加，领导者把学生分为4组。领导者进行了简短的说明：在人生的各个阶段我们都会面临很多压力和挑战，大家也处在人生的特殊时期，在今天的活动上肯定有很多想要分享的感悟。

然后领导者邀请学生敞开心扉，分享或宣泄自己的压力，即以“我不得不”造句。学生有的陷入了激烈的讨论中，有的却直接拿起笔在纸上写起来，大白纸上不一会儿就出现了很多个“不得不”做的事情。10 分钟后，所有组的大白纸都出现了一面已经写满的现象，有的组甚至写到了纸的背面。15 分钟后领导者请大家停笔，按照自愿原则邀请每个组的学生集体起立，大声读出自己组写下的所有“不得不”。学生的答案几乎涵盖了生活中的所有压力：“我们不得不上英语课，并且写 500 字的英语作文”“我们不得不被老师批评”“我们不得不熬夜复习”“我们不得不毕业”“我们不得不上课、考试”“我们不得不努力”“我们不得不在食堂吃饭”“我们不得不上某某老师的课”。甚至有人写道：“我们不得不爱”“我们不得不活着”。当学生们大声读出这些内容时，其他组的学生也爆发出了会心的笑声。

每个组的学生读完后，领导者会随机采访组内的一名学生，询问读之前和读之后心情有什么变化，有什么感受。学生的反馈有：“咳，没啥变化，觉得都是应该面对的”“说出来了就感觉轻松了，反正大家都一样”“读完之后感觉好像没什么大事，总是要面对这些事情的，很多时候是我们自己把它想得太重了”。

领导者邀请学生们把“我不得不”改成“我选择”，然后在组内集体以“我选择”的句式再读一遍。之后询问学生这次读完后有什么感受。这时，学生的反馈有：“不明白，这些明明都是我们不得不做的事情，为什么要变成我选择呢？”“感觉没啥用，反正都一样。”“我明白老师的用意，但确实没办法这么接受。”看上去这次的反馈包含了自己对这一活动的思考，但也有的学生不能理解。当然也有的学生会说：“当以‘我选择’来读这些句子时，感到内心有种力量。”“其实压力并不可怕，关键是我们以什么态度去面对它。”现场的气氛有些沉重，而且有类似争辩的感觉在学生中蔓延。

领导者对大家反馈：“看来大家对这个问题有不同的理解，有的学生认为压力很大，没办法自己选择，而有的学生认为生活是可以选择的，比如选择自己的态度。”然后邀请认为生活有选择的学生站在教室左侧，认为生活没有选择的学生站在右侧。这时原先坐在右侧的学生纷纷向左侧走去，而向右侧走的学生却寥寥无几。领导者出声提醒：“在这个教室里你做出怎样的选择都没有关系，我们不期望你是在群体的压力下转向左边的。”在提醒下，一名学生最终又回到了右侧。最后站在左边的是绝大多数学生，只有三名学生在右侧。

领导者邀请学生就自己所持有的观点进行三轮辩论。站在左侧的学生表示因为右侧人比较少，所以主动邀请右侧的学生先发言。右侧一名学生说：“生活真的有的选吗？每天我们面临着太多的任务、课题、上课，还要面对社会不断的竞争压力，我们竞争不过别人就会被淘汰，这样的情况下，我们还能做什么呢？”左侧的学生有人回应：“那么当初高考这条路应该是你自己选择的吧？虽然初中毕业后有上职校等其他的选择，你仍然选择了上高中，而不是回家打工（很多人都笑了），那么你就要面对这一切，所以生活仍然是可以选择的，主动权还是在你。”右侧的那名学生继续发言：“那么，我们就要面对的这些是否是我们能够选择的？你要想有所成就，就不得不去竞争，让自己有优势，这时面对的压力也就越来越大。在生活中，我们不得不承担事业上有所成就、结婚生子、挣钱养家等责任。”左侧的另一名学生说：“那么你也可以选择变得不那么优秀，你完全可以做你自己喜欢做的事，对自己的要求可以没那么高。所以生活仍然是有所选择的。”

三轮辩论结束后，领导者进行总结：“我想对站在左边的学生说，当你坚持不下去时，请不要忘记今天你是站在左边的，我们可以对生活有主动性，不要忘了发掘自己的力量，不要总对自己说‘我已经没办法了’，而要经常问问自己还能做什么。我也想对右边的学生说，哪怕你感到生活确实没得选择了，但是我们还有一样可以选择，那就是自己的心情。我们不要让自己每天在没有任何选择的悲惨心情下生活，否则我们的状态肯定不会好。我相信大家必定已经在生活中运用这个法则了，我们可以选择一个好的心情。”左、右两侧的学生均点头认可。

领导者的观察与感悟

首先，要想使所有学生通过这短短不到一小时的活动都转变思路是做不到的。作为领导者，我能够做到的只是邀请大家都参与进来，并且有所收获。所以，带这个活动要尽量降低对学生的期待，并且降低对自我要求的结果的期待。

其次，这个活动对领导者的耐力、勇气和信心都是一次考验和挑战。因为这个活动进行中会不时出现一些尝试着挑战领导者的团体学生。这时，领导者需要保持镇定、不慌不乱，且要顾及到场上的所有学生，也要尽量避免出现和某个学生辩论的状态。最好的应对方式是借力打力，把问题抛给所有人。总之，身在其中的领导者，要保持自己的稳定。

团体学生的反馈

发现了一些不一样的感觉，我觉得一旦加入了“我选择”，好像就觉得没什么太大的困难了，感到自己有了一种力量，比用“我不得不”造句时感觉好多了。

我一直是站在右侧的人之一，我一直坚信生活是没有选择的，我的观点不会再改变。但是，经过这次活动后，我虽然现在仍然认为生活中的各种事情是没的选的，但我也同意老师的观点，可以选择心情。

情绪我做主——养成科学的情绪管理习惯

情绪管理是日常生活中一项重要的能力。面对各种突发性事件，人们的看法千差万别。一些人喜欢从积极正向的角度去看问题，从而有信心去解决它们并继续好好地生活；另一些人则倾向于把一切都看得很糟，从而无端地给自己造成很多情绪困扰。每个人都希望自己每一天都快乐地生活，因此有必要学习怎样克服自己的不良情绪，并养成科学的情绪管理习惯。

本部分的活动主要围绕认识和识别情绪、情绪的产生、情绪的应对模式以及如何管理情绪来展开，适合在团体发展到成熟期或中后期进行。通过团体训练活动，团体学生可以从以下方面获得收获：第一，在自由与安全的团体氛围中化解心理防御，转向内在的心灵探索；第二，通过团体交流与角色扮演，认识和识别情绪，理解情绪在人际中的传播途径，理解同一情绪有不同程度的表达方式，澄清情绪产生的应激源，体会不同情绪及表现形式，探索不同人的不同应对方式，理解应对方式的多样性与独特性；第三，通过分享彼此的问题，共享彼此的智慧资源，帮助学生探索内在和外在的资源。

一、训练目标

初中生否定童年又眷恋童年。随着身心的发育，初中生感觉到自己进入到成人行列。他们急切地与自己幼稚的童年分开，虽然内心的成熟还没有进入到成人水平，他们在行为上往往和成人别无二致。有时遇到挫折的时候，他们很留恋童年时无忧无虑的时光，那种不愁吃不愁穿一副天真无邪的样子。到了初三，学业压力逐渐增强，他们忽然感慨，曾经的童年已经一去不复返了。所以他们留恋童年，是想找到曾经快乐的自己；否定童年希望自己快快长大，得到成年人的尊重和认可。

1. 认识并关注情绪。
2. 探索自身负性情绪的根源及对自己的影响。
3. 澄清自己情绪的应对模式。
4. 学会通过朋辈间的脑力激荡寻找解决问题的办法。
5. 掌握情绪管理的方法并转变观念。

二、训练活动

活动一：天气预报

1. 活动目的

（1）打破陌生人之间的隔阂，降低防御，迅速使学生放松。

（2）互相传递关爱和问候，提高学生的卷入度。

（3）使学生开始对团体感兴趣，把注意力集中在当下。

2. 活动说明

（1）时间：15 分钟。

(2) 场地：空旷场地，不需要椅子。

3. 实施程序

(1) 所有学生起立，围成一个大圈。

(2) 询问大家都有什么样的天气，分别会用什么样的动作来表示，领导者可带领大家一起做并示意。比较典型的天气及动作有：刮风（双手左右舞动模仿刮风动作）、下小雨（用双手的十个手指肚做敲打动作）、下中雨（用双手的十个手指做拍打动作）、下大雨（用双手的两个手掌用力做拍打动作）、打雷或下冰雹（用两个拳头做捶打动作）、出彩虹（双手同时模仿彩虹形状画半圆动作）、出太阳（双手同时顺时针或逆时针做画圆动作，或模仿太阳放光芒双手从中间向四周做动作）。

(3) 大家伸出双手放在前面学生的背部，领导者喊天气的名字，学生同时就在前面学生的背部做相应的动作。第一遍时可按步骤（2）中天气顺序喊，让大家熟悉天气及动作，做完一遍后领导者可打乱报出天气的顺序。提醒学生可根据自己感受的程度告诉身后为自己按摩的学生力量再大一点或小一点。

(4) 大家集体向后转，为刚才为你提供服务的人进行按摩，方式同上。

(5) 对刚才为你进行按摩服务的人表示感谢。

4. 领导者提问

(1) 通过刚才的活动，大家的身体和心理上有什么感觉？与刚开始时相比发生了什么样的变化？

解说要点：通过刚才的活动，大家会感觉身体变得越来越热乎了，动作变得更加舒展和灵活，气氛也越来越活跃，越来越热烈。紧绷的神经和心理的隔阂也在大家的相互关爱中不断消解和融化，大家的表情在不断丰富，情绪也越来越高涨。

(2) 你和其他学生的关系是更近了还是更远了？是什么带来了这样的变化？

解说要点：随着大家彼此肢体的接触，我们把关爱传递给了对方，同时别人也把关爱传递给了我们，大家在与对方的身体接触中消除了陌生人之间的防备心理，拉近了彼此间的心理距离。

5. 注意事项

（1）领导者示范动作及讲解要简洁清楚。

（2）提醒大家按摩的范围可大一点，包括肩部和背部，而不只是一小块区域。

（3）按摩不要过于讲究技巧，重要的是集中精神，用心去按摩，把自己对对方的关爱和温暖通过双手传递给对方。

（4）个别学生（尤其是异性间）可能会放不开，有的学生又可能会借机使劲拍打别人。认真观察学生间是否有这种现象，如果有这种现象，可在分享时着重强调爱是相互的。

6. 拓展活动

（1）本活动可与热身及相识、团体建设的接龙律动活动结合起来使用，属于开场破冰性活动，先接龙律动后进行天气预报。

（2）天气及动作可根据场地及学生现场的反应灵活多变。

7. 知识点

（1）爱是相互的。美国心理学家阿伦森（E. Aronson）和林迪（D. Lindy）1965年通过实验证明，在人际交往中，喜欢会导致喜欢。当我们把爱与真诚的关怀传递给对方时，对方也会回馈给我们爱和喜欢。相反，如果一方对另一方热情、羡慕，而另一方却表现冷漠、蔑视，就不可能建立良好的人际关系。

（2）人类学家霍尔将日常生活中人与人的空间距离分为四类，分别为亲密距离、个人距离、社交距离和公众距离。亲密距离的空间范围在0~0.45米之间。这个距离内沟通者能够进行身体上的接触，一般只限于情感联系十分密切的人之间使用。个人距离的空间范围在0.45~1.2米之间。这是一个没有身体接触的中介距离，熟人或陌生人都可以进入这一范围。在通常情况下，比较融洽的熟人之间沟通时距离接近较近的一端，陌生人之间沟通时则靠近较远的一端。社交距离的空间范围在1.2~3.6米之间。通常在正式的社交活动、外交会谈、商务交谈中，人们保持这种程度的距离。公众距离的空间范围在3.6~7.5米之间，这一距离不适合人际沟通，是公开演说时演说者与听众之间的距离。因此，要使团体学生尽可能快地亲密起来，就要创设情境让他们快速地减少空间距离，自然而放松地与对方的身体接触，消除陌生人之间的防备心理，拉近彼此间的心理距离。

活动二：猜猜我心情

1. 活动目的

（1）认识并识别情绪。

（2）了解人们常见的情绪。

（3）明晰情绪可以是积极的，也可以是消极的。

2. 活动说明

（1）时间：20 分钟。

（2）材料：写上各种情绪的卡片（包括积极情绪和消极情绪，消极情绪可稍多一些）：积极情绪如欢乐、兴奋、幸福、狂喜；消极情绪如生气、愤怒、郁闷、惊恐、失望、悲伤、紧张、焦虑等。也可用一些有文学色彩的词，如洋洋得意、暴跳如雷、心满意足、心花怒放、喜极而泣、乐极生悲、怒气冲冲、痛不欲生、心惊肉跳等。

3. 实施程序

（1）用合适的分组方法把团体分成不同的小组，每组 5~6 人。

（2）每组派组长抽取一张卡片。

（3）组长组织全组学生讨论所抽到的情绪会在什么情况下出现，这种情绪会有哪些典型表现，需要如何演绎。

（4）每组轮流表演所抽到的卡片上的情绪，由其他的组来猜，猜对者奖励 1 分。

（5）由大家来评比哪组表演得最好，哪组的得分最多。

4. 领导者提问

（1）日常生活中，这些情绪在你的身上是否会经常出现？

解说要点：情绪与我们永远相伴。情绪是人对客观事物是否符合自身需要与愿望所产生的体验，是人的需要得以满足与否的反映。日常生活中我们每个人都会体验到各种各样的情绪，如遇到高兴的事情我们心里就会有一种难以表达的喜悦，遇到不高兴的事我们会沮丧、愤怒、悲伤。

（2）当某种情绪在你身上出现时，你的表现与小组的表演是一样的吗？

解说要点：认真观察每组在情绪表演时的面部表情、手势以及身体姿态的变化。同一情绪的外在表现既有个体差异，也有共同特点。

（3）你在表演情绪的时候有何感受？

解说要点：情绪和情感是人对客观事物的态度体验及相应的行为反应。情绪和情感是可以被记忆进我们的心灵和身体之内的，当我们在表演某种情绪的时候，常会回忆起曾经有过的情绪反应和体验。

5. 注意事项

（1）卡片提前准备好，卡片的大小和形状要相同。

（2）活动过程中，领导者在各组间巡视，带领小组学生讨论和设计表演，询问是否明白活动的目的和实施程序。

（3）领导者四处巡视各组进展情况，把握各组活动进度。

（4）发现有小组学生不够投入时及时处理，强调小组学生不能随意走动或打探其他小组主题。

（5）各小组表演时，请其他小组学生把注意力集中在表演组的展示上。

6. 拓展活动

（1）情绪卡片也可以换成不同情绪的图片让大家猜，或者播放各种包含不同情绪的视频片断。

（2）各组在表演时可拍照。一是用作回放，有助于大家更透彻地了解不同的情绪及表现，二是发放给大家作为纪念。

7. 知识点

（1）情绪的外部表现。情绪和情感是一种内在的主观体验，但在情绪和情感发生时，总是伴随着某种外在表现，即可以观察到某些行为特征，主要包括面部表情、姿态表情（包括身体表情和手势表情）和语调表情。

（2）人的基本情绪包括喜、怒、哀、惧四种。喜悦是期望达到后，紧张状态随之解除时的情感体验，程度由浅至深包括满意、愉快、欢乐、狂喜。愤怒指由于目的和愿望不能达到，特别是一再受到阻碍而产生的情绪，程度由浅至深包括不满、生气、愤懑、恼怒、愤怒、大怒、暴怒。悲哀指失去所盼望的、所追求的东西或失去所爱的人而引起的情绪体验，程度由浅至深包括忧虑、忧愁、忧郁、哀伤、悲伤、悲痛、痛不欲生。恐惧指企图摆脱、逃避某种情境的情绪体验，由浅至深包括担心、不安、害怕、恐惧、惊恐、极度惊恐。

（3）情绪可以分为积极情绪和消极情绪。高兴、喜悦、愉快、兴奋、平静等属于积极情绪；悲伤、难过、愤怒、怨恨等属于消极情绪。

活动三：疯狂复印机

1. 活动目的

（1）了解同一种情绪可以有不同的外显表达方式。

（2）体会同一种情绪程度不同表达方式也不相同。

2. 活动说明

活动时间：20 分钟。

3. 实施程序

（1）全体学生站成一个圈，面向圈内，领导者参与其中。

（2）指导语：假设我们每个人都是一部复印机，能把前一个学生传递的信息传达给下一位学生。但由于最近电脑病毒肆虐，我们这些复印机都出了毛病，变成了疯狂的复印机。我们会将前一个学生的信息明显放大后，再传给下一位学生。现在，让我们看看当信息在全班传递后会出现什么情况。记住，我们是疯狂的复印机！

（3）第一轮游戏时，可以从领导者开始，从单一动作开始。例如，领导者微笑，下一位学生可能出声笑，再下一位学生就可能大笑，再下一位学生可能大笑两声，再下一位学生就可能仰天大笑，再下一位学生可能表演笑得直不起腰，再下一位学生就可能表演笑得满地打滚……允许学生在传递过程中大胆发挥，如果有人表现出色，鼓掌给予鼓励。

（4）游戏的规则可以越变越复杂，开始时可以选择微笑、惊讶、愤怒、跺脚等单一动作，等学生们都熟悉了游戏规则，可以把题目变成一连串带有情绪色彩的动作。也可以邀请任意学生作为出题者，做出第一个表情或动作，并传递给下一个人。

（5）邀请学生评选出“最有创意复印机”，鼓掌给予鼓励。

4. 领导者提问

（1）使用大动作和小动作表达情绪时，感觉有什么差异？

解说要点：情绪的程度不同，表达的方式也不相同。认真体会和区别不同情绪以及不同程度情绪的表达方式，有助于体察自己的情绪和理解别人的情绪，并理解适当表达情绪的重要性。

（2）当着大家面做出那么夸张的表情和动作，有什么感觉？

解说要点：有的人做出夸张的表情和动作会比较容易，有的人就比较困难，这可能与你平时表达情绪的方式有关，也可能与你的性格有关。

（3）不同的人在表达同一种情绪时是否会有差别？

解说要点：不同的人由于成长经历不同，性格不同，模仿和学习的对象不同，对情绪的表达方式可能会有所差异。

5. 注意事项

（1）充分的热身是完成活动的保证。此活动需要学生较高的开放程度和投入程度，因此活动的领导者应选择合适的热身活动，消解学生的拘束和扭捏，调动学生投入的兴趣和动机。

（2）领导者的示范和参与程度会明显影响学生的开放程度，领导者一定要首先释放自己，带动整个活动氛围。

（3）示范时应挑选性格开朗、比较开放的学生进行示范。

（4）有个别学生在一开始的时候放不开动作是很正常的。对于动作扭捏的学生，领导者可使用幽默的语言进行鼓励：“啊，看来这部复印机没有感染上病毒，一点都不疯狂呀！让我们一起朝他释放病毒程序吧。”带领全班学生作抖手状，然后请该学生再尝试一次。

6. 拓展活动

（1）如果希望训练学生对情绪的个性化表达，也可以把这个活动加以改编：这次，所有复印机都感染了另一种奇特的病毒，变得有气无力，每次收到信息都会明显变小，再传递到下一台复印机上。向学生强调，使用比前一个学生更小的动作幅度，但要明确表达出一样含义的情绪。这样，游戏对学生的挑战性就更大了。

（2）此活动也可由领导者发出指令，说全体人员感染上同一种病毒，然后大家一起根据自己的理解表现得了这种病毒之后的症状。领导者把同一种情绪分为不同的级别，然后逐步由小到大，再由大到小。如领导者把愤怒设定为“不满—生气—愤懑—恼怒—愤怒—大怒—暴怒”等几个级别，然后带领学生把不同级别的情绪表现出来。

7. 知识点

（1）体察情绪。情绪的体察又称情绪的觉知，是一种能够通过自己和他人的反应、表现来认识情绪的能力，包括体察自我情绪和识别他人情绪。识别自我情绪是情绪智力的奠基石，只有在识别自我情绪的基础上，才能对自身情绪进行有效的表达和妥善的利用、管理。所以，当情绪出现时，我们应该认识并坦然接受这些情绪而不要躲避或压抑。只有更好地把握自己的情绪，才能成为生活的主宰，才能更好地指导人生，更顺利地完成学业，更妥善地处理好就业等大事；反之，不了解自身情绪，情绪的表达和管理就会缺乏有效性，任情绪自生自灭、肆意妄为，我们就会沦为情绪的奴隶。

（2）识别他人的情绪是在自我情绪识别基础上发展起来的最基本的人际技巧。善于识别他人情绪的人，既能通过细微的社会信号敏锐地感受到他人的需要和欲望，分离他人的情感，对他人的处境感同身受，又能客观地理解、分析他人的情感；反之，则对他人的需要和欲望感到迷茫、不理解，在人际交往中处于被动地位。

（3）人的表情是通过面部表情、言语表情、身体姿势、声音变化等来表现的。面部表情是最能反映表面情绪的动作，如笑时嘴角上翘，惊奇时眼和嘴张大，悲哀时双眉和嘴角下垂。言语表情是情绪在言语的声调、节奏和速度上的表现。如人在高兴时声音轻快，悲哀时声音低沉、语速缓慢，愤怒时音量大、语速急促。同样一句话用不同的方式讲出来就会表现出不同的含义。例如，“你干吗”用升调说出来时表示疑问；用降调则表示不耐烦；用感叹语气强调“吗”字则表示责备。身体表情是除面部表情、言语表情之外身体其他部位的表情动作。头、手和脚是表达情绪的主要身体部位。例如，人在欢乐时手舞足蹈，悔恨时捶胸顿足，惧怕时手足无措，羞涩时扭扭捏捏。

活动四：情绪波动为哪般

1. 活动目的

（1）澄清导致学生情绪波动的不同应激源。

（2）体会不同的情绪及表现形式。

2. 活动说明

（1）时间：20~30分钟。

（2）材料：彩笔，A4白纸。

（3）采用形式：纸笔练习。

3. 实施程序

（1）回顾近三个月自己的生活和学习情况，请你对自己近三个月的整体情况进行评分，1分表示非常不好，10分表示非常好，你给自己的评分是：________。

（2）写出引起自己较大情绪波动的事情1~3件并对每个事件对自己的影响进行评级（1分表示这件事对我的影响非常小，10分表示这件事对我的影响非常大）。

事件一：____

事件二：____

事件三：____

（3）当你在经受这些事情的时候，你感到________________（请填上描述你感受的词汇）。

（4）当你在体验这种情绪的时候，你有什么样的外在行为表现？

____

____

____

4. 领导者提问

（1）你对自己近三个月的总体评价是几分？为什么给自己打这个分

值？主要得分在哪里？失分在哪里？

解说要点：自我评价是指一个人对自己的身心状况、能力和特点、自己所处的地位、与他人及社会的关系的认识和评价。个体对自己的自我评价决定着他对自己的满意度。我们对自己的了解和评价通常处于离散、朦胧状态，很少去作认真的分析和评价。

（2）引起你情绪波动的事情是你自己独有的还是大家都经历了的？你给自己的评分比别人高还是比别人低？

解说要点：在我们的生活中，许多事件均会引起我们的情绪波动，如与别人发生人际冲突、遭遇不公正的待遇等。但有些事件有的人会经历，有的人不会经历，如考试失利、遭遇车祸等。另外，同一件事，对有的人来讲是应激事件，对有的人来说则感觉不到什么压力。而有些事件，由于当事人的期望不同，其带来的情绪也不一样，如考试得了 60 分，有的人会大呼万岁，有的人则会垂头丧气。

5. 注意事项

（1）此活动需要大家沉下心来仔细体验，因此活动氛围的营造以安静为主。如有学生特别兴奋或活跃，需采取相关措施使情绪平衡下来。

（2）评分的标尺设定要清楚，并且领导者表述一定要清楚，可强调 2~3 遍。

（3）写情绪波动比较大的事件时，刚开始可要求大家写 3 件，如有学生写不出 3 件，要认真观察并区别出他是没有沉下心来认真体验，还是心存防御不愿意写。如果有人真想不出来 3 件事情，过几分钟后再宣布写 2 件或 1 件均可。

（4）提醒学生面对同样事件不同的人有不同的感受和应对方法。

6. 拓展活动

（1）此活动可以采用纸笔练习的形式，也可以完全采用小组分享的形式。

（2）给自己的总体情况评分后，可以小组内分享，也可以用行为表达的方式（例如在室内或地板上设定一个标尺从 1 到 10，让大家根据自己的评分站位）来呈现。

7. 知识点

（1）一个心理健康的人能做出恰当的自我评价，他们能体验到自己存在的价值，对自己的能力、性格、优缺点能客观评价；同时，能接受自己，对自己抱有正确的态度，不骄傲也不自卑。心理不健康的人常缺乏自知之明，对自己的优缺点缺乏正确的评价，自高自大，自恋自傲，或者自暴自弃。自我评价会促使人们进行自我验证，从而为自我发展提供动力。根据心理学的有关研究成果，一旦人们有了自我评价，就会努力确证他们的自我概念。特别是当自我评价是否定性的时候以及与维护肯定性的自我评价的愿望相冲突的时候，人们就会进行自我校验（self-verification）。人们甚至喜欢跟那些能够维护其自我评价的人生活在一起。有的人之所以能够跟那些让自己并不快乐的人在一起，就是为了证明自己的自我评价是正确的。自我评价在很大程度上还会自我敦促，促使主体维持自我的一致性。人们通常会竭力在自己的各种信念和自我评价中间维持一致，不至于彼此冲突，这样就会经常导致人们的自我评价与实际行为之间存在差异。

（2）应激是机体在各种内外环境因素及社会、心理因素刺激下所出现的全身性非特异性适应反应，又称为应激反应。这些刺激因素称为应激源。应激的最直接表现即精神紧张，应激反应指所有对生物系统导致损耗的非特异性生理、心理反应的总和。应激或应激反应是指机体在受到各种强烈因素（应激源）刺激时所出现的非特异性全身反应。

活动五：负面情绪应对法

1. 活动目的

（1）探索不同的人不同的应对方式。

（2）理解应对方式的多样性与独特性。

2. 活动说明

（1）时间：15 分钟。

（2）材料：彩笔、A4 白纸。

3. 实施程序

（1）认真思考 2 分钟并回答：当你在生活和学习中感到痛苦、迷茫或困惑时，一般是通过什么途径来解决的？

（2）每人写 3~5 条。

（3）小组内交流与分享。

（4）每小组选出一名代表参与大组的分享。

4. 领导者提问

（1）小组学生在应对负面情绪时都采取了哪些措施？

解说要点：应对方式多种多样。如有的人会一个人静静思考或发呆，有的人会独自哭泣，有的人则会蒙头大睡，有的人会以物质上的享乐来弥补精神上的不足，有的人则会去跑步，有的人会向他人倾诉。这些方式都是值得推崇和接纳的，可以在不同程度上使当事人的情绪得以舒解。

（2）不同学生所采取的措施有哪些差异？

解说要点：面对引起情绪波动的事情，不同的人在应对负性情绪时所采取的方法有非常大的差异。根据应对方式的性质不同，可分为以下几种方式：自己独自解决，向他人寻求帮助，向专业机构寻求帮助。每个人都有自己独特的应对方式，都值得尊重和推崇。

（3）采取了不同的应对方式之后，你有什么感受？它是否有效地缓解了你的情绪？对自己有何启发？

解说要点：找到适合自己的应对方式。应对方式也分积极应对和消极应对，最好多采用积极应对方式。应对方式有多种，每人最好建立多种应对方式机制，多种应对最好交替使用。

5. 注意事项

（1）促进小组学生间建立安全的、接纳的氛围。

（2）提醒大家每种应对方式只要有效都是可以被接纳的，都是在自己独特的成长经历中习得的。

6. 拓展活动

（1）可以让学生把自己的应对方式表演出来。

（2）可以让大家讨论不同的应对方式的优势和缺点。

7. 知识点

应对是指个体面对压力情境或事件时，调动自身内部或社会资源对该情境或事件做出认知调节和行为努力的动态过程。

应对方式种类很多，常见的分类方式有：（1）从应对的主体角度，可分为个体的心理活动（如再评价）、行为操作（如回避）和躯体变化（如放松）；（2）从应对是否有利于缓冲应激作用，从而对健康产生有利或者不利的影响，可分为积极应对和消极应对；（3）从应对的指向性分，有的应对策略是针对事件或问题的，有的则是针对个体的情绪反应的，前者称为问题指向性应对（problem-focused coping），后者称为情绪指向性应对（emotion-focused coping）。情绪指向性应对是指通过改变个体对“应激事件”的反应，即改变或减轻不良情绪的应对方式，包括宣泄、放松等方式；问题指向性应对是指直接指向应激源的应对方式，包括事先应对和寻求社会支持。

活动六：我来问，你来答

1. 活动目的

（1）分享彼此的问题，获得同别人一样的感觉，降低面临问题时的焦虑。

（2）共享彼此的智慧资源，获得大家的心理支持。

2. 活动说明

（1）时间：30 分钟。

（2）材料：彩笔、A4 白纸。

3. 实施程序

（1）发给每人 1 个信封和 1 张纸。

（2）请将你目前最困扰、最想得到帮助的问题写在纸上装入信封。

（3）在信封上留下你自己的标志。

（4）把信封交给小组长，同别的小组交换。

（5）每位学生拿到别人的问题时，请认真思考，根据自己的经验和体会，怀着真诚助人的心情，以自己独特的方式回答，没有对错之分，把自己对问题的真实看法写出来即可。

（6）回答完后，把纸装进信封，把信封交还组长。

（7）全部回答完毕后，每人取回自己的信封，阅读他人的建议。

4. 领导者提问

（1）你写出的是否是你目前最困扰、最想得到帮助的问题？

解说要点：有的学生非常开放，安全感和信任感均比较强，他们经常会暴露自己真正期望得到帮助的问题；有的学生就相对封闭一些，不太愿意向陌生人展现自己的内心世界。有的人甚至选择逃避的方式去提一些搞笑的问题，其实这样的人不是没有问题，而是不愿让别人看到自己的内心。

（2）你是否在很真诚地帮别人出主意、想办法？

解说要点：真诚地提出问题的人常常也会非常真诚地帮助别人，相反，那些不太愿意暴露自己内心的人也常常不太认真地帮助别人。

（3）当你读到别人给你的回答时你有何感受？

解说要点：别人的看法也许和你相同，也许和你不同。别人也许和你一样正面临着同样的问题或困惑，他们面临同样的问题会让你有并不孤单的感觉，他们也许会提供新的解决问题的资源和思路，这会为你自己问题的解决带来有益的启发。

5. 注意事项

（1）建立足够的信任关系非常重要，只有这样，大家才能展现内心深处的困扰。

（2）回答别人的问题时要尽可能的真诚。

（3）领导者要注意观察那些阻抗或防御比较明显的人。

6. 拓展活动

（1）这个活动也可改变形式为：每人写出一个最困扰、最想得到帮助的问题，由团体领导者从中挑选有代表性的几个问题，可根据小组的数量确定问题的数量，最后每小组抽取一个问题，发挥全小组的聪明才智一起通过头脑风暴的方法找到解决问题的最佳方法。

（2）也可由每个小组利用角色扮演的方式来呈现和解决问题。

7. 知识点

（1）在团体活动中，领导者尽可能地建立良好的信任关系对团体发展是至关重要的。因为在团体开始阶段，有些学生常担心自己的言行不会被他人接受，有的学生会故意表现出令人不快的言行以考验团体是否能接受他所有的行为和情绪，有的学生会用嬉笑的方式来对待团体的活动，其实他们都在担心袒露内心可能不够安全，会带来伤害。

（2）团体辅导可以使个体在人际的交互作用中不断成长。团体辅导为个体提供了适当的情境，通过团体内人际交互作用，促使个体在交往中通过观察、学习、体验，认识自我、探讨自我、接纳自我，调整并改善与他人的关系，学习新的态度和行为方式，发展良好的适应性，促进人格成长。

活动七：家庭情绪再回放

1. 活动目的

（1）了解不同家庭学生不同的情绪反应特点。

（2）了解情绪的传递和相互影响。

（3）了解亲人间的心理支持对情绪调节的重要作用。

2. 活动说明

（1）时间：30 分钟。

（2）材料：彩笔、A4 纸。

3. 实施程序

（1）请在一张 A4 纸上画出你家庭的所有学生，用头像或任何图形代替均可。

（2）用 3~5 个词在每位学生旁边写上他(她)在情绪波动时的行为表现。

（3）在每位学生旁边写上他（她）在情绪波动时会有哪些言语。

（4）写出当家庭学生情绪不好时，你们对他（她）最常说的一句话是什么？

（5）写出当大家向他（她）说话时，他（她）会有什么样的回应？

4. 领导者提问

（1）你的家庭学生在情绪的表达方式上有何不同？

解说要点：这个活动让我们更真切地去体会不同个体的情绪表达方式在面部表情、言语表情、身体姿势、声音变化方面的差异，并且不同个体的表达方式有其自身独有的特点。

（2）当对方在表达情绪时，你得到了什么样的感受与反应？

解说要点：家庭是一个人际互动的微环境，当一方在表达情绪时，他的情绪就会影响到这个微环境中的其他人，同时也会激起其他人的言语和行为反应。大多数情况下，这种反应是无意识的非理性反应。

（3）通过活动，你得到了什么样的启发？

解说要点：当家庭学生表达情绪时，他只是在表达事件对他的影响和他的感受，同时也期望得到大家的分享、理解与支持。当家庭学生在表达消极情绪时，其他学生最常见的反应模式是反击、漠视或回避，这样有时会引起当事人更大的情绪反应；相反，当大家给予当事人更多的关注、理解和支持时，会有助于当事人情绪的宣泄和内心能量的增强，从而找到更好的应对方法。

5. 注意事项

（1）言语表达要清楚，降低学生画图时的焦虑。

（2）引导大家静下心来反观和仔细体会家庭学生情绪表达方式和当时的感受，平时大家可能只有表面的直观感受。

6. 拓展活动

（1）当家庭学生情绪不好时，可以写大家对他最常说的一句话，或者最常用的反应是什么，包括言语的、行为的反应。

（2）可以让学生比较不同的家庭学生反应模式是否一样，对当事人的影响是否有差异。

（3）让学生思考，有没有更积极一点的反应，如果当时这样表达了，会引起什么样的后果。

（4）各小组也可以选取一位比较有代表性的学生的家庭情绪模式图，让团体学生分享当他们遇到这样的家庭学生在表达情绪时，会给予什么样的反应。

7. 知识点

情绪具有信息传递的功能，可以促进人与人之间的思想交流。当家庭学生出现情绪变化时，其实是在向家人传递信息，期望得到家人的关注。

情绪交流可以引起双方的感情共鸣，产生同感和移情。当家庭学生在表达情绪时，这种情绪就会在家庭学生间相互传递和相互影响，也会激起别人相似的情绪。如有的处于家庭领导地位的人乐观、开朗、自信，其家庭的氛围就会变得开放和快乐；相反，有的处于家庭领导地位的人比较抑郁、自卑，常常会导致家庭的气氛比较压抑。

情绪表达是否恰当直接影响到家庭内部人际关系状况。微笑、轻松、热情、喜悦、宽容和善意的情绪表达，会促进家庭学生间的沟通和理解；而冷漠、猜疑、排斥、偏执、嫉妒、轻视的情绪反应，则会造成家庭学生间的冲突和隔阂。

活动八：我的心理支持网

1. 活动目的

（1）探索自己的心理支持网络。

（2）体会心理支持网络对自己的重要作用。

2. 活动说明

（1）时间：30 分钟。

（2）材料：彩笔、A4 纸。

3. 实施程序

（1）取一张 A4 纸，用彩笔在白纸的中间位置画一个代表自己的图形或符号。什么样的图形或符号都可以，只要你认为它能代表你自己即可。

（2）请认真回忆自己的日常生活情景，以及在这些情景中可能会出现的人。把他们写在白纸空白处你认为合适的位置，并让他们与你自己发生联结。

当你遇到挫折时，可以让你倾诉的人有________________

当你遇到困难需要帮助时，可以让你依靠求助的人有__________

当你感到喜悦时，可以与你共同分享的人有______________

4. 领导者提问

（1）你总共写了多少人？

解说要点：有的学生写的人多，有的学生写的人少；有的人平时交往的人挺多，但真正到了要求助的时候，却不知道向谁去求助；还有的人交往面非常窄，当他遇到问题时，不知道该向谁求助，甚至根本就没有向外求助的意识。

（2）这些人可以分为几类？

解说要点：有的人交际面比较广，当他遇到不同的情境时，可以求助或分享的人比较多，而且面对不同的问题会向不同的人去求助；有的人交际面比较窄，而且主要集中在某几个人身上。

（3）与小组其他人相比，你写的人数比别人多还是比别人少？

解说要点：社会支持网络比较广泛的人，在面对压力和困扰时，会感觉比较有力量；但是，人数多少只是一个相对数值，并不代表人数多绝对比人数少好，社会支持的力度也取决于他人给予支持的力度的大小。

5. 注意事项

（1）有的学生可能会担心自己不会画。

（2）实施程序讲解要简洁清楚。

（3）画面可自由创造，创造性越强越好。

6. 拓展活动

（1）如果时间不够用或者担心大家画画时会产生阻抗，也可只用文字描述。

（2）此活动也可用于压力及应对一讲。

7. 知识点

学生社会支持网络的重要性：要培养良好的心理素质和健康的性格，不仅需要学生自身的努力，还需要来自学校和国家制度化的支持，社会各界非制度化的支持，学生群体中同伴的支持，教师的支持和家庭亲属的支持。这些支持构成了学生的社会支持网络，即学生社会支持系统。如果学生能获得足够的社会支持，这对于他们的身心健康显然会有不可估量的积极影响。

活动九：有效资源可利用

1. 活动目的

（1）处理心灵深处那些不愿明说的情结或创伤。

（2）寻找内在和外在的资源，提升内在的效能感。

2. 活动说明

（1）时间：30分钟。

（2）材料：彩笔、A4白纸1张、红色彩纸1张、剪刀、胶水。

3. 实施程序

（1）把红色彩纸对折，剪出一个心形。

（2）心形的尖向下，在中央画一条横线，把心分成上下两部分；沿对折线把上半部分画一竖线，把心形分成三部分。

（3）在这三部分上分别写出1~3件令你伤心、气愤、痛苦的事。如果你感觉不够安全，不想把事情很清楚地写出来，没关系，可以用你所认识的符号代替。

（4）把A4白纸横向对折，分别在左右两部分上画上自己的左手和右手的轮廓图。

（5）在轮廓图的左手各个手指上写出当你遇到伤心、气愤和痛苦的事时，你可以寻求支持的外在资源。

（6）在轮廓图的右手各个手指上写出当你遇到伤心、气愤和痛苦的事时，你自己拥有的能力和心理品质。

（7）把刚才制作的心形贴在白纸的里面。这样就会有一双手捧着一颗心的感觉。

4. 领导者提问

（1）打开那颗受伤的心，当你看到让你伤心、气愤和痛苦的事情时，你想到了什么？有何感受？

（2）现在当你看到这些事情时，你是否有足够的能量来面对这些情绪？

（3）当你感觉没有足够的能量时，可以合上双手，看看双手上列出的内在和外在资源，想象当你拥有这些资源时，你的感觉有没有变化。

5. 注意事项

（1）本活动因为环节比较多，领导者要把握好活动的节奏，每个环节既要留出足够的时间，也要不断巡视督促完成得比较慢的学生。

（2）活动探讨的是内心深处比较压抑的部分，领导者要注意团体氛围的营造，尤其是对于那些情绪比较隔离，或者经常以嬉笑的方式参与活动的学生应给予更多的关注，使他们沉下心来，开始探索自己的内心。

6. 拓展活动

可以在最后环节增加稳定和安全的音乐，让大家闭上眼睛冥想，增强内心的体验。

7. 知识点

资源无处不在。本活动的主要目的就是要识别资源，把资源带到团体学生的意识中，增强并扩大资源，帮助他们将资源转化为更强大的资产。这种资源包括内在的资源和外在的资源。内在资源主要指个体内在的心理能量，包括内心的控制感、效能感、积极的个人品格等，外在资源主要指社会支持力量。

活动十：负面情绪逐击碎

1. 活动目的

（1）利用意象的方式来处理负性情绪。

（2）利用仪式来强化情绪处理的效果。

2. 活动说明

（1）时间：10 分钟。

（2）场地：最好是开阔的场地，不需要桌椅。

3. 实施程序

（1）请大家起立，想象打网球或打棒球的姿势。

（2）想象把所有的压力和消极情绪都压缩成一个球状物，把它攥在自己的左手中。

（3）举起右手，向后拉，想象手中紧握着一个充满能量的大棒子（也可以想象是一个球棒），这个棒子充满了能量与魔力，可以把一切打到的东西都击碎。

（4）领导者喊 1、2、3，所有学生一起，左手把球状物用力抛起，同时奋力跳起，挥动右手中的棒子，把落下的球状物击碎。

4. 领导者提问

（1）你把消极情绪击碎了吗？

解说要点：随着我们的一跳一击，我们真的会感觉到所有压力都会在我们的击打下轰然粉碎，这便是心象的力量。

（2）把消极情绪击碎后你的身体上和心理上的感觉有没有什么变化？

解说要点：把消极情绪击碎其实是一个仪式，通过心象化技术，把消极情绪通过象征和比喻的方式，变成一个虚拟的刺激情境，然后通过这种仪式的行为，完成观念调整和图式转换。

5. 注意事项

（1）活动说明要简洁明确。

（2）领导者最好能够亲身示范，动作要舒展有力，也可以提前培训其中一名学生来做示范。

（3）引导学生在做动作的同时进行充分的想象，把动作和心中的意象结合在一起。

6. 拓展活动

（1）动作可视场地情况而定，如果场地不允许，也可不用跳起。

（2）可用把负性情绪击碎的方式，也可想象其他负性情绪处理方式，如把它存进记忆的博物馆、锁进安全箱，或利用冥想技术把它珍藏在心中的安全岛。

（3）此活动可以在培训结束阶段使用。

7. 知识点

（1）意象疗法是心理咨询与心理治疗的一种方法，是用个体所呈现的意象进行认知的调整和图式的转换，从而达到咨询与治疗的目的。意象，就是由内部神经结构紧张力引发的表现感知，属于输出型表象，具有间接性和创造性。内在意象具有如下特点：①动力学效应：意象是基于个体内在动力所创造和建构而成的主观表象，具有动力表达、动力防御和动力实现等功能；②认知效应：表象是知识的最初形态，概念与观念无不是建立在表象的基础上，如果把理性认识比喻成上层建筑的话，那么表象则是支撑理性这个上层建筑的经济基础，一个意象，总是相应地联结着某种情绪，联结着某个观念，联结着某个图式和判断；③建构效应：如果说客观刺激是个体主观表象的来源，那么记忆中的主观表象，则是创造性心象的源泉；内观表象，大部分是个体创造和建构的结果。

（2）仪式具有重要的心理修复机能和强化作用。仪式所具有的多重意义的象征、比喻和情节对人的行为、情感、认知同时发生影响：①使诸多难以诉说的情感得到有效表达；②在生理上引发一定的神经系统的改变；③仪式透过情感表达、行为活动植入信念使认知发生改变；④仪式活动规律性、长时间持续性的特点可提供完整的正向强化。

三、精彩活动剪影：有效资源可利用

1. 人数：30 人。

2. 活动主题：心的支撑。

3. 活动过程：

把团体分成若干个小组，每组 5~6 人。由协同领导者发给每组 1 盒彩笔，1 把剪刀，1 只胶棒；A4 红纸可对折裁开，小组中每人 1 张 A4 白纸、半张红纸。确认每个小组活动材料都齐备。

在我们的心灵深处，还聚集着许多我们无法向别人诉说的情结或创伤，它们聚集在那里，成为我们心中永远的痛。现在我们做一个活动，尝试着面对这些压抑已久的情结和创伤。

先把红色彩纸对折，剪出一个心形。把心形的尖向下，在中央画一条横线，把心分成上下两部分；再沿对折线在上半部分画一竖线，把心形分成三部分。

在这三部分上分别写出 1~3 件令你伤心、气愤、痛苦的事。如果你感觉不够安全，不想把事情很清楚地写出来，没关系，可以用你所理解的符号代替。

现在，把 A4 白纸横向对折，分别在左右两部分上画上自己的左手和右手的轮廓图。现在认真地想一想，当你遇到伤心、气愤和痛苦的事时，你可以寻求支持的外在资源都有哪些，把它们分别写在轮廓图的左手手指上。

现在再请你认真思考一下，当你遇到伤心、气愤和痛苦的事时，你自己拥有哪些能力和心理品质可以让你更有能量去面对，把它们写在轮廓图的右手各个手指上。

把刚才制作的心形贴在白纸的背面，就可以制作出一张类似贺卡的卡片。这张卡片的里面，是一颗正在遭遇着伤心、气愤和痛苦的心，在这张卡片的外面，则是充满了外在和内在资源的双手，这样就会有一双手捧着一颗心的感觉。

在领导者提问环节，领导者说：现在打开那颗受伤的心，当你看到让你伤心、气愤和痛苦的事情时，你想到了什么，有何感受？领导者让每位成员学生先在小组内轮流分享，最后每个小组推举出一个成员学生分享。

领导者继续问：现在当你看到这些事情时，你是否有足够的能量来面对这些情绪？大部分成员学生提出当回想起或看到这些令自己伤心、气愤和痛苦的负性事件时，都会体验到内心的无助感。每个成员学生的表述不同，领导者应观察每位成员学生在表述时的言语表达方式。

提醒成员学生当你感觉没有足够的能量时，可以合上双手，看看双手上列出的内在和外在资源，想象当你真的拥有这些资源时，你的感觉有没有变化。大部分成员学生会感觉变得有力量了，心静下来了，感到心里有谱了，等等。

领导者总结：当我们面对心灵深处的那些不愿明说的情结或创伤，或者感到内心没有足够的力量去面对那些负性事件和问题时，我们便会感到无所适从或力不从心。有时，我们选择了把它们压抑到我们的内心深处；有时，我们选择了逃避，任由问题放在那里而不管；有时，这些负性的事件或情绪跳出来向我们挑战，我们却感觉心中空空没有底气。我们应如何获取更大的力量来迎接它们的挑战呢？我们要向自己和外部世界去寻找可以利用的有效资源。资源无处不在，既包括外在的社会支持，也包括我们内心本已具有的内在资源，即我们个体内在的心理能量。我们要学会去识别这些资源，把它们澄清并列举出来，当感到力不从心的时候，我们就可以合上双手，盯着双手上列出的内在资源和外在资源，问问自己谁能给自己比较有效的帮助，并向他（她）去寻求这种能量。当积聚的能量足够大时，我们再来打开受伤的心，再去寻找化解问题的办法。每当这时，我们不但感觉更有能量了，同时会认为那些难题也不再那么困难了。

这张卡片送给大家当作礼物，请大家拿回去放在自己的书架上，每次当你感觉有压力或负性情绪难以解决时，就可以打开卡片看一下，认真体会一下，从中寻求积极的能量和力量。

领导者的观察与感悟

在做这个活动的过程中，每位学生都很认真地剪裁自己的心形，有的人的心形比较大，有的人的心形比较小，有的比较圆，有的比较瘪。心形的大小和形状是否会有一定的象征意义呢？在写令自己伤心、气愤和痛苦的事情时，大家一下子都安静了下来，比较投入，每个人都在内心回忆着、品味着、鉴别着那些让自己产生负面情绪的事情。有的学生会用各种不同的符号来记录自己的事件，也有些比较开放的学生会用文字直接记录事件。有的人比较快地完成了，有的人写了很长时间。

接下来是大家在 A4 纸上制作左手和右手的轮廓图，凝固的空气又稍稍变活跃了些。大家一方面画好左手和右手，一方面认真地在搜索自己能够利用的外在和内在资源。有的学生很快写完了十个手指，甚至有的学生在手掌上也写了更有力的资源，有的学生却写了一两个就写不出了。在领导者的引导下有的学生还是没写满十个手指，这时领导者提醒大家说没写满十个也没有关系，可以回去后接着再去探索。

当让学生通过不断地开合所做的卡片，认真体会内心能量的变化时，发现有些学生露出了微笑。有些学生也会尝试与旁边的学生交流所做的卡片。

这是一个相对比较深入的活动，领导者的指导语和情绪表达很重要。不能营造太过愉快和轻松的气氛，免得学生流于表面或用嬉笑的方式来完成活动，减损活动的价值。

团体学生的反馈

我内心压抑了一些让我很痛苦的事情，有些事情我从来没有跟其他人说过，有些事情我对个别人说了他们也不理解，因此我只能压抑自己。当我看到我那颗破碎的心时，虽然只是用符号来表示，但我经历的痛苦却还是一下子涌上心头，内心的苦楚遍布全身。当领导者让我寻找外在和内在资源时，我找到的很少，因为我以前也尝试过，但是对我问题的解决帮助不大。但当老师引导我们仔细体会和寻找一下外在的资源和内在的特质时，我慢慢尝试寻找澄清，体味这些资源对于我应对困难所起到的作用。当我不断地翻看双手的资源以及那颗破碎的心时，真的感觉内心慢慢开始变得有力量了，我原来不知道我竟然有这么多的资源可以使用，尤其是我内在的比较坚强和有能量的那一部分。

幸福有学问——积极探索幸福之路

毫无疑问，每个人都希望拥有属于自己的积极而幸福的生活。幸福生活，从某种意义上讲，是人生的重要目标和动力，甚至也是人类生活的终极指向。本部分旨在通过一系列的心理活动训练，让每个参与到团体活动中的成员学生都能够发现自己本来就有的能力，唤醒自己心中的巨人，推开自己心中那扇虚掩的门，找到自己的积极人生与幸福之路。

本部分共有“优势大转盘”“最给力的词”“天使与魔鬼”“反恐精英”“七嘴八舌话幸福”“拍卖幸福人生”“幸福阶梯”“六顶思考帽”“勇闯三关”“我是一个幸福的人”十项活动。这十项活动基本上是按照由浅入深、由表及里的顺序进行排列的。当然，因为积极与幸福最主要是由我们的内心所决定的，因此，实际上任何活动都可能给我们带来新的启发，点亮我们积极幸福的前程，只要我们的心在那里。

一、训练目标

初中生在生理上的性成熟，导致在内心深处性意识开始萌芽。性意识的发展可以把青少年引向正常而健康的恋爱和婚姻，也可能引发不符合社会要求或不道德的行为，甚至是违法行为。心理学家赫洛克（E. Hurlock）把从性意识萌芽到爱情的产生和发展分为四个阶段：一是显露出青春萌发期疏远异性的否定倾向；其二是向往年长异性的“牛犊恋”期；三是青春中期积极接近异性的狂热期；四是青春后期正式的浪漫恋爱期。在初中阶段，很多初中生对两性恋爱还不明了，他们更多地把精力放在学习上。青春期的中学生性意识开始萌芽、好奇心强、模仿力强而识别能力较差，这是产生认知偏差的客观因素和心理因素。

1. 通过团体活动让成员学生认识到积极的心态和幸福的生活是可以通过某种方法获得的。

2. 帮助团体成员学生发现自己的优势，充分发掘自己的积极潜力。

3. 通过训练让成员学生掌握改善心态、提升积极心理的小窍门。

二、训练活动

活动一：优势大转盘

1. 活动目的

（1）用视觉化的方式呈现能带给我们幸福快乐的优势与品德。

（2）引发成员学生对他人和自我的积极关注与思考。

（3）引导成员学生学会主动积极欣赏他人和自己。

2. 活动说明

（1）时间：15~30 分钟，具体时间长短视成员学生人数多少而定。

（2）材料：大白纸一张（或者大号的飞镖盘一个，用一支架悬挂），彩笔一盒，棒状物一个。

3. 实施程序

（1）所有成员学生围坐成一圈，领导者先作自我介绍并说明团体规则，然后要求每个成员学生分别向坐在自己左边和右边的成员学生打个招呼。

（2）领导者将组员学生进行分组，每 6~8 人一组为宜。分成小组后，请小组内成员学生进行交流，彼此介绍自己的姓名、爱好、性格、特长等内容。

（3）领导者请各小组成员学生回到大组，并且围成一圈，围圈要尽量圆一些，在圈的中间平放事先准备好的大白纸，大白纸上有一个大圆圈，圆圈是24等分，在每一个小扇形的弧边上标注一种优势或者品德，具体可参考心理学家马丁·塞利格曼（Martin E.P.Seligman）的相关研究。或者是用大号飞镖盘也可以，在飞镖盘的外侧作同样的标注。

（4）领导者向组员学生宣布游戏规则：游戏分为两轮。第一轮，由领导者站在大白纸转盘旁边，用力旋转油笔、空酒瓶或者其他棒状物，当油笔或酒瓶指定的一端停下来并指向一个优势或者品德时，请组员学生要迅速说出组中谁具备这项优势或者品德。被点到的人不要解释，更不要否定，只要点头示意，或者向前站出一步即可。

（5）在第一轮游戏进行得比较充分后，领导者宣布带领组员学生进行第二轮游戏。在第二轮游戏中，还是要转动相当于指针的棒状物，但是这一次，指向哪一种优势或者品德，要求自认为符合或者具备这项优势或品德的人大声说“这就是我！”并迅速向前一步站出来，不限人数，其他人为他们鼓掌。

（6）领导者请大家回到小组中，交流感受心得。最后再回到大组，由领导者作总结和提升。

4. 领导者提问

（1）在第一轮游戏中，当你自认为并不符合某种优点但是却有人指认你的时候，你是什么感觉？反过来，当你认为某项优点非常符合你，但是却没有人指认你的时候，你又是什么感觉呢？

解说要点：每个人都有意想不到的自我，这些自我对于你本人可能是真实的，也可能是不真实的，但是无论怎样，这些自我对于他人、对于旁观者而言，是非常现实的——他们看到的，就是这样的一个你，无论你接纳或认同与否。我们倒是应该想想看，为什么我们所认识的自己，和别人所看到的那个自己，是如此不同呢？一方面，我们不要迷失在他人的视线里，另一方面，我们要珍惜别人眼中自己的每一个优点。

（2）在第二轮游戏中，当某项优点非常符合你的时候，你是否很自信地站出来了？你对自己的什么品质是最自信的？

解说要点：每个人都必然拥有自己独特的优势，但是有时我们自己并不认可，有时自己并不确认，很多时候我们是多么希望有人说："看！那说的不就是你！"但是更多的时候，我们必须要学会充分地和勇敢地关照自己的内心。如果那个优点是你拥有的，那就请勇敢地站出来吧！

5. 注意事项

（1）指导语必须清晰明确，对两轮游戏要有清楚的界定和说明。

（2）两轮游戏都尽量做充分，也就是尽量能够轮到每一个优势、品德或者每个人都有机会参与进来，这需要领导者有意识地去把握和创造。

（3）如果出现冷场，领导者要及时鼓励大家，或者自己现身说法。

（4）24 项优势和品德如果嫌多的话，可以减半或适当调整，便于组员学生进行区分。

6. 拓展活动

此活动将 24 项优势或品德改变后，也可以用于人际关系训练、情绪情感体验等训练活动。

7. 知识点

对于人的心理优势或者品德，美国积极心理学家马丁·塞利格曼与克里斯托弗·彼得森提出 24 项原则，每项原则都能让人培养出六大类美德中的某一种美德。这六大类 24 项是：

（1）智慧：创造力、好奇心、判断力、好学、洞察力；

（2）勇气：勇敢、坚持、诚实、热情；

（3）仁慈：善良、爱心、社会智力；

（4）公正：公平、领导才能、团队协作；

（5）节制：宽容、谦虚、谨慎、自律；

（6）卓越：鉴赏、感恩、希望、幽默、信仰。

活动二：情绪理论 ABC

1. 活动目的

（1）本活动是作为热身导入性活动，目的在于让成员学生认识到态度是最重要的。

（2）借助成员学生提供的词汇和这些词汇的得分，使成员学生对生活有所反思。

（3）在本活动之后，可以讲解 ABC 认知情绪理论。

2. 活动说明

（1）时间：15 分钟。

（2）材料：A4 纸、中性笔。

（3）场地：教室或团体训练室，最好能够放幻灯片。

3. 实施程序

（1）领导者带领全体成员学生做热身活动。

（2）分组：6~8 人一组为宜，如 10 人以内的小团体则不必分组；也可以不分组，活动就在大组中进行。

（3）领导者请组内成员学生进行简单相识，介绍彼此的姓名、籍贯、兴趣爱好等。

（4）领导者讲解活动规则：每位成员学生都要想一个最能给自己带来快乐幸福或者让个人感到自己最积极投入的事物，并且用尽量少的英文单词写出来。如果不确认是否写得正确，请核实无误。如果能用一个英文单词表达最好。

（5）领导者打开事先准备好的幻灯片，上面显示 26 个英文字母分别代表的阿拉伯数字，实际上就是从 a 到 z 分别依次对应 1~26 的 26 个数字。

（6）领导者请每位成员学生算一算，自己写下的那个英文单词，把各个字母对应的阿拉伯数字加在一起，等于多少。

（7）领导者请小组内部的成员学生互相交流心得。

（8）领导者可以列举几个经常被提到或者想到的词，算一算它们“价值多少”。譬如：hard work（努力工作学习）= 98%，knowledge（知识）= 96%，love（爱）= 54%，luck（幸运）= 47%，leadership（领导力）= 97%，money（金钱）= 72%，power（权力）= 77%，而 attitude（态度）= 1+20+20+9+20+21+4+5 = 100%。

（9）领导者询问全体成员学生，有谁是写了 attitude（态度）的。并说明，态度决定一切，态度是决定我们人生质量的关键点。

（10）领导者向成员学生解释，这只是一个游戏，意在说明态度的重要性，并不是说爱、知识、努力工作学习等真的不重要。

4. 领导者提问

（1）当你看到你写的英文单词变换为数字代码加在一起的和之后，你是怎么想的？这个和能代表这个事物在你心中的分量吗？

解说要点：其实这些英文字母转换成数字代码，相加得多少，是有很大的巧合成分的。这个和，可能大于 100，也可能小于 100，也有极小的可能正好等于 100，但是这并不代表它们实际的价值就是这些。无论得多少，相信它们都会对你的生活有独特的价值。

（2）态度（attitude）最后的得分是 100，你的感觉是什么呢？

解说要点：实际上，很少有哪个单词的字母转换成数字之后，和正好等于 100。态度的英文单词 attitude 正好等于 100，这既可以说是一种巧合，也是在向我们透露出一个信息：态度决定一切！态度才是让我们的生活变得价值无限的金钥匙！如果你一开始写下的就是态度，那么恭喜你，你选择了自己作为自己命运的主宰！

5. 注意事项

（1）本活动比较简单易操作，注意要求所写的英文单词不要太复杂和太长，尽量是一个单词。

（2）活动后应该告诉团体成员学生，只是要通过这个活动进行热身和给大家带来一定启发，不要卷入各种事物哪个更棒的辩论当中。

6. 拓展活动

本活动主要用于情绪管理、积极心理调适、ABC 认知情绪理论的热身过程。

7. 知识点

本活动并没有太多理论支撑，这个活动更多是利用一种巧合来对我们的心灵进行开悟。很多时候，我们进行完全逻辑的、线性的、理性的思考时，未必能够得到对我们的心灵产生足够冲击的结果。但是感性的、巧合的事情却可以绕开理性的枷锁，直接撞开我们的心门。

活动三：天使与魔鬼

1. 活动目的

（1）帮助成员学生认清自我的内在冲突，看到自己积极的一面和消极的一面。

（2）帮助成员学生借助外部的智慧来增加自己内心的积极力量，唤醒自己心中的巨人。

2. 活动说明

（1）时间：20 分钟。

（2）材料：A4 纸若干张，分别用彩笔写上“凡人”“天使”“魔鬼”字样。

3. 实施程序

（1）分组：每 3 人为一小组，如果有多余人员，可以协助领导者当观察员，也可以加入某一组当观察员。

（2）领导者向学生解释“凡人”“天使”和“魔鬼”的角色任务。“凡人”负责倾诉身为一个凡人可能遇到的困惑苦恼，尽量具体化，有情节、有内容，但是因为时间关系，叙述不要太冗长，大概控制在 3 分钟左右；“魔鬼”第二个发言，负责给“凡人”的生活和心愿泼冷水，要尽力去打击“凡人”；“天使”最后发言，负责鼓励“凡人”，要尽力让“凡人”感到事情积极光明的一面。

（3）领导者请每一个小组中的 3 人分别自愿担任“凡人”“天使”和“魔鬼”的角色，在规定时间内，小组内可以进行角色轮换。在轮换角色的时候，手里拿着写有对应角色的 A4 纸。

（4）小组内角色轮换完后，组内学生彼此握手，互相说：“谢谢你给我的忠告！”

（5）领导者请各组自愿分享担任不同角色时的感受，以及自己的收获是什么。

4. 领导者提问

（1）在这三个角色中，你认为哪个角色最好扮演？你认为自己扮演的哪个角色最棒？

解说要点：很多人都会认为倒苦水是最容易不过的，我们每个人都是一个凡夫俗子，都有很多的烦心事，“凡人”可能是最好扮演的——其实不是扮演，而就是我们本色生活的再现。除了“凡人”之外，很多人一开始可能以为“魔鬼”好演——当好人不好当，当坏人谁不会啊？但是实际上，很多人拿到这个角色之后，却发现无从开口——人性本善，谁愿意去恶语相加于一个本来已经很脆弱和困惑的人呢？这似乎也说明，我们本性上都是善良的。

（2）想想看，在生活中，你自己是如何扮演自己的“天使”和“魔鬼”的？

解说要点：很多时候，压垮我们信念的最后一根稻草往往是自己加上去的。有时候，我们会很乐于乐观其成，自己信心满满；但是有时候，我们自己就是自己最大的敌人，不断地给自己施压，不断地告诉自己不行，不断地去想那些足以让自己感到无能和挫败的事情。生活中我们作为一个“凡人”，需要“魔鬼”，也需要“天使”。正因为有了“魔鬼”，我们才知道很多美好事情的可贵和值得珍惜，才能听到那些“忠言逆耳利于行”的话，接纳并战胜了“魔鬼”，其实也就战胜了我们内心的恐惧；而“天使”的存在，让我们知道凡事皆有可能，只要我们真心努力去做一件事情，一切力量最终都会成就我们。

5. 注意事项

（1）此活动需要学生之间有较高的信任感，因此不适宜在团体初期做，最好是学生之间有一定熟悉度之后再进行。或者在一次性完全陌生的团体中也可以。

（2）领导者要鼓励三个人尽量进入角色，尤其是扮演“魔鬼”的学生。

（3）领导者在本活动中尤其要强调，这只是一个心理游戏，学生的一切言论都是在活动设置要求范围内发生的。对于活动的体会可以带到生活中，但是对于具体某人说的某话，尤其是“魔鬼”的“鬼话”，不要过于计较并带到生活中。

6. 拓展活动

本活动还可用于职业生涯规划、个人或团体成长分析等用途。

7. 知识点

实际上，这个游戏中的三个角色是有理论基础的。

根据美国心理学家埃里克·伯恩（Eric Berne）的理论，两个人在交往时，会采取三种被称为自我心态的心理定位中的一种。这些自我心态包括家长、成人、儿童的心理状态，人们可以运用（沟通或行动）其中的任何一种。

父母式自我心态（parent ego state），简称P，代表父母的价值观和告诫，它是父母在教导子女时将自己的人生态度和是非善恶标准加诸子女身上而形成子女的标准，表现出保护、控制、呵护、批评或指导倾向。他们会照搬政策和标准，发表类似如下的意见："你知道规则，小刚。规则必须遵守。"一般而言，父母式自我心态往往倾向于严厉、消极和负面，就像游戏中的"魔鬼"。

成人式自我心态（adult ego state），简称A。它反映出对环境要求的客观评价，是儿童有能力区别父母所灌输的观念及自己所体验的观念，并建立思维观念的结果与过程。这种心态在其形成初期是试探性的，并以"尝试错误"的方法慢慢摸索体会而建立属于自己的认知态度。在这种心态下，人们往往表现出理性、精于计算、尊重事实和非感性的行为，试图通过寻找事实、处理数据、估计可能性和展开针对事实的讨论，来更新决策。成人式自我心态一般比较倾向于积极务实，比较稳重客观，看待事物比较全面，相对而言，比较像这个游戏中的"天使"。

儿童式自我心态（child ego state），简称C，反映了由于童年经历所形成的情感。它可能是本能的、依赖性的、创造性的或逆反性的。如同真正的孩童一样，具有孩童心态者希望得到他人的批准，更喜欢立即的回报。从那易动感情的语调中就可以辨别出这种心态，就像当一名学生向他的班主任提意见说"你总是对我吹毛求疵！"时所用的语调。儿童式自我心态往往是比较依赖、比较弱小的，很像这个游戏中的"凡人"。

活动四：反恐精英

1. 活动目的

（1）促使学生主动觉察自己和他人的消极抱怨情绪。

（2）通过查找消极抱怨情绪来反思自己的日常生活。

2. 活动说明

（1）时间：20 分钟。

（2）材料：A4 白纸，中性笔，彩色不干胶若干，闹钟一个，一份事先制作好的“反恐任务”，题目是“A 先生/女士的一天”，正文是描述这个人一天的生活，包括一天的言行举止、待人接物，行文要尽量具体生动。

3. 实施程序

（1）领导者带领学生进行初步相识，临近的学生和彼此看得见的学生互相打招呼问候。

（2）领导者向学生介绍背景知识，说明为什么有些人不幸福不快乐，其中重要的原因就是太多的抱怨，抱怨淹没了他自己可能具有的幸福快乐。因此，在这个意义上，抱怨其实就是破坏我们情绪、侵蚀我们幸福的“恐怖分子”。领导者告诉学生，我们大家的任务，就是要抓出这些“恐怖分子”。

（3）领导者询问大家，日常生活中我们有哪些情绪上的“恐怖分子”，并简单加以引导说明。

（4）领导者将学生进行分组，每组 6~8 人为宜，给每个小组 5 分钟时间彼此交流并进一步认识。

（5）领导者给每个小组发一份事先制作好的“反恐任务”，题目是“A 先生/女士的一天”，每个小组发的都是一样的材料。为了方便阅读，可每个小组发两份。

（6）领导者请每个小组在十分钟内尽可能多地找出材料中主人公的抱怨等消极情绪并标记出来，闹钟将会在第 9 分钟时响起，提醒大家抓紧完成“反恐任务”。

（7）领导者请每个小组派人作“反恐汇报”交流心得，所在小组的学生可以补充发言。

（8）领导者公布参考答案。找出“恐怖分子”最多而且陈述理由充分的小组，由领导者当场宣布是“反恐精英”，并为他们发放事先用彩色不干胶制作好的“反恐精英”贴标贴在胸前，其他小组鼓掌表示祝贺。

4. 领导者提问

（1）回想一下，刚才的这份材料所描述的内容细节，和你的日常生活在多大程度上是相似的？具体而言是在哪些方面相似呢？

解说要点：其实只要仔细看看，在这份材料上或多或少都有我们日常生活的影子，毕竟我们多数人的现实生活是大同小异的，很多事情都会或多或少诱发出我们的某种情绪。只是在这份材料上的主人公可能更加浓缩一些：既浓缩了我们很多人经过很多岁月才会遭遇的事情，也浓缩了不同人的生活。希望这只是一份材料，而不是一面映照我们当下生活的镜子，否则我们的生活就要辛苦得多了。

（2）在小组讨论的时候，你和其他人在找寻“恐怖分子”时最大的不同是什么？这对你有什么启发？

解说要点：很多时候，我们对很多事物的看法以及由此引发的情绪已经高度内化和自动化了，而且我们也深深认同了，认为事情就该是这样的，这种情绪反应是完全正常的。实际上，有时候我们需要停下脚步反思一下上述事情或情绪是否都是应该的和正常的。当我们跳出来看的时候，发现这些事情其实完全可以有不同的看法，也可以导致不同的情绪反应。我们的情绪，只是我们的一种习惯而已，它并不是唯一的和必然的。

5. 注意事项

（1）这一活动需要领导者对材料做充分的准备，材料越有真实感、越生动具体越好，不良情绪要有适当的密度，比日常生活略高为宜。

（2）领导者要注意鼓励其他没有获得奖励的小组，尤其是抓到“恐怖分子”太少的小组，鼓励他们再接再厉，如果他们愿意，请他们分享他们的见解。

6. 拓展活动

本活动也适用于自我探索、发现自己的核心价值观念、探索人际互动模式等主题活动。

7. 知识点

情绪在我们的生活中经常是以习以为常、不知不觉的形式存在着。按照精神分析的理论，情绪一般处于潜意识或者无意识水平，它深深嵌入我们的生活之中，成为我们高度自动化的一部分而不自知。心理学研究经常会探讨情绪与认知的关系、情绪与决策的关系。显然，情绪与认知之间是相互影响的，而且这种影响又是非常复杂的，一般而言，积极情绪会带来更具有创造性和开放性的认知过程。当然，情绪对决策的影响也是显而易见的。但是，现代社会中，有一种被称作述情障碍的心理疾病却越来越多，表现为无法体察自己的情绪、无法有效表达自己的情绪、无法做到有效的共情等。患有述情障碍的人，会把许多情绪上的不良表现视为理所当然，或者忽视事件中的情绪成分，这都是非常不可取且值得警惕的。

活动五：七嘴八舌话幸福

1. 活动目的

（1）通过活动来体验幸福的多样性。

（2）通过活动让学生更加珍惜和把握自己拥有的幸福资源。

（3）通过活动帮助学生将自己拥有的资源最大化呈现和利用。

2. 活动说明

（1）时间：30~40 分钟。

（2）材料：A4 纸、中性笔、便签纸条若干、闹钟一个，最好有椅子或者可以席地而坐的场所。

3. 实施程序

（1）领导者带领学生进行初步相识，并带领学生彼此微笑打招呼问候。领导者让学生围成一圈，领导者在中间询问大家对于幸福的理解，请每个人都用最简单的一两个词概括说明自己认为什么是幸福之源或者什么是幸福。

（2）领导者拿出事先准备好的便签纸条（都是折叠好的）并告诉学生每个便签上面都写有一种幸福之源，一共有几种，请抽到相同幸福之源的学生围成一组找椅子坐下。

（3）领导者请每一组大声说出自己这一组拿到的幸福之源是什么。之后，领导者宣布活动任务：每一组的学生，现在开始就假定自己有且只有手中这一种资源，可能是财富，可能是智慧，可能是健康，可能是爱情，每一组的学生都要尽力集思广益去发掘这种资源给我们带来的积极生活和幸福感受，可以将大家集体思考的结果写在纸上。

（4）领导者请每一组派一名代表作为嘉宾评委，并另请每个小组派代表发言，每位代表的发言时间为 3 分钟，本组学生补充和其他组提问与回答的时间为 3 分钟，由闹钟设定时间进行提示。对于自我陈述的 3 分钟要严格控制时间，对于后 3 分钟内某些确实很有意义的话题，领导者可以适当放宽时间。

（5）由嘉宾评委为每个小组的发言进行打分，打分可以从快乐感、满意度、意义感三方面评价，每一方面满分 10 分。

（6）由领导者宣布胜出的小组，并请嘉宾评委作详细点评。

（7）领导者分享自己的感受，对各组的内容进行概括并对各组进行具体的鼓励。

4. 领导者提问

（1）你们组抽到的幸福之源是什么？你当时的第一感觉是什么？抽到的和你想要的一致吗？

解说要点：每个人在生命中都有许多不期而遇的事情，而且想摆脱又未必能够摆脱得了，因此我们只有尽可能去接纳并最大化其现实价值。这个世界往往给了我们一样资源，同时就剥夺了我们拥有另一样资源的机会，我们有得必有失，有舍才能得。很多时候，拿在手里的并不是我们想要的，甚至是我们原本非常讨厌的；但是既然这种资源是我们在这一时空所能拥有的唯一资源，我们就要把它充分利用起来。其实任何一种资源，只要我们尽心尽力并且积极地去对待它，它都会给我们带来积极的生活，带来幸福的感受，无论是金钱、健康、学识、友情、亲情、爱情、权力还是其他。

（2）如果上述幸福之源你只能拥有一样，你最想拥有什么？

解说要点：对于幸福之源，我们多数人恐怕是希望多多益善。但是实际上往往过多的资源会导致过低的效率和过高的浪费。只有当我们清楚自己“有且只有”什么的时候，才能够真的珍惜手中这来之不易的资源，好好去运用。当然，多数时候我们既不会拥有所有资源，也不会只拥有一样资源，正因为这样，我们更要考虑，对于我们个人而言到底什么是最重要的，什么才是我们积极人生和幸福生活的根本。

5. 注意事项

（1）讨论的设置与要求一定要当场宣布并确认无疑义。

（2）讨论本身一般没有标准答案，关键在于当事人的自圆其说及活动目标本身，因此比较灵活，也需要领导者灵活把握。

6. 拓展活动

本活动是一种具有普遍性的活动，根据不同的活动目的，更换其中具体的任务，即可适用于各种活动目的。

7. 知识点

什么是幸福？这是一个见仁见智的问题，并不存在统一的答案。幸福感是一种积极向上的体验，包括三个方面：满意感，取决于人的基本需要是否得到了满足；快乐感，来源于积极乐观的情绪；价值感，来源于个人发展的因素，比如目标价值、成长进步等，从而使个人潜能得到发挥。总体而言，幸福感就是一种持续时间较长的对生活的满足和感到生活有巨大乐趣并自然而然地希望持续久远的愉快心情。这既是每个人追求的目标，也是整个人类追求的终极目标。

事实上很多事情都可以带来幸福和积极的体验，关键不在于这些事情本身，而在于我们如何看待这些事情。从建构主义的角度来看，这就在于我们对表面上看起来相同的同一样事物是如何解构和建构的。材料可能完全相同，但是建构的结果可能大相径庭，同质而异构。因此，无论对金钱还是情感，对名利还是学识，对其他任何我们可以想到的事情，都要穿越表面，重构对我们有意义的内在现实。

活动六：拍卖幸福

1. 活动目的

（1）通过活动帮助学生探索和发现自己最珍惜的幸福之源。

（2）促进学生在相互的竞争与合作中用共赢的方式来实现最大化的幸福感。

2. 活动说明

（1）时间：90 分钟。

（2）材料：A4 纸、彩笔。

3. 实施程序

（1）分组：每组 6~8 人为宜，若是 10 人以内的小团体则不必分组。

（2）领导者进行简单的导入，简要说明我们每个人一生都会经历许多事情，都会有许多或大或小的愿望，也都会在追求梦想的过程中遇到种种不同的诱惑或者困境。但是每个人的人生都只有一次，我们的时间和精力等都是有限的，所以要学会用有限的时间、精力、金钱等去博得最佳的人生收益。

（3）领导者发给每个学生一张 A4 纸，在这张 A4 纸上已经写有 20 项在人的一生中可能给我们带来幸福感的事物，同时假定每个人手中都有一定的金钱可以对这些项目进行竞拍。指导语如下：“假设你手上有 100 万元人民币，你会出多少价钱去购买下面所列的东西？请记住，下面任何一样物品均以 10 万元人民币起拍，竞价以 100 万元为上限，每次喊价加价需要是 5 万元的整数倍。每件物品只能拍卖给出价最高的人，已经拍卖出手的物品不能退换。”A4 纸上所列事物样例如表 3-3 所示：

表 3-3　带来幸福感的事物竞拍表

物品	买入价	买入人	物品	买入价	买入人
①做一个诚实的人			②幸福的家庭		
③重温过去某段时光			④父母长辈健康平安		
⑤享受大自然			⑥出国深造		
⑦有机会帮助别人			⑧有机会去各地旅游		
⑨有忠实的挚友			⑩拥有一大笔钱		
⑪相貌身材较好			⑫市内的一套大房子		
⑬健美的体魄			⑭一张终生可用的学习卡		
⑮一段美满的婚姻			⑯彻底解决和平问题的技术		
⑰理想的事业			⑱治愈癌症的药品		
⑲健康有为的子女			⑳每天能睡好觉		

（4）领导者邀请所有拍卖参与者都要认真对待拍卖，要带着严肃的态度来看待每一件待拍品。每一个小组各自组织自己的拍卖过程。

（5）在所有小组都拍卖结束后，领导者请每个小组都统计出本组的拍卖总价格与均价、单件最高价与最低价。

（6）领导者请每个小组都派代表来分享自己在拍卖过程中的感受，譬如是否拍到自己最想要的东西等，并邀请其他学生进行补充。

（7）领导者引导学生在大组中进行分享，分享自己在拍卖过程中的得失、得失的原因，探讨自己错失最想要的生活可能性之后的感受，并迁移到在现实生活中的改进计划。

4. 领导者提问

（1）你在第一时间是否锁定了你最想要的事物？在选择时你遇到的最大困难是什么？

解说要点：有时候我们可能在拿到这份拍卖单的第一时间就知道我们最终会要什么，我们是否愿意倾尽所有去拼一把。但是更多的时候是感到困惑和茫然，因为手中的货币有限，短短的时间里也不容许我们作最周全理性的思考，仓促地做出选择，我们得到一些，就势必意味着丧失或放弃另外一些。也可能我们在拍卖过程中，发现自己最想要的却无人问津，于是可能怀疑，我们所要的，到底是否有那么大的价值；甚至于，我们一不小心会从众，别人要什么，什么拍卖价位高，我们也去抢什么。

到底什么是最有价值的，真像美国电影《阿甘正传》里阿甘的母亲对阿甘说的那样："生活就像一盒巧克力，你如果不打开就永远不知道那是什么味道。"

（2）为什么有些东西你想要却没有得到呢？现在你是什么感受？

解说要点：生活常常告诫我们，要拿得起放得下，因为有些事物在我们一念之间被放下之后，可能再没有机会重新拾起，因此，在放下时固然要有勇气，在争取自己最想要的事物时，也要有坚定的决心。有些事物是大家都想要的，这时就需要考虑是否可能有双赢的结局。

5. 注意事项

（1）每一小组的人数最好为 6~8 人，不宜过少或过多。

（2）这一活动要建立在团体学生相互信任的基础之上，适宜在团体的中后期进行，要保证学生能够真诚参与。

（3）领导者要注意提醒时间。

6. 拓展活动

本活动适用范围较广，除了用于探索积极心态与幸福感之外，也适用于自我探索、人际交往与沟通、生命意义探索、职业生涯规划、时间管理等目的。

7. 知识点

所谓拍卖，也就是你对某事物价值总和（内在价值与外在价值、实用价值与象征价值、自身价值与衍生价值等）的可持续的、对预期回报有预留空间的最优估价。这个估价不应该是最低的，也不会是最高的。这个估价应该高于其目前所呈现的一般价值，又要低于你对它的预期回报价值，在这个弹性空间里，是我们所享受的幸福愿景。

人生中的所有事情，既可以说一切皆无价，也可以说一切皆有价。无价是因为凭借我们有限的理性很难判断一件事物对于我们一生的总体价值，因而很难对其明码标价；而有价则是说，一切都是有代价有成本的，我们不可能都要，也不要抱此幻想。我们所能做的就是用自己认为最合适的价格买入，然后充分利用，创造最大的增值空间与可能性。用这些增值来替代或者弥补那些我们没有得到的甚至丧失的事物，这其实就是微观经济学中的边际成本替代，由此来实现我们的有限资源在约束条件下的最优配置。

活动七：幸福阶梯

1. 活动目的

（1）引导学生明确自己当下的状况和自己的幸福使命。

（2）学会群策群力，借助大家的智慧来实现自己的幸福使命。

2. 活动说明

（1）时间：40 分钟。

（2）材料：A4 纸、彩笔。

3. 实施程序

（1）分组：每组 6~8 人为宜，若是 10 人以内的小团体则不必分组。

（2）领导者进行活动导入，可做相识及热身游戏。

（3）领导者向学生说明活动规则：每位学生都要仔细想想，就在此时此地，你的状态是什么样子的；就在此时此地，你想达到的可以称之为幸福的状态是什么样子的。请把手中的 A4 纸横放，把当下的状态用简短的几句话写在左下角，把你想达到的状态写在右上角。看一看你们小组除了你之外还有几位学生，有几位就请从左下方向右上方依次标记 1、2、3、4……如图 3-4 所示。

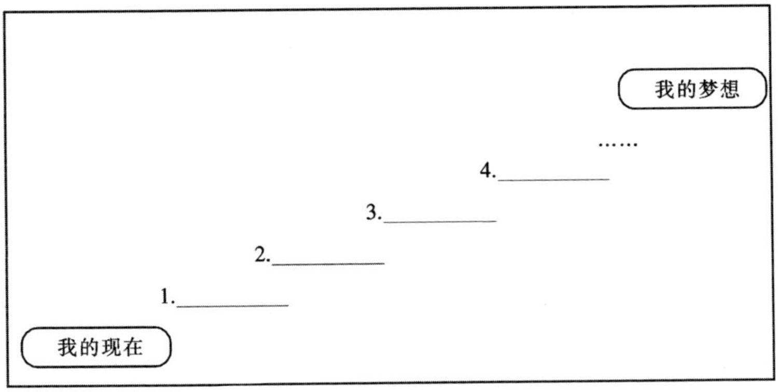

图 3-4　幸福阶梯

（4）领导者请每位学生在纸的背面写上自己的名字或者自己喜欢的称呼、代号。

（5）完成上述过程后，领导者请小组内每位学生把自己手中的纸在组内传递，每位学生拿到其他学生的这张纸后，要在上面完成一层“幸福阶梯”的任务。你所写的，要比左下方的或者序号靠前的更进一步。每张纸轮到小组内最后一人时所写的内容要最接近这张纸的主人所设立的幸福使命的达成。

（6）每张纸都在小组内流传一圈后，回到自己主人的手中。领导者请每个学生先看看手中的“幸福阶梯”，然后再引导大家在小组内展开分享。

（7）领导者引导学生分享群策群力、“众人拾柴火焰高”的理念，并祝福大家的幸福理想早日实现。

4. 领导者提问

（1）一开始，你对实现你的理想有多大信心？你认为它可能实现吗？

解说要点：我们往往容易对自己的理想过于乐观或者过于悲观，而又以过于悲观的居多。即便是过于乐观，也是不利于理想实现的。网上有句话说“别跟哥谈理想，哥戒了”，可见我们很多时候觉得自己的理想或梦想是遥不可及的。很多时候，梦想是“做梦的时候想想”，理想则是“就理论而言想想”——这不是实际的。

（2）你认为其他学生带给你的最大启发是什么？你认为对于你个人而言，他们的方法有帮助吗？

解说要点：《诗经》中说：“他山之石，可以攻玉。”一个人的思想和见解是有限的，但是群策群力就可能碰撞出意想不到的火花。这个火花可能只是一个火花，亮一瞬间而已，让我们隐约看到一丝光明；也可能成为燎原之势，彻底点亮我们的理想人生。最怕的是，我们自己给自己的人生人为设限设障，抱残守缺，总认为自己的问题是独特的，别人的方法是别人的，与自己无关。若没有开放的胸怀，任何问题都难以解决。

5. 注意事项

（1）领导者应对学生强调在给建议的时候应注意层次性。

（2）领导者在事后分享时应注意强调思维的开放性而不是具体的可执

行性，因为具体的可执行性是因人而异的。

6. 拓展活动

本活动也可用于职业生涯规划。

7. 知识点

本活动是建立在“六度分割理论”基础上的。数学领域有一个猜想，名为“Six Degrees of Separation”，译成中文为六度分割理论或小世界理论。该理论指出：你和任何一个陌生人之间所间隔的人不会超过六个，也就是说，最多通过六个人你就能够认识任何一个陌生人。这种现象，并不是说任何人与人之间的联系都必须要通过六个层次才会产生，而是表达了这样一个重要的概念：任何两个素不相识的人之间，通过一定的联系方式，总能够产生必然联系或关系。显然，随着联系方式和联系能力的不同，实现个人期望的机遇将产生明显的区别。

将其用到这个活动中，意在说明，我们每个个体都有自己的理想状态和自己目前所处的基点。很多时候我们习惯于看到理想和现状之间的巨大差距，从而忽略或弱化了理想实现的可能性。但是六度分割理论告诉我们，一个人的理想无论看起来是卑微的还是遥不可及的，在现实中都会找到实现它的阶梯。

活动八：六顶思考帽

1. 活动目的

（1）引发学生全面思考。

（2）学会辩证积极思考。

2. 活动说明

（1）时间：40~50 分钟。

（2）材料：A4 纸、彩笔、足够量的六种颜色的彩纸（包括白色和黑色）。

3. 实施程序

（1）分组：每组 4~6 人为宜，若是 8 人以内的小团体则不必分组。

（2）领导者简单介绍六顶思考帽的基本内容，并给每一小组发 1~2 份

（同样的材料，方便阅读）事先准备好的材料，也可以把材料装在信封里由各组派代表来抽取（各组的材料是不同的）。

（3）领导者将彩纸发到各组，每个学生都有六种颜色的纸各一张。领导者请每个组的学生一起动手，将纸张卷成筒形或者锥形（能戴到头上即可）。之后可以自己把自己的纸帽子摞在一起。

（4）领导者宣布活动第一阶段要求：首先每个小组的学生独立阅读材料，限时 3 分钟。

（5）领导者宣布第二阶段要求：请每个学生都迅速戴上白帽子陈述问题。在这个阶段，每个小组的学生都有 1 分钟时间轮流来陈述自己从材料中获得的具体事实与数据，要尽量保持客观中立。

（6）领导者宣布第三阶段要求：请每个学生都迅速戴上红帽子表达自己在看过材料后的情绪情感或者直觉。依然是每个学生有 1 分钟时间轮流发言。这个阶段尽量使用情感性的语言而不是评价判断式的语言。

（7）领导者宣布第四阶段要求：请每个学生都戴上黑帽子，在此期间每个学生都用 1 分钟时间去陈述在材料中发现的和自己联想到的消极、不利因素，尽量找缺点和不足。

（8）领导者宣布第五阶段要求：请每个学生迅速戴上黄帽子，尽量表达自己对材料的建设性思考和积极建议，评估该材料的优点。

（9）领导者宣布第六阶段要求：请每个学生都戴上绿颜色的帽子（可能会引起大家的尴尬或者哈哈一笑，此时需要领导者见机行事化解不利局面），在此阶段每位学生都要就材料提出更多的可能性和创造性的发展，进而提出解决问题的方案。

（10）领导者宣布第七阶段要求：请每位学生都戴上蓝帽子。蓝色象征着淡定、沉着、稳重。在此阶段，请每位学生综合上述五个阶段的内容，对材料做出总体的描述和判断。

（11）最后，领导者请每组派代表发言，并最后总结发言。

4. 领导者提问

（1）当你戴上白帽子、让你用最客观的眼光来发掘事实本身的时候，你是什么感觉？

解说要点：当戴上白帽子的那一刻，我们就要开始用最客观的眼光来打量周围的事物，我们要尽量去“写实”而不是想象，是要表达我们看到听到的“是什么”，而不是“像什么”或“应该是什么”。有时候，我们总是自信满满：我说的，就是事实！有时候我们很踌躇：事实到底是什么？现实中，我们常常混淆了事实与想象甚至幻想的界限，把这些杂糅在一起，但是还认定那“就是事实”。按照后现代的说法，我们无法知道事实到底是怎么样的。但是，我们依然可以凭借某种方式，尽量去无限逼近这个摸不着的事实。

（2）你认为哪一顶帽子戴上去是最舒服的？哪一顶是最不舒服的？当然，不考虑“绿色帽子”对于我们文化的特殊含义。

解说要点：到底哪一顶舒服哪一顶不舒服，因人而异，或许此时此刻戴上哪一顶都挺舒服，也可能都不舒服，毕竟我们是戴着来完成任务的。但是，我们的情绪情感反应，在真实地告诉我们，我们更倾向于哪一种自动化或者半自动化的思维模式。有的人可能最愿意戴白帽子，发现“纯粹”的“客观事实”；有的人可能喜欢戴红帽子，情绪澎湃；有的人可能喜欢黑帽子，习惯于看到事物的消极面；有的人喜欢黄帽子，凡事乐观其成；有的人喜欢戴上那绿色的帽子，因为他更愿意看到事物的发展性的一面；也有人擅长戴着蓝帽子讲话，因为他可以统筹思维，果断决策。另一方面，每顶帽子也有它相对“隔离”的内容，譬如白帽子相对比较隔离红帽子，即理智对情感。我们透过自己的感觉，可以更加真切地觉察到自己的思维与行为模式，进而去改进和提升我们的生活。

5. 注意事项

（1）领导者一定要解释清楚六顶帽子的具体含义，避免混淆，如有必要，领导者可以举例示范不同颜色帽子的表达方式、风格和典型话语。

（2）领导者要严格把握时间，并具体落实到每个小组。

6. 拓展活动

此活动也适用于人际沟通训练、自我价值定位训练等主题活动。

7. 知识点

六顶思考帽是英国学者博诺（Edward de Bono）博士开发的一种思维

训练模式，或者说是一个全面思考问题的模型。所谓六顶思考帽，是指使用六种不同颜色的帽子代表六种不同的思维模式。任何人都有能力使用以下六种基本思维模式：

白色思考帽：白色是中立而客观的。戴上白色思考帽，人们只是关注事实和数据。

黄色思考帽：黄色代表价值与肯定。戴上黄色思考帽，人们从正面考虑问题，表达乐观的、满怀希望的、建设性的观点。

黑色思考帽：戴上黑色思考帽，人们可以运用否定、怀疑、质疑的看法，合乎逻辑地进行批判，尽情发表负面的意见，找出逻辑上的错误。

红色思考帽：红色是情感的色彩。戴上红色思考帽，人们可以表现自己的情绪，还可以表达直觉、感受、预感等方面的看法。

绿色思考帽：绿色代表茵茵芳草，象征勃勃生机。绿色思考帽寓意创造力和想象力。它具有创造性思考、头脑风暴、求异思维等功能。

蓝色思考帽：蓝色思考帽负责控制和调节思维过程。它负责控制各种思考帽的使用顺序，规划和管理整个思考过程，并负责做出结论。

这种思维模型提供了“平行思维”的工具，避免将时间浪费在互相争执上。强调的是“能够成为什么”，而非“本身是什么”，是寻求一条向前发展的路，而不是争论谁对谁错。运用博诺的六顶思考帽，可以使混乱的思考变得更清晰，使团体中无意义的争论变成集思广益的创造，使每个人变得富有创造性。

活动九：勇闯三关

1. 活动目的

（1）通过实践活动来传达自己的积极意愿。

（2）通过实际行动来支持自己的人生目标，感受到目标的张力和自己坚定的信念。

2. 活动说明

（1）时间：40~50 分钟。

（2）材料：A4 纸、中性笔、两面小旗子、可铺在地面上的毯子或者坐垫、事先印制好的“奖状”。

3. 实施程序

（1）领导者带领全体学生进行初步相识，之后将学生进行分组，每组 5~8 人为宜，每个小组的学生可以围坐在一起。

（2）领导者宣布：本活动分为三个阶段，第一阶段为走自己的路，约 15 分钟；第二阶段为身心考验，约 15 分钟；第三阶段为战胜自我，约 20 分钟。

（3）领导者带领全体学生进行第一阶段活动任务（如果总体人数很多，可以每组选派人员参加，但是每组选派人数要相同）。要求：①最清晰地表达自己的人生目标，合格者通过意愿关。表达方式为“我想成为……请允许我通过!”领导者允许后可以通过（或者由在场全体学生举手示意是否通过，三分之二及以上为通过）。通过标准为目标尽量符合 SMART 原则。②从场地一端走到另一端（分别插上小旗子），用任何不同于其他人的姿势走过去，与他人相同者将被淘汰。通过者每人得 1 分。

（4）领导者核算并宣布第一阶段得分情况（小组总成绩）。

（5）领导者带领学生进行第二阶段活动任务。第二阶段可以要求每组选派两男两女参加，要求：①最响亮地表达自己的人生目标，合格者通过意愿关。表达方式为“我想努力成为……请允许我通过!”领导者（或在场人员，同第一阶段）允许后可予以通过。通过标准为至少要达到 80 分贝（估计值）。②男学生做俯卧撑 20 次以上；女学生做仰卧起坐（或快速蹲起）20 次以上。通过者每人得 2 分，每增加 10 次俯卧撑或仰卧起坐（快速蹲起）加 1 分。

（6）领导者核算并宣布第二阶段得分情况（小组总成绩）。

（7）领导者带领学生完成第三阶段活动任务的第一个要求。每组三位学生（可重复）参加。第一个要求是：最响亮最清晰最快速地表达自己的人生目标，合格者通过意愿关。表达方式为“我一定要成为……请允许我通过!”通过标准为至少要达到 100 分贝，每秒 6 个字。通过者每人加 1 分。

（8）领导者带领学生完成第三阶段活动任务的第二个要求。还是上一阶段的三人参加。这次的要求叫作“握手盟誓”。首先是每组选派的学生依次走上前台，由领导者喊口令："下面的朋友，准备好了没有？"或"×××准备好了没有？"接着下面没在台上参加活动的学生喊口令："准备好了！"并且对台上的学生喊："有没有信心？""你是最好的！""你是最棒的！""你一定会成功！""请相信我们！我们支持你！"台上学员回应口令为："准备好了！""有！""我是最好的！""我是最棒的！""我一定会成功！"然后请台上学员和其他在场所有学生逐一握手盟誓。通过标准为：回应是否有底气、握手是否大方有力（当然不要太用力）、面部表情是否充满自信和面带微笑。通过者每人加3分。

（9）领导者核算并宣布第三阶段得分情况（小组总成绩）并汇总宣布各小组三个阶段的总成绩。

（10）领导者为得分最高的小组颁发集体荣誉"梦想成真奖"，为第二名颁发"追求卓越奖"，第三名颁发"畅想无限奖"，其他组颁发"再接再厉奖"。

（11）领导者请大家回到大组，分享"成功=意愿×方法×行动"的理念。

4. 领导者提问

（1）让你当众表达你的人生目标时，你是什么感受？

解说要点：我们从小就被告知要忠于自己的理想，要坚持自己的梦想，但是随着年龄的增长，阅历的增加，对人生体悟的增多，我们的理想反倒弱化了，我们的目标反倒模糊了，很多时候甚至羞于说出口了。当众说出我们的人生目标，就是要在这样一个特殊的场合，让大家共同来见证我们曾有过的梦想。打破那说出口一瞬间的踌躇羞涩，让我们的人生目标成为我们自己和别人都可以清晰听到的声音，这是迈向我们人生目标的非常重要的一步。

（2）在第三阶段，当你听到领导者和台下其他学生对你的鼓励支持时，你是什么感觉？你那时有多少信心认为自己真的能行？

解说要点：平时，我们常常把这种挂在嘴边的鼓励支持看作是一种很虚的东西，认为它不会有任何实际作用。当别人说我们很棒的时候，我们心里要么在想"我哪里有那么棒？不过在跟我客气罢了"，要么在想"你说我很棒，其实我也不知道我行不行，反正说句话又没什么大不了的”。实际上，当我们真的把“我能行”“我很棒”“我一定能成功”大声地、充满激情和自信地喊出来的时候，相信我们是在邀请一切积极的力量来帮助我们实现我们的梦想。我们大声喊出来，就是对自己的一种确证。

5. 注意事项

（1）本活动需要有充分的热身；中间做俯卧撑或者仰卧起坐、快速蹲起等项目时可根据实际的团体学生特点来定数量级。

（2）领导者要注意游戏控制：时间、打分、标准把握和气氛渲染。

（3）领导者要注意平衡游戏的动静相宜，因为本游戏耗时较多，一定要注意学生体能和精力的分配。

6. 拓展活动

本活动也可用于沟通与交流的探讨或者坚定人生观、价值观的探讨。

7. 知识点

本活动主要应用了心理学中关于态度的“沉没成本效应”和“自我证实效应”。

首先，让学生以口述的方式抒发他们的理想和抱负，可以帮助他们坚定自己的信念，因为用说的方式可以表达出他们的心声，让大家作个见证，其实这里是运用了心理学中的“沉没成本效应”——让自己“置之死地而后生”，描述的目标越具体，说的声音越大，听到的、见证的人越多，外在的督促力量越强，越有可能激励自己采取实际行动履行自己的诺言。

其次，大声喊出自己的想法更能巩固效果，也更能使别人信服。

再次，通过“高台信赖”这个刺激的环节，可以使学生加深印象，铭记他们说过的话，也可以证明他们的勇气。其实，这些活动都是在利用心理学中的“自我证实效应”——后续的行动总是倾向于证明之前的言行的合理性和有效性。

此外，这是一个集体参与的游戏，可以让每个人都觉得实现梦想的路并不孤独，有这么多志同道合的人相伴左右。同时，学生还很可能和理想相近的人成为好朋友，共同扶持。

活动十：我是一个幸福人

初中生到了高中以后自我倾向就会逐渐地减弱，他们的思想更接近成人的思想，更会关注到他人的感受以及自己的想法与现实层面之间的差异，更好地拥有分析问题解决问题的能力。

1. 活动目的

（1）通过半结构化的作诗过程，让学生发挥发散性思维，发挥想象力，拓展心灵资源。

（2）将活动中所写下的内容作为生命的备忘录留存在身边，提醒自己其实无论怎样自己都可以快乐幸福。

2. 活动说明

（1）时间：20~40 分钟。

（2）材料：A4 纸、中性笔。

3. 实施程序

（1）领导者带领全体学生进行初步相识活动，之后将学生进行分组，每组 5~8 人为宜，每个小组的学生可以围坐在一起。

（2）领导者引导学生伴随音乐进行冥想，可用《童年记忆》、恩雅《指环王》主题曲、舒伯特《摇篮曲》、久石让《The Rain》《乘着歌声的翅膀》《蓝色的爱》等曲目。

（3）领导者给每位学生发放一张事先打印好的纸张，上面印有如下内容，请学生完成填空：

我是一个幸福的人

如果我是一株小草，我会很幸福，因为＿＿＿＿＿＿＿＿＿＿＿＿＿＿；

如果我是一棵大树，我会很幸福，因为＿＿＿＿＿＿＿＿＿＿＿＿＿＿；

如果我是一颗石子，我会很幸福，因为＿＿＿＿＿＿＿＿＿＿＿＿＿＿；

如果我是一座高山，我会很幸福，因为＿＿＿＿＿＿＿＿＿＿＿＿＿＿；

如果我是一片云彩，我会很幸福，因为＿＿＿＿＿＿＿＿＿＿＿＿＿＿；

如果我是一阵轻风，我会很幸福，因为＿＿＿＿＿＿＿＿＿＿＿＿＿＿；

如果我是一只小猪，我会很幸福，因为＿＿＿＿＿＿＿＿＿＿＿＿＿＿＿；
如果我是一匹骏马，我会很幸福，因为＿＿＿＿＿＿＿＿＿＿＿＿＿＿＿；
如果我是一颗流星，我会很幸福，因为＿＿＿＿＿＿＿＿＿＿＿＿＿＿＿；
如果我是一座灯塔，我会很幸福，因为＿＿＿＿＿＿＿＿＿＿＿＿＿＿＿；
如果我是一只丑小鸭，我会很幸福，因为＿＿＿＿＿＿＿＿＿＿＿＿＿＿；
如果我是一只白天鹅，我会很幸福，因为＿＿＿＿＿＿＿＿＿＿＿＿＿＿；
如果我是一台老电脑，我会很幸福，因为＿＿＿＿＿＿＿＿＿＿＿＿＿＿；
如果我是一部平板电脑，我会很幸福，因为＿＿＿＿＿＿＿＿＿＿＿＿＿；
如果我是一颗草莓，我会很幸福，因为＿＿＿＿＿＿＿＿＿＿＿＿＿＿＿；
如果我是一只苹果，我会很幸福，因为＿＿＿＿＿＿＿＿＿＿＿＿＿＿＿；
如果我是失明的人，我会很幸福，因为＿＿＿＿＿＿＿＿＿＿＿＿＿＿＿；
如果我是跛脚的人，我会很幸福，因为＿＿＿＿＿＿＿＿＿＿＿＿＿＿＿；
如果我是热恋的人，我会很幸福，因为＿＿＿＿＿＿＿＿＿＿＿＿＿＿＿；
如果我是失恋的人，我会很幸福，因为＿＿＿＿＿＿＿＿＿＿＿＿＿＿＿；
我就是我，我会很幸福，因为＿＿＿＿＿＿＿＿＿＿＿＿＿＿＿＿＿＿；
从今天起，我就是一个幸福的人，不因为任何原因。

签名：

年　月　日

上述内容也可由领导者发给学生空白纸张，领导者口述，学生听写记录来完成。

（4）领导者请小组内部学生互相交换自己写的内容并进行交流，之后领导者请大家回到大组，带领学生进行大组分享。

4. 领导者提问

（1）在你对以上这些句子进行填空的时候，你对哪一句最有感觉？对哪一句会感到不知道能填什么？为什么会有这些感觉？

解说要点：反应最快的和最无法落笔的，往往都是最本质和最关键的，也就是最值得我们思考的。那些无须很多思考，很快就可以完成的内容，在生活中我们也应当考虑及时地珍惜或者放下；而那些再三思考还是不知道该写什么的，往往是我们充满纠结或者空虚的地方，一旦想清楚，我们的生活就可能会发生质变。茫然无措，可能是因为太多，也可能是因为太少，无论是多是少，都值得思考并最终付诸实践。

（2）如果你在这里感到很安全和值得信任的话，你是否愿意对在座的学生分享什么是你坚定地认为可以使你快乐幸福的？什么是不太确定的？

解说要点：无论是否愿意分享，都没有关系。不愿意分享的内容，也许是你很深的秘密，也许是还没有想清楚以至于还没有足够的自信与底气说出来，也许是不知道你和大家是否一样，是否显得怪异；愿意分享，可能是你很放得开，也愿意看看大家是什么样子，看看每个人在这里都会怎样诠释和创造幸福快乐。无论怎样，分享出来的，大家与你一起感动；没有分享的，自己好好珍惜。

5. 注意事项

（1）本活动需要有充分的热身，最好有冥想导入。

（2）本活动需要给予学生充分的时间来完成思考。

（3）本活动最后的签名纸张由学生自己带回保管，作为纪念和对自己的督促。

6. 拓展活动

本活动也可用于生命意义和个人成长探讨。变换题目内容后也可用于职业生涯规划分析。

7. 知识点

古人云“歌以咏志”。用诗歌的方式来抒发情怀，借助这一种载体来诗意地表达自己对人生积极面的无限畅想是很好的。在心理学上常用这种半结构化的方式来呈现一种模糊刺激，诱导当事人做出一种当下的反应，而这种反应实际上又是根源于当事人自己的意识层面或者潜意识层面运作的生活历程。可以说，某种程度上这是一个不规范的、没有标准化的投射测验。当下写出来的文字，不一定会成为未来的真实，也不一定有机会成为生命中的永恒，但是它指明了我们内心中的一种存在。

三、精彩活动剪影：天使与魔鬼

1. 人数：30 人。

2. 活动主题：识别每个人内心的烦恼并进行自我对话，倾听积极的声音与消极的声音。

3. 活动过程：

领导者事先打开投影仪，屏幕上是天使与魔鬼的卡通图像。在桌子上摆好事先准备好的写上“凡人”“天使”“魔鬼”角色名称的 A4 纸。

领导者首先带领所有学生进行热身游戏活动。因为人数较多，做了五轮“大风吹”活动，使团体学生尽量动起来并尽快投入到团体当中。

之后，领导者向团体学生说明本次活动的名字就叫作“天使与魔鬼”，活动的目的在于：（1）帮助学生认清自我的内在冲突，看到自己积极的一面和消极的一面；（2）帮助学生借助外部的智慧来增加自己内心的积极力量，唤醒自己心中的巨人。活动大概要用 20 分钟。

接着，领导者向学生说明，其实我们每个人都是普通人，都是有烦恼的“凡人”，都会有自己的喜怒哀乐。这时候，播放周华健的《最近比较烦》，烘托一下气氛，增强大家的共鸣。领导者接着说：“带着烦恼的我们，耳朵里会听到各种不同的声音，有鼓励我们的、支持我们的，也有嘲笑我们的、打击我们的。我们把那些发出声音鼓励支持我们的人称为‘天使’，而把那些发出声音嘲笑打击我们的人称为‘魔鬼’。‘天使’和‘魔鬼’在我们的生活中都存在，我们不能回避他们的声音。今天这个游戏，就是让我们听一听，他们会对我们说什么。”

领导者接着向大家说明今天的活动形式：“一会儿要将大家分成若干个三人小组，每个小组的三位学生要轮流扮演‘凡人’‘天使’‘魔鬼’的角色，每个小组都会领到三张 A4 纸，上面分别用彩笔大大地写着‘凡人’‘天使’‘魔鬼’。凡是扮演‘凡人’的就要尽量‘烦人’，在 3 分钟时间里诉说自己的烦恼和生活愿望，尽量具体，但是也要注意把握时间，如果能够演绎得非常形象逼真最好。而‘魔鬼’就要负责打击‘凡人’，说风凉话、挖苦、讽刺，可以把话说得很刻薄，但是不要进行人身攻击，不要用脏字脏词。而‘天使’这时要负责出来抚慰‘凡人’被‘魔鬼’打击的心灵，要尽量对‘凡人’予以支持鼓励，给‘凡人’信心和力量。”

然后，领导者请在场人员站起来，仔细听领导者说一个数字，领导者说几，就要几个人站到一起拉起手。领导者随意说了几个数字，看着大家来来往往，不断重组。最后领导者说“3”，在场的团体学生都尽快组成三人小组。因为总人数（不包含领导者）正好是30人，所以很快就组成了10个三人小组。

领导者请每个小组在场内找个地方围坐在一起，彼此简单介绍一下自己的姓名、家乡、个性、爱好等。之后，开始角色扮演。一开始，很多人都抢着演“魔鬼”，认为这个角色好演，只要使劲泼冷水，别人说什么自己都不支持，都说反面意见，脸上写着“我叫不高兴”就行了，很简单。也有一些人选择另外两个角色。不管怎样，这是第一轮，大家都是要轮着来的。

在游戏过程中，领导者在场中巡查，发现有的学生似乎还是没放得开，没想好说什么，这时要鼓励他们尽量打开心门，投入到游戏当中。有的“凡人”似乎真的挺“烦人”，说起来滔滔不绝，听得另外两人都有些不耐烦了，领导者就去提示“凡人”要注意把握时间和重点，并开玩笑说，你的麻烦如果真的太多太大了，可能“魔鬼”不放过你，就是“天使”也怕帮不上你哦!

在这个过程中发现有一组，一个学生开始自告奋勇“争”当“魔鬼”，他认为自己是很善于挖苦别人的，平时也喜欢开些冷玩笑，同时也能放下面子投入角色。但是轮到他这个“魔鬼”说话时，没说几句，就发现说不下去了，翻来覆去就是“你真没用”“你真无能”“我要是你就不会成为这个样子”之类的话，平时那些他认为“很有杀伤力”“很震撼”的话都说不出来了，总是话到嘴边就笑场。他只好说“魔鬼”难当。另一个学生迫不及待地说：“得了，还是让我试试！看我的!”

而总体上，那些“轮值”担任“天使”的学生都特别认真投入，可以看出他们真的是竭尽全力希望带给“凡人”帮助，给他们安慰，希望他们不要放弃，告诉他们天无绝人之路，只要坚持，总有希望的。

不知不觉中，每个小组中三个人都把三个角色扮演了一遍。按照要求，每个三人小组中的学生都要彼此握手，互相说：“谢谢你给我的忠告!”

领导者请各小组自愿来分享刚才在活动中的感受。有位学生说：“我一直以为搞破坏、说风凉话是很容易的事情，但是今天发现我还真做不了这事，脑子里想得好好的，真的需要说的时候就不是那么回事了，几乎说不出口，总想笑。他们俩也冲我笑，这一笑我就完全说不出来了！看来，还是人性本善，真要想诋毁别人还真不容易，我是做不出来。”另一位学生说：“我平时总以为自己很有能力也很有爱心的，总想帮助别人，但是听了别人的诉说，其实我还在想，这算什么问题啊！有什么大不了的啊！不就这么点事吗？但是轮到自己出主意，该帮助别人的时候，却发现有老虎吃天的感觉，脑子里想得不错，真说出来，发现很多时候帮不上人家。我想我需要提高理解别人的能力，更多地去换位思考。”当然，也有一位真有麻烦的“凡人”也分享说，今天他还真的听到了不少好主意，有的说法他以前也曾经想过，但是总觉得自己想得简单，今天发现别人居然也有几乎一模一样的想法，让他更有信心了；还有些别人的说法，他自己也没感到多么有用，但是开阔了思路；这位学生还说，其实他非常感谢他们那组的“魔鬼”，因为他自己平时对于多数事情都是很自信的，甚至是过于自信的，今天从“魔鬼”那里听了“鬼话连篇”，听到不少反面意见，让自己清醒许多，感到自己有收获，有成长。不过他坦诚地补充说，理智上他感谢这个“魔鬼”，但是如果生活里真有个“魔鬼”这么说话，他可能还真受不了，好在他清楚今天只是一个游戏。

领导者最后总结说，其实生活中很多时候，压垮我们信念的最后一根稻草往往是自己加上去的。有时候，我们会很乐于乐观其成，自己信心满满；但是有时候，我们自己就是自己最大的敌人，不断给自己施压，不断告诉自己不行，不断地去想那些足以让自己感到无能和挫败的事情。生活中我们作为一个“凡人”，需要“魔鬼”，也需要“天使”。正因为有了“魔鬼”，我们才知道很多美好事情的可贵和值得珍惜，才能听到那些“忠言逆耳利于行”的话，接纳并战胜了“魔鬼”，其实也就战胜了我们内心的恐惧；而“天使”的存在，让我们知道凡事皆有可能，只要我们真心努力去做一件事情，一切力量最终都会去成就我们。

最后，领导者请全体学生站起来围成一个大圈，手拉手，一起说：我们谢谢我们的“魔鬼”，因为你们让我看到了我的不足，看到了我所不愿看到的、不愿面对的我；也谢谢我们的“天使”，因为你们的爱心太有爱了，让我感到前进的动力十足，感谢一路有你相伴；我们也要谢谢“凡人”，因为我们都是“凡人”（播放李宗盛的《凡人歌》），有喜有悲，有酸有甜，哭哭笑笑，那才是我们的真实生活。我们是“凡人”，我们要快乐！

领导者感谢大家，宣布本次团体活动结束。

领导者的观察与感悟

我们每个人都是一名普通人，是一名“凡人”，但是在我们心中也都有“天使”与“魔鬼”的存在。当我们快乐时希望有“天使”来分享，当我们无助时希望“天使”能挥动他们的翅膀带我们脱离困境。刚才我看到，我们扮演“天使”的学生非常尽心尽力，绞尽脑汁去分担“凡人”的苦恼，去解脱他们的困扰。但这似乎不是一件很轻松的事情，付出和回报并不成正比。不过，好在我们可爱的“凡人”们也都对这些善意表示了他们的谢意。而另一方面，那些“魔鬼”们，刚开始信誓旦旦，说会拿出自己的看家本领，一定让“凡人”和“天使”灰溜溜地感到自己的无能与无助。“魔鬼”们用他们尽可能刻薄的言语、冷漠的神情来打击“凡人”，和“天使”展开对抗。“魔鬼”们似乎认为，帮人不好帮，打击别人、说风凉话还不容易吗？事实证明，偶尔当个坏人可能不难，难的是在规定时间里一直当坏人。很多“魔鬼”要求“下岗”——当不下去了，甚至笑场了。这似乎可以给我们三个启发：首先，生活中没有永远的对立面，转化的时机需要自己把握；其次，所谓的“坏人”其实难当，相对而言还是“人性本善”，我们不希望“魔鬼”来破坏我们，我们也不要成为他人生命中的“魔鬼”；第三，魔自心生，自助者天助之——你的力量强，“天使”的力量就强，“魔鬼”的力量就弱，而如果你的力量弱，再有本事的“天使”也会无能为力，这时“魔鬼”就会乘虚而入。

团体学生的反馈

这是个很好玩很有收获的角色互动游戏。我们自己选择了自己的人生角色，有的想倒苦水就当“凡人”，有的很有助人情结就当“天使”，自认为很能恶搞的就当“魔鬼”。但是在玩的过程中我们发现，游戏中的自己和想象中的自己不太一样：想倒苦水呢，有时话到嘴边却不知道该怎么说和说什么；而当“天使”想帮助别人呢，却发现自己似乎一下子迟钝了许多，甚至很无能，想帮别人真的不简单；而当“魔鬼”有的时候更张不开口，平时恶作剧的话都说不出来了，因为有时候不知道那个“凡人”说的是自己的真实故事还是现场编的，真的很怕伤害了人家。我们觉得在这个活动中可以体验不同角色的心态，去积极换位思考，少一些抱怨，倾听更多不同的声音，甚至真的可以得到很有效的帮助，挺好的。

自信美如花——培养自信悦纳自己

自信心是通往成功彼岸最坚固的桥梁，自信心是迈向成功的力量源泉。自信心可以激发潜意识释放出无穷的感情、智慧和精力，进而帮助你获得巨大的力量和效能。世界上一切事物的变化，都是先从内部开始的，然后再向外发展。如果你想变化、想发展、想实现自己的憧憬，你必须先从内心开始变化，然后按照新的标准调控自己。

本节内容适合在团体发展的中期进行。通过团体初期的活动和训练，团体学生有了较多的了解和熟悉，团体的安全感和信任感基本确立，通过该主题的训练，使学生学会欣赏和接纳自我，并通过大家的共同智慧，找到自信的方法，变得自知而智明。

本节的活动根据活动内容的性质以及开展的先后顺序分为三类：第一类活动主要是热身和导入性活动，包括“舞出优美的自己”和“心理能量对对碰”；第二类活动主要是从如何接纳自己，挖掘并发现自己的优势，建立积极的自我意象的角度训练和提升自我效能，包括“发现独特的自我”“挖掘自我优势”“欣赏他人的优点”“照出积极的自我”“冥想提升我能量”；第三类活动主要是从如何转变认知和思维方式的角度来改变看待事物的角度，利用大家的智慧寻找提升自信的方法，包括“齐心协力找自信”和“重新定义自己”。

一、训练目标

初中生开始对自我进行认同，有的偷偷地照镜子，对自己的身高外貌异常关注，他们拿自己的所谓缺点与对方的优点比。比方说自己的身高不够高、相貌不美丽、牙齿不整齐，甚至脸上长出一个青春痘，他们也会烦恼不已。对自己身体不满意产生极度的焦虑和自卑。也有的初中生会产生嫉妒心理，背后说某某同伴的不好，其实他的潜台词是对方的存在让他不开心了，这是因为嫉妒导致的。在这个时期，家长和老师要进行正确引导，要看到对方的长处，向他学习自己才能变得更加优秀。

1. 学会欣赏和接纳自我，挖掘自我优势，建立积极的自我心象。
2. 学会发现和欣赏别人的优点，促进相互的肯定与接纳。
3. 通过小组学生的共同智慧，找到自信的感觉和方法。

二、训练活动

活动一：舞出优美的自己

进入初中以后，他们渐渐地摆脱了父母的束缚，同辈之间的交往变得非常重要。对父母的话他们很少倾听，自己的心思也是和同伴袒露。拿不定主意的事情向同伴请教，而对父母守口如瓶。与同伴的交往由大团体变成小团体，他们常常三五成群，在假日里相约出游。身心的变化，让他们对异性产生好感，但是他们很少坦露心声，更多的时候是默默地看着或者在群体当中具有表演性以吸引对方注意。父母在他们心中榜样的作用渐渐削弱，他们不再唯命是从，对父母的过度控制产生逆反心理，特别在父母不尊重他的时候。

1. 活动目的

（1）暖场，调动大家参与活动的积极性。

（2）通过身体的自然接触，打破彼此的隔阂和陌生感，使团体气氛尽快活跃起来。

（3）使大家理解美的真谛在于真情的投入。

2. 活动说明

（1）时间：15 分钟。

（2）材料：音响设备，音乐（苏格兰舞曲）。

（3）场地：空旷的场地，尽可能大一些。

3. 实施程序

（1）所有学生起立，围成一个大圈。告诉大家先要跳一段舞。

（2）询问团体学生谁舞跳得最好，谁最不会跳舞。邀请最不会跳舞的学生上来与领导者一起和大家示范舞蹈动作。

（3）领导者教大家基本的舞步和动作、跳完后互相致礼的动作、音乐的节奏。教完后与被选上来的学生一起伴随音乐节奏示范舞步。

（4）每人选一个舞伴跳舞，音乐停止后相互致礼。

（5）换一个舞伴继续跳舞（跳多少轮次视团体学生多少以及当时的气氛而定，一般需 4~5 轮）。

4. 领导者提问

（1）询问参与示范的学生：你跳得怎么样？询问大家：这个自认为最不会跳舞的人刚才跳得怎么样？

解说要点：在日常生活和学习中，我们常常认为很多事情我们肯定做不好，比如说跳舞，很多人认为那是有舞蹈天分的学生的专利，看到舞场退避三舍，即便班级开联欢会也断然不会放开去舞动一把。想一想，是什么扼杀了自己的潜力和欲望？答案是你隐藏在内心的恐惧，害怕自己跳得不好看，害怕被别人嘲笑。

（2）在跳舞的过程中，大家最大的感受是什么？

解说要点：放松、快乐、自由自在、无所顾忌等，这些词经常在学生分享时被提到。我们发现，当尽情地投入到舞蹈中时，每一个人都可以跳得很优美。其实，舞蹈本身就来自于生活，许多基本的舞蹈动作都来自于对生活的模仿，当我们尽情地把这些动作以更夸张的方式展现出来的时候，就是最优美的；当我们抛却了内心的恐惧和限制时，内在的潜力就会释放出来。

（3）我们如何才能得到这种放松和快乐？

解说要点：抛却内心的恐惧，松开自我设置的羁绊，尽情地投入到音乐、动作以及与别人的互动中，就能感觉到那种自由自在、放松和快乐。越是扭捏，越是放不开，就越会跳得动作僵硬，也很难看。

5. 注意事项

（1）领导者在示范时选一个自认为最不会跳舞的学生，并且向大家说：如果他能跳好的话，相信每一位学生都能学得会、跳得好。

（2）领导者的示范动作及讲解要简洁清楚。

（3）学生结伴跳舞时，如果学生为单数，协同领导者（也称助手）可参与进来，如果没有协同领导者，则由领导者本人加入一起跳。

6. 拓展活动

此活动也可用于破冰环节，可以和热身及相识、团体建设的许多活动结合起来使用。

7. 知识点

自我设限是指个体针对可能到来的失败的威胁，事先找些障碍，为失败创造一个合理的借口，从而保护自我价值，维护自我形象。

很多人不能成功的根本原因是自我设限。认为自己只能达到某种程度，从而形成一道无形的墙，限制自己思维的拓展和能力的提升。

一个人要成功，首先要学会突破自我设限。突破自我设限就是面对现实，了解自我并认清环境，在自我与环境中摸索出突破的方向。

活动二：心理能量对对碰

1. 活动目的

体会目光的接触对内心心理能量变化的影响。

2. 活动说明

（1）时间：15 分钟。

（2）材料：无。

（3）场地：空旷的场地，椅子。

3. 实施程序

（1）团体学生自由组合，两人一组，最好是男女异性结合成组。

（2）二人面对面坐好，膝盖相互接触。

（3）二人互相认识，相互问好，用膝盖相互轻轻碰撞以彼此打个招呼。

（4）请用平和、接纳的目光去注视对方的眼睛，把你对对方的关爱和接纳通过目光传递给对方。整个过程要求保持安静。

（5）时间为 1 分钟。

（6）组内分享活动过程及内心的感受。

（7）如有必要，可重新结组再次体验。

4. 领导者提问

（1）在规定的时间内你有几次目光飘移开对方的面部或者哑然失笑？

解说要点：在目光对接时，很多学生会控制不住地说话、失笑，或者哈哈大笑，或者目光不断地向上下左右飘移，或者显得特别不自然。甚至有的学生会说：这也太不自然了。当然，也会有相当一部分学生会很坦然地完成这个活动，无论对方多么不自然，他（她）都会以平和的态度和表情去接纳对方。其实，我们的失笑或目光飘移以及其他不自觉的行为都是在掩饰内心的不自然、焦虑甚至是恐惧。

（2）在这一分钟内你都经历了什么？有什么样的感受？

解说要点：大部分学生在活动的初期都会感到或表现出不自然，但很多人会很快地调整自己的心态，把注意力集中在对方的面部，当心灵投入到对对方的关注上，当你把足够的关爱传递给对方时，便会感到自然和舒服了。大部分学生在后面几十秒都会慢慢地进入状态。

5. 注意事项

（1）领导者要将规则解释清楚。

（2）提示学生要用平和的、接纳的目光去关注对方，而不是二人互相瞪眼。

（3）活动过程中要集中注意力，认真体会和观察过程中都发生了什么、有什么样的感受。

（4）活动过程中注意双方目光和表情的变化。

6. 拓展活动

（1）本活动既可以作为本专题训练的热身活动，也可以作为了解目光对心理活动影响的一个独立活动。

（2）本活动可以和内外两组旋转沟通的组织形式结合使用，通过内外两组不同的旋转组合不同的伙伴多次体会活动内容。

7. 知识点

眼睛是心灵的窗户，一个人的眼神可以透露出许多有关他（她）的信息。当你用专注的、接纳的、温和的目光去关注别人时，你会发现，你的能量正在源源不断地传递给对方。当两人都能够用专注的、接纳的、温和的目光去关注对方时，不但发现能量可以彼此传递，而且可以彼此交流和互相鼓励，内心的温暖和力量便在不知不觉中增长了。

在与对方目光接触时不由自主地说话、笑或者目光飘移，其实是在掩饰内心的尴尬和自卑。正视对方表明我很诚实很自信，我不但能够给你信心，也能为你赢得别人的信任。

活动三：发现独特的自我

1. 活动目的

（1）学会欣赏自我、接纳自我，接受自己是一个独特的存在这一事实。

（2）学会欣赏别人，发现别人身上的独特之处。

2. 活动说明及准备

（1）时间：20 分钟。

（2）材料：彩笔，A4 纸每人一张，气球每组一个。

（3）场地：空旷场地，椅子。

3. 实施程序

（1）分组：4~6 人为一组，每人一张 A4 白纸，每组一盒彩笔，每组坐成一圈。

（2）认真自我观察，请写出 3 个让自己感到自豪的身体部位或外在形象。

（3）认真自我内省，请写出 3 种令自己感到自豪的性格品质。

（4）写完后，小组内学生自我分享。可采用在组内传递气球的方式，即拿球者先分享自己的内容，然后把球传给组内的另一个学生（最好是随意传递，不规定次序)，接球者分享后继续往下传。分享时要言简意赅，大声、有力；听者要认真聆听分享者所分享的内容。传递可多次重复进行。

(5) 真诚地欣赏别人。根据上述环节中每个人自我分享的内容，此次持球学生在把球传给下一个学生之前，要先说“×××，我欣赏你的……”(“……”可以是对方刚才自我分享的内容和方面，也可以是你自己感受到的内容和方面)。被欣赏的人听到对方的夸奖和接到球后，要说“谢谢”，然后把球传给下一个人，依此类推。

4. 领导者提问

(1) 在写感到自豪的外在形象和内在品质时，你是很快地找到了自己这方面的特点呢，还是很难找到？

解说要点：有的学生很快地找到了自己感到自豪的外在形象和内在品质，有的学生想了很长时间也写不出三条，甚至有的学生连一条也写不出来。当问他（她）为什么写不出来时，他（她）说，我对我自己的各个方面都不满意，我的父母从未夸奖过我，我从小就是在批评中长大的。因此，完成此活动的快慢与数量的多少与真实的外在形象并不一定成正比。

(2) 在作自我观察和内省时，你有何感受？

解说要点：我们整天忙于生活和学习，很少作自我观察和内省。或者生活和学习的压力剥夺了我们进行自我观察和内省的机会。当我们在作自我观察和内省时，很多人会感觉不舒服或不自在，或者我们特别不习惯这样去审视自己，更不善于去寻找并发现自己身上的优点。自信的人比较积极，经常能够看到自己的优势和长处，同时也会积极地看到别人的优点和长处。自卑的人常常盯着自己的短处并陷于不满的情绪当中。

(3) 当你与小组学生分享时，你内在的感觉是什么？

解说要点：自信的人在与人分享自己的优点时，常会感到愉悦，有能量，而且探索和分享的过程能够强化和提升这种能量；而自卑的人在与人分享自己的优点时，常会感到不自在，不好意思，无底气。

(4) 通过这次活动，你对你自己有什么新的发现？

解说要点：通过自我探索和别人的欣赏，你会发现，你自信的地方，别人也一定能感受得到。同时，有时别人欣赏你的地方，恰恰你没注意到，或者是你很不满意的地方。

（5）当你听到别人夸奖你的时候，你有什么感受？

解说要点：当我们用真心去夸奖别人的时候，别人就一定能感受到，而不是应酬式的交流；当别人真心地夸赞我们的时候，每个人都会感受到被接纳和肯定，同时也提升了自己对自己的接纳和肯定。

5. 注意事项

（1）分组可采用多种方法灵活分组，注意男女生的搭配。

（2）在自我观察和内省之前，先让大家把情绪平复下来。

（3）在公布完规则之后，可巡回观察学生的完成情况，鼓励大家沉下心来努力探索，3 分钟之后，可再宣布如果找不到 3 条，那么写出 2 条或 1 条都可以。

（4）关注那些完成得非常快或写出的条目比较少的学生。

6. 拓展活动

（1）此活动可以两两分组进行。

（2）传递的物体可以是气球，也可以是皮球、文具盒或其他任何可以利用的东西。

（3）此活动也可以用于团体相识之初使用，或作自我探索时使用。

7. 知识点

一个人对自我的认知和评价构成了他内心中对自己的描绘，即自我意象。自我意象是指在自己心目中，即潜意识中的“自我肖像”，就是自己对自我的定义。人的自我意象的获得与成长过程中所得到的来自他人和自身的肯定的多少有关。

自我意象有两种：积极自我意象和消极自我意象。积极自我意象的核心是自信、乐观、有目标、有成效。消极自我意象的核心是自卑、自惭形秽、悲观失望、无目标、无追求，或者是自负、嫉妒、猜疑、自高自大、自我中心。

自我意象是主导意识活动的潜在程序，是人行动目标的自动导航机制，是决定行为成败的“司令部”。

活动四：挖掘自我的优势

1. 活动目的

挖掘自我优势，建立积极的自我意象。

2. 活动说明

（1）时间：30 分钟。

（2）材料：彩笔，A4 白纸每人一张。

3. 实施程序

（1）请每人尽可能多地罗列自己能做的事情。

（2）如果想不出来，就从“我能吃饭”“我能说话”“我能走路”写起。

（3）不少于 20 条。

（4）小组内循环交流分享。

（5）每组选取 1~2 个代表进行大组内分享。

4. 领导者提问

（1）当你罗列自己能做的事情的时候，有没有遇到一些心理上的阻碍？

解说要点：当罗列自己能做的事情时，很多人常常不知道从何下手，一是我们常常不习惯于这种思维方式，二是我们的文化和所接受的教育常常不鼓励我们去挖掘自己的优点。

（2）认真阅读你所列出的内容，不同条目之间在内涵上是并列的还是逐步深入的？

解说要点：有的学生列出的条目很多，但大部分条目在同一层次上，说明一是没静下心来自我观察，二是没有深入细致地思索。

（3）重读一遍你所列的内容，感受一下自己的内在心灵有没有什么变化？

解说要点：能够逐步深入并不断发现自我潜能的人，是对自我具有清楚意识、能够自我肯定和正向评价的人。他们常常具有积极的自我心象，常常乐观、自信和高效。列出并反复诵读自己能够做到的事情，会强化积极的自我心象，提升自我效能感。

5. 注意事项

（1）活动前可用放松或集中注意力的活动让大家把注意力集中在内在自我的探索上，切忌只是把本活动当成游戏，以至于活动只停留在热闹好玩的层面上。

（2）当有的学生迟迟不能下笔时，可给予多一点的时间让他们思考，因为有的学生平时很少会静下心来认真思考此问题。当有的学生确实想不出来要写什么时，提醒他们从“我能吃饭”“我能说话”“我能走路”写起。

（3）学生在罗列自己能做的内容时，领导者可自由走动观察学生所写内容，可引导学生对自我的探索逐步深入。如“我能说话”“我能讲笑话活跃气氛”“我能在学校演讲比赛中获得冠军”等。

6. 拓展活动

每个小组代表在大组内分享完后，可以让大家评比，看看谁写得最多，谁写得最深刻，谁写得最有创意。

7. 知识点

自我效能感是指人们对自身能否利用所拥有的技能去完成某项学习行为的自信程度。自我效能感影响人们对活动的选择及对该活动的坚持性，影响人们在困难面前的态度，影响新行为的获得和习得行为的表现，影响活动时的情绪。加强自我效能感对于提高学习绩效、增强学习动机、改善学习态度都有重要意义。

学生习作：我能……

我能在突发的事情面前在不到1秒内恢复镇定，迅速地想办法加以解决；

我能在身体万分疲倦的情况下，以坚强的意志使自己迅速清醒，接着完成应该按时完成的事；

我能在400米操场上不费力地跑15圈左右，而且在25分以内；

我能在陌生的环境中，以不足半小时的时间完全适应；

我能在3分钟内记30个英语生词；

我能在游泳池中潜水，并能连续游 1 个多小时；

我能从失败后的悲哀中快速地解脱出来；

我能在音乐的殿堂之中漫步；

我能把张信哲、羽泉的歌模仿得惟妙惟肖；

我能做一些简单的针线活；

我能修自行车、盒带式单放机；

我能在别人冷落我的时候，让别人改变对我的看法；

我能以超凡的毅力去弥补自己的不足；

我能帮助别人解决一些令人抑郁的心理问题；

我能很快赢得女生们的尊重；

我能在学习的海洋中拣金拾贝；

我能并且一定能自立。

活动五：欣赏他人的优点

1. 活动目的

（1）学会发现和欣赏别人的优点。

（2）学会赞美，促进相互肯定与接纳。

2. 活动说明

（1）时间：50 分钟。

（2）材料：彩笔，A4 白纸，比较大一点的白纸或彩纸。

3. 实施程序

（1）分组，6~8 人为一组。

（2）小组学生齐心协力用白纸或彩纸折一顶高帽子。

（3）请一位学生戴上高帽坐在中央，其他学生认真观察坐在中间的学生，感受他的优点及值得欣赏之处（性格、相貌、为人处世、学习、特长等）。

（4）大家轮流大声说出他的优点及值得欣赏之处。

（5）换一名学生继续进行，直到每个学生都被戴过高帽。

4. 领导者提问

（1）别人所感受到的优点和值得欣赏之处哪些是自己以前觉察到的，哪些是没有觉察到的？

解说要点：别人所感受到的优点和值得欣赏之处，有些是我们知道并能够展现出来的，有些是我们展现出来了却不自知的，有些是我们自己知道并刻意不想展现但别人依然感受到了的，有些是我们从来不自知但却被别人感受到了的。

（2）当听到称赞和欣赏之后，你有何感受？

解说要点：当听到称赞和欣赏之后，我们会感受到别人对我们的肯定、欣赏、接纳，会感到高兴和温暖。大部分学生在听到别人的欣赏之后，会照单全收，也有个别学生会不太接纳别人某些方面的称赞和欣赏。

（3）这个活动对你自己有何启发？

解说要点：当那些我们自己知道并能够展现出来的特点被别人称赞和欣赏后，我们常常会有被接纳的喜悦；当那些我们展现出来了却不自知的特点被别人称赞和欣赏后，我们常有被意外肯定的欣喜；当我们自己知道并刻意不想展现但别人依然感受到了的特点得到别人的称赞和欣赏之后，我们常常会感到惊奇，因为自己刻意回避的特点常常是自己不满意的特点，别人的肯定和欣赏常常会带来更多的反思；而我们从来不自知但却被别人感受到了的特点，带来的更多是惊喜和反思。

5. 注意事项

（1）折叠帽子由小组学生共同协作完成。

（2）用心观察坐在中央的学生，真诚体会对方身上可供赞美之处。

（3）真诚地表达对对方的称赞；感受和表达对对方的称赞时态度要真诚，不能毫无根据地吹捧，这样反而会伤害别人。

（4）被称赞的人每次都关注小组学生，被称赞后，要说“谢谢”。

（5）参加者要注意体验被人称赞时的感受如何；怎样用心去发现他人的长处；怎样做一个乐于欣赏他人的人。

6. 拓展活动

帽子的颜色和形状可由小组学生自由设计，小组学生也可用彩笔对帽子进行装饰。

7. 知识点

自我意识是指人们对所有属于自己的身心状况的认识，包括认识自己的生理状况（如身高、体重、容貌等）、心理特征（如兴趣爱好、能力、性格、气质等）以及自己与他人的关系（如自己与周围人们相处的关系、自己在群体中的位置和作用等）。

人们对自我的认知可以通过自己眼中的我与他人眼中的我之间的比较来获得。相比较而言，人们均特别重视自己在别人眼中的印象和评价。在本活动中，通过促进周围的人对当事人优点的感知和表达，帮助当事人澄清和强化积极的自我意象，促进其自我认识，提升其自我评价。

活动六：照出积极的自我

1. 活动目的

利用积极的自我暗示，建立积极的自我意象。

2. 活动说明

（1）时间：30 分钟。

（2）材料：一面镜子（最好能照到全身）、油性笔。

3. 实施程序

（1）站在镜子前，认真观察一下镜中的自己，感受一下此时你的姿势、你的神态以及你内在的感觉。

（2）想象自己将要面临的问题，如要去访问一个极其固执的人，或拜见一位曾使你感到害怕的上级，或者要去演讲或布置学习等，感受一下当你想到这样的情景时你的身体姿态、面部表情以及内在感觉都是什么样的?

（3）站直身体，脚后跟靠拢，收腹、挺胸、昂首，深呼吸，慢慢调整自己身体的姿势，直到调整到自己认为有气势为止，再仔细调整表情，直到自己认为自然而有力量为止。

（4）反复操练和修正你所设计的动作和表情，直到你相信自己能够不慌不忙地应对你所面临的问题。

（5）凝视镜中眼睛深处，大声告诉镜中的自己，你最想要的东西是什么，大声说出来，并告诉自己通过努力一定会得到。

（6）对镜子里的自己反复说，你会获得足够的能量和力量，没有任何东西能够阻止。

（7）每天至少早晚做两次。

4. 领导者提问

（1）当你想到你所面临的问题时，你所观察到的镜中的你是什么样子的？

解说要点：当人们面临问题而难以解决时，常常表现得比较松松垮垮，弯腰低头，双肩内收，有气无力，无精打采。

（2）调整姿态后，你内在的感觉有没有发生变化？

解说要点：当外在的行为发生变化后，人们会发现，自己内在的心态也会变得积极而有力量。

（3）每一次的训练，你的自我心象有什么样的变化？

解说要点：拿破仑·希尔（Napoleon Hill）说，我们把自己想象成什么样子，我们就真的会成为什么样子。因为，任何渗入潜意识的设想，都可能在生活中成为现实。只要人为地对自己的姿态进行训练，就会发现，自己的内在心理会变得越来越有力量，越来越自信。

5. 注意事项

（1）环境要保持安静，让学生有足够的安全感。

（2）引导小组学生尽情投入活动，个人的嬉笑可能引起其他学生的阻抗。

6. 拓展活动

（1）如果条件允许，可以把姿态调整前的形象和经过反复修正确定后的形象拍下来，仔细体会两种姿态内在感觉的不同。在训练的后半部分就只能看调整后的形象而不再看调整前的形象。

（2）还可以用油性笔将激励自己的话写到镜面上。

（3）可以让小组其他学生一起参与进来帮助当事人设计姿态。

7. 知识点

自我意象就是自己对自我的定义。自我意象是主导意识活动的潜在程序，是人行动目标的自动导航机制，是决定行为成败的“司令部”。

心理学研究认为，人的一切变化都是先从内部信息变起，而后向外扩展。因此，你必须先从内心认识一个目标，然后才着手去完成它。当你内心“看到”一个目标时，你的内部机制就会自动把任务承担起来，并以一种超意志力去完成它，你只需要全心全意地想象你的目标和实现目标后的体验，便会在轻松愉快中完成目标。

活动七：冥想提升我能量

1. 活动目的

通过冥想练习和积极暗示提升自信。

2. 活动说明

（1）时间：30 分钟。

（2）活动准备：自由而安全的环境。

3. 实施程序

（1）观念引导：心理训练中的自我暗示、自我肯定技巧可以促进我们改善自己的身心，可以通过坚定的肯定性表达反馈到我们的头脑中，从而产生一系列生理和心理变化，导致我们在富有感召力的语言指示下，产生我们真正所盼望的自我改进与自我完善。当我们坚持这种训练一段时间之后，就会发现，自我暗示、自我肯定训练能帮助我们重塑自己的人生，重新构筑自己的身心世界。

（2）放松引导：在一处安静的地方，我舒适地坐下来，轻轻地闭着眼睛，慢慢地呼吸，吸气很深很深，我开始数数，由 10 倒数至 1，10—9—8—7—6—5—4—3—2—1，感觉到随着自己数数的节奏，头部开始放松，面部开始放松，颈部开始放松，胸部开始放松，手臂开始放松，腹部、腰部、臀部，慢慢地整个腿部开始放松，紧张垂落至脚，脚部逐渐开始释放这些紧张，脚腕开始放松，脚背开始放松，脚趾开始放松……慢慢地，我的全身心都放松了……

（3）意象构筑：现在，我来到一个美丽安宁的地方……绿意葱茏，阳光明媚，有很多树……很大很漂亮的树……你选择其中一棵树，一棵粗壮美丽的树，有着干净的可以让你靠近的树干……你可以走近，抚摸这棵树，感觉它的力量……花些时间感觉这棵树充满力量的存在……现在，你转过身，背靠在这棵树上……呼吸，感觉与这棵树的联结……你感觉你慢慢与树干融为一体……你就像是在树里，与树合二为一……你就是这棵大树，坚实地扎根于大地，温暖、有力……在呼吸中，你可以感觉到树根在往大地深处蔓延……吸气时，你感觉到大地的能量进入你的身体，给你注入生命活力……吐气时，你把能量发送回大地……你也可以感觉到树枝，枝叶繁茂，伸向天空……吸入太阳的光芒，吸入大气中的氧气……我就是这棵大树，与大地联结，与天空联结……我是一棵充满能量的大树，我有足够的能力吸取大地和天空中的所有能量，我也有足够的力量去迎接自然界中的风吹雨打……我是一棵充满能量的大树……

（4）主题暗示：现在，我开始打开我内在的心灵，以下的话语和形象开始进入我松静自由的灵魂。

我能够顺利地放松入静。

我善于把自己的思想图像化。

我善于进行形象预演，我预演的形象细致、逼真。我拥有真实、准确、完整的自我形象。

我善于用简明、坚定的语言诱导自己。

我具有洞察问题的直觉。

我经常运用潜意识解决问题。

我善于为自己设立目标。

我设立的目标合情合理。

我循序渐进地为目标设计执行步骤。

每天我都激励自己去实现所设定的目标。

潜意识可以帮助我快速而准确地行动。

积极的思想和行动使我成功。

我设立的目标必能实现。

自我肯定给了我信心与力量。

我善于构筑积极、健康、宽松、愉悦的心理环境。

我建立了积极、健康的自我形象。

我在自我肯定中找到了自信和能量。

4. 领导者提问

（1）在冥想过程中你是否很投入？如果不够投入，是什么阻碍了你？

解说要点：在冥想过程中，有的学生很投入，能够跟随领导者的指导语进行充分的想象；有的学生却很难投入进去，脑海当中会闪现许多其他的事情或念头。不够投入的原因，一是对冥想练习不熟悉，平时很少接触，一下子不太容易进入；二是个性比较独立的人接受暗示性比较小；三是如果内心的安全感不太足够，无意识会对冥想产生阻抗。

（2）在冥想的过程中你有什么感受？

解说要点：冥想的过程包括放松、意象构筑和主题暗示三个过程。大部分学生都会慢慢在指导语的引导下把身心慢慢放松下来，建构起坚强和富有能量的大树意象，并用正向的暗示不断提升自己的自我心象和能量。

5. 注意事项

（1）安静、温暖和安全的环境很重要。

（2）可以用背景音乐或专业的放松音乐。

（3）领导者的指导语的节奏应根据学生们的反应而有所变化。

6. 拓展活动

（1）指导语可根据需要有所调整。

（2）主题暗示的语句也可根据需要进行增减。

7. 知识点

冥想是一种改变意识的形式，它通过尝试获得宁静状态而增强自我意识和良好状态。心理学研究表明，冥想练习可以强化人的意象，提升精神能量，调节情绪，改善心理健康。

阻抗是人们对于活动过程中自我暴露与自我变化的抵抗，它可表现为人们对于某种焦虑情绪的回避，或对某种痛苦经历的否认。阻抗的概念最早由弗洛伊德提出，阻抗的意义在于增强个体的自我防御。

以下是可资参考的主题暗示的句子：

我总能发现自己所具有的优良品质。

我善于扬长避短，充分发挥自己的才干。

我有自己为人处世的风格、特点。

我具有独立自信的个性。

我是自己思想和行动的主人。

我总是对生活充满感激之心。

我具有豁达的胸怀。

我实事求是地评价别人。

我与众不同，我敢作敢为。

我敢于坚持自己的正确观点。

我善于在生活中寻找积极的因素。

我积极地处理生活中的每件事。

我追求成功，也敢于尝试失败。

即使屡屡失误，我仍会继续尝试。

我全身心地投入现实生活。

我充分利用眼前的时间。

我做每一件事都从现在开始。

我能充分发挥自己的才能。

我敢于拼搏获胜。

我善于奖赏和激励自己。

我富有竞争精神，敢于面对挑战。

我勤奋学习，乐于助人。

我每天都能最大限度地利用时间。

我能合理地制订出实践计划。

我每天都过得很充实、很快乐。

我专心致力于现在的事。

我全神贯注地做自己的事情。

我能够控制自己的思想，调节自己的情绪。

我乐于从批评中学习经验。

我乐于学习成功者的行为策略和思想方法。

我乐于接受新知识、新观念。
我虚心遵从师长的教诲。
我善于打破常规并赢得人们赞同。
我能够战胜自己的恐惧心理。
我具有幽默感。
我善于摆脱困境。
我从容不迫地对待生活。
我敢于面对错误和失败。
我勇敢、我坚定、我自信。
我能够接受自己美好的一切。
我珍视自己的存在价值。
我能够获得幸福和成功。
我完全热爱和接受现在的我。
我自由自在地表达自己的思想感情。
我乐于向社会奉献自己。
我乐于鼓励和赞美别人。
我善于调节自己的人生目标。
我立足于现实，勤奋苦干。
我既有远大的理想，也能踏踏实实地奋斗。
我善于锻炼自己的挫折承受能力。
我善于在逆境中寻求机会。
我善于从失败中汲取经验。
我善于改变挫折情境。
我总能减轻挫折引起的不良后果。

活动八：齐心协力找自信

1. 活动目的
通过小组学生共同的智慧寻找提升自信的方法。

2. 活动说明

（1）时间：50 分钟。

（2）材料：彩笔、A4 白纸若干、一张大彩纸。

3. 实施程序

（1）分组，每组 5～6 人。每组一盒彩笔，一张大彩纸。每人一张 A4 白纸。

（2）请每个人认真想一想，你自己曾经使用的或者是自认为比较好的提升自信心的方法都有哪些。

（3）选择 3 个最有效的方法写在 A4 白纸上。

（4）小组内交流。共同讨论选择出 5 条小组公认的比较好的提升自信心的方法，写在较大的彩纸上。

（5）组间交流。每个小组呈现并分享自己小组的观点，呈现完后贴在黑板上或四周的墙上。

4. 领导者提问

（1）你常用的提升自信的方法都有哪些？

解说要点：提升自信的方法有很多。有的学生列出的方法比较多，有的学生列出的方法比较少。虽然提升自信的方法多种多样，但它们有一个共同的目的，就是要让当事人感觉内心更有能量，对于要完成的事件会更有力量感和控制感。

（2）你的方法和别人的方法一样吗？有没有非常独特的方法？

解说要点：有的小组学生的方法和别人的方法差不多，如很多学生会提到用言语暗示的方法，反复告诉自己"一定行"，有的小组学生提到"回忆过去成功的经历"等。也有的学生提出了非常独特的方法，如一位学生曾提到：当他每一次心生怯懦的时候，他就会去买一根雪糕吃，吃完之后就会信心倍增，因为中学时害怕考试，班主任在找他谈话时请他吃了雪糕，每次当他吃雪糕的时候就会有一股能量流入体内。

（3）听了其他人（组）的观点，你有何启发？

解说要点：提升自信的方法有很多种，如果别人的方法和自己相似，会让自己强化这种方法的使用；如果别人的方法与自己不同，则会提供有益的启发与思考。

5. 注意事项

（1）除非提出的方法过于极端或有危险的后果，领导者一般不要对小组学生所提出的提升自信的方法进行评判，因为每个人所提出的方法都可能是根据自己的经历和思考而提出的。

（2）每个人在回想和写出自己提升自信的方法时，小组学生间不能随意交流。

6. 拓展活动

（1）如果条件或时间有限，也可在小组讨论后，由小组推举出一个人作为代表进行发言。

（2）如果时间允许，还可让小组学生分享他们提升自信的经历或故事。

7. 知识点

常用的建立自信的方法。

（1）挑前面的位置坐。当你总是坐在前面时，不但可以受到关注，同时也可以让你感觉自己比较积极进取，也向别人传达出你很有信心。

（2）训练正视别人。正视别人等于告诉他：我正在关注你的谈话，我很诚实，我很自信。

（3）把走路的速度加快25%。心理学研究认为，懒散的姿势、缓慢的步伐常与对自己、对学习及对别人的不愉快的感受联系在一起。我们可以借着改变姿势与速度，改变心理状态。当你感觉失意或不自信时，可以用积极的行动去压制消极的心态，如尽量大声地说话、强迫自己出去活动、提高说话和做事的速度等。

（4）训练当众发言。许多不敢在大家面前讲话的人认为“我最好别最先站起来发言，因为我的意见可能没有价值”或者“我可别在大家面前出丑”。不敢当众发言，或者总拖着不站起来发言，是信心不足的典型表现。一个人越在大家面前积极讲话，大家就越认为这个人有信心、有主见，同时他下次就越容易站起来发言。

（5）训练咧嘴大笑。自信的人常常笑声爽朗，自信的人常常笑得发自肺腑，自信的心常常笑得让别人感到轻松和愉悦。真正发自内心的笑不但能治愈自己的不良情绪，同时还能化解别人对你的敌对态度。学会笑、运用笑会使你变得更开心、更自信、更具有魅力。

（6）利用自我暗示。在面对困难的时候，告诉自己：我一定能行，我一定能做好！利用自我暗示，自己给自己以力量。

（7）利用自信培养自信。

（8）做自己能做之事。当自己遭遇困难或对某些事难以把握的时候，最好是先停一停手中的困难之事，先去做一些容易的或者自己能够控制也有把握做好的事，通过做自己能做之事来培养和增强信心。

活动九：外在形象显自信

1. 活动目的

通过改变服饰等外部形象改变内在的感觉。

2. 活动说明

（1）时间：50 分钟。

（2）材料：服装若干件，其他必要饰品。

3. 实施程序

（1）分组，5~6 人为一组。

（2）每人走到小组中央秀一下自己，方式自定。

（3）给大家 25 分钟时间，每人回宿舍打扮一下自己，穿上你认为最能展现你魅力和特点的衣服，梳洗打扮整齐。

（4）自我设计展示的动作和神态。

（5）每人在小组内展示自己，每组推举 2 人在大组内展示。

4. 领导者提问

（1）在第一个自我展示的环节，你是第几个出场的，你有哪些体会和感受？

解说要点：一般来说，越是自信的人，越注意平常的自我形象，相反，越是自卑的人，平常的形象越邋遢，不修边幅。当然，有些人在日常生活中常过度地修饰自己，有时也是自卑的表现，是想用不真实的自己掩盖内心的脆弱。

（2）在回宿舍打扮自己的过程中，你有何感受？有没有新的发现？

解说要点：有的学生回宿舍后，会很快地打扮好自己，因为在他们的内心中，有一个固定的自信的自我形象，他们也常会在日常生活中的重要场合根据这个形象来设计自己。有的学生回宿舍后，却不知道如何来打扮自己。有的人没有什么合适的衣服，有的人衣服很多却感觉穿哪件都不合适，有的人根本就不知道要把自己打扮成什么样子。

（3）通过第二个环节的展示，你有何新的发现？

解说要点：当我们外在的形象改变以后，就会发现我们身体的姿态、走路的姿势、说话的方式等都会发生一些变化，外在形象的改变会让我们变得更挺拔、更有气势、更有自信。

5. 注意事项

（1）提醒大家最具魅力的穿着不是最昂贵的，不是最好看的，而是最适合得体的。

（2）所设计的动作和神态应大方有特点，忌搞笑。

（3）课堂展示不是化装舞会，因此不需要浓妆艳抹，而要得体适宜。

（4）主要让学生体会两次不同的形象，而不是同别的学生作对比。

（5）最好能拍下照片，并及时把变化前后的形象在多媒体上展示。

6. 拓展活动

（1）为节省时间，可在课前提前通知学生上课带来一身自己比较中意的服装。

（2）换装阶段，学生们之间也可相互借用服装。

7. 知识点

行为主义心理学认为，人们可以通过改变外部行为从而改变内在的意识。

衣着是人外在的服饰，心态是人内心的状态，一个人内心的状态与其外在的服饰有着直接的关联。当人们的着装发生改变的时候，他的心态、对自己的意识以及在大脑中建立的意象等都会跟着发生变化。

活动十：重新定义我自己

1. 活动目的

（1）及时中断负性思维。

（2）重新定义自己，改变原有认知。

2. 活动说明

（1）时间：20 分钟。

（2）材料：彩笔、A4 白纸。

3. 实施程序

（1）请列出你对自己不满意的方面。如我的个子有点矮、长得不太好看、学习不太好、不够幽默、不如别的学生多才多艺……

（2）请换个角度思考一下你不满意的方面，看看这些方面有没有曾经给你带来过好处，思索后完成下列句子。

我虽然（不满意的方面）__________，但我________________。

我虽然____________________，但我________________。

我虽然____________________，但我________________。

我虽然____________________，但我________________。

我虽然____________________，但我________________。

（3）从现在起，开始尝试从自己身上做出 3 个小小的改变，来提升自己的自信。

我____。

我____。

我____。

4. 领导者提问

（1）你对自己不满意的方面比别人多还是少？当你读着这些不满意的方面时你有何感觉？

解说要点：每个人都有对自己不太满意的方面，只不过有的人多些，有的人少些而已。当我们读着自己的不满意方面时，就会发现，我们越读越会感觉泄气，会更加怀疑自己的能力。

（2）当停止这些负性思维，尝试从积极的角度探索这些让自己不满意的方面曾经带给自己的好处时，你有何新的发现？

解说要点：我们会发现，这些方面并非一无是处，它们也曾经让我们受益良多。另外，恰恰是那些缺憾才构成了自己独有的特点。我们每个人都是一个独特的存在。

5. 注意事项

（1）对不满意的方面所带来的益处，需经认真思索后填写。

（2）所要做出的改变需经过慎重选择，应比较容易达到并具有较强的可操作性。

6. 拓展活动

所要完成的改变可让大家轮流宣读，并举行一个仪式让大家记住这个承诺。

7. 知识点

人人都有自卑感，只不过每个人感到自卑的方面不同。即便在同一个方面，每个人感到自卑的程度也不一样。关键在于你用什么态度去面对它。人类产生自卑是无条件的，但是，对于具体的个人，自卑的形成则是有条件的。成功者能克服自卑、超越自卑，其重要原因是他们善于运用调控方法提高心理承受力，使之在心理上阻断消极因素的交互作用。

三、精彩活动剪影：发现独特的自我

1. 人数：30 人。

2. 活动主题：发现独特的自我。

3. 活动过程：

把团体分成若干个小组，每小组 5~6 人，每组坐成一圈。由协同领导者发给每小组 1 盒彩笔，每人一张 A4 白纸。

领导者简单导入：我们一般很少去省视内心，认真地对自我进行探索。现在我与大家一起，慢慢反观自我，踏上自我探索之旅，看看我们对自己的认识以及别人对你的感知是否是一样的。

现在把 A4 白纸横向对折再对折，白纸的一面便出现了四个区域。请

每个人选一支自己比较喜欢的颜色的彩笔，在白纸右上角写上你的名字，然后在这个区域中回答两个问题：(1) 认真自我观察，请写出三个让你感到自豪的身体部位或外在形象；(2) 认真自我内省，请写出三种令你感到自豪的性格品质。写好后把写有内容的一面折在里面，然后把写有自己名字的那个小角向外折，露出你的名字。

每个人把自己的白纸传给小组内的其他人，同时拿到小组内其他人的白纸。拿到别人白纸的学生，不要打开看当事人所写的内容，自己找到空白的一格（指白纸一面的四分之一），同样回答两个问题：(1) 你与当事人认识也许很长时间了，也许才刚刚认识，不过没有关系，请你认真观察和感受一下当事人，你认为对方的哪些身体部位或外在形象让你印象深刻？(2) 你认为当事人具有哪些优秀的性格品质？写好后签上你自己的名字，然后把它传递给下一个还没写的学生。这样循环往复，直到每个人都给小组中的其他学生写了自己的观察和感受。

每个人取回自己的白纸，阅读小组学生对自己的观察和感受，对比自己所写的内容，思考：小组学生与自己写的内容一样吗？哪些是相同的？哪些是不同的？有没有让自己感到惊奇或不同意的地方？如果有，可以问一下相关学生，分享一下他们的看法和观点。

现在小组内学生自我分享。发给每个小组一只气球，拿到气球的学生先分享自己的内容，然后把球传给组内的另一个学生（最好是随意传递，不规定次序），接球者分享后继续往下传。分享时要言简意赅，大声、有力，听者要认真聆听分享者所分享的内容。

真诚地欣赏别人。根据上述环节中每个人自我分享的内容，此次持球学生在把球传给下一个学生之前，要先说“×××，我欣赏你的……”（“……”可以是对方刚才自我分享的内容和方面，也可以是你自己感受到的内容和方面）。被欣赏的人听到对方的夸奖和接到球后，要说“谢谢”，然后把球传给下一个人，依此类推。

领导者的观察与感悟

在此活动过程中，有的学生很快地找到了自己感到自豪的外在形象和内在品质，有的学生想了很长时间也写不出三条，有的学生甚至连一条也写不出来。完成此活动的快慢、数量的多少与真实的外在形象并不一定成正比，而与成长的经历中得到肯定的多少成正相关。

我们整天忙于生活和学习，很少作自我观察和内省。或者生活和学习的压力剥夺了我们进行自我观察和内省的机会。当我们在作自我观察和内省时，很多人会感觉不舒服或不自在，或者我们特别不习惯这样去审视自己，更不善于去寻找并发现自己身上的优点。自信的人比较积极，经常能够看到自己的优势和长处，同时也会积极地看到别人的优点和长处。自卑的人常常盯着自己的短处并陷于不满的情绪当中。

自信的人在与人分享自己的优点时，常会感到愉悦，有能量，而且探索和分享的过程能够强化和提升这种能量；而自卑的人在与人分享自己的优点时，常会感到不自在，不好意思，无底气。

通过自我探索和别人的欣赏，你会发现，你自信的地方，别人也一定能感受得到；同时，有时别人欣赏你的地方，恰恰你自己没注意到，或者是你很不满意的地方。

当我们用真心去夸奖别人的时候，别人就一定能感受到，而不是应酬式的交流；当别人真心地夸赞我们的时候，我们也会感受到被接纳和肯定，同时也提升了自己对自己的接纳和肯定。

团体学生的反馈

刚开始时我还感觉很好玩，可当我读到我们小组学生写的我的外在特点和内在特点时，我真的感到很神奇，虽然我们才接触了几次，但他们写的特点真的跟我很相符，这也提醒我以后与人交往时要更真诚一些。还有当大家传球表达对对方的欣赏时，刚开始都是些比较表面的特质，慢慢地才开始去感觉对方比较内在的一些特质，无论是听到别人对我的欣赏还是表达对别人的欣赏，我都感到很开心，也马上感觉自己更自信了。

生命诚可贵——体悟生命意义及价值

1968 年，美国学者华莱士（J.D.Walters）在加州北部内华达山脚下的丘陵地，正式创建了阿南达村及阿南达学校，以实践其生命教育的思想。在这个学校里，人人都致力于探索蕴涵在生命教育中的原则，并遵循这些原则生活。这是最早对生命教育的探索和实践。而到目前，生命教育已经成为许多国家的基础课程。

印度大诗人、哲学家泰戈尔说："教育的目的应当是向人类传送生命的气息。"本书将生命教育放在最后一部分，是因为生命教育直指人的根本，探讨人类更本真的部分，而教育的核心应该是提升人的"生命"与"生活"的品质，这都与生命教育有很大的关系。但是生命的教育不能通过纯粹的说教来完成，只有采用体验的方式来激发大家对生命的感悟，才能真正起到生命教育的作用。本部分的团体活动框架就是依循对生命的认识和理解—发现生命的意义—尊重和珍爱生命这条主线来建构的。生命教育的最终目的就是帮助大家活出自己生命中的精彩，让自己的生命绽放出美丽的花朵。

一、训练目标

1. 帮助学生去认识和理解生命。
2. 帮助学生寻找自己生命的意义和价值。
3. 帮助学生学会珍爱、尊重自己和他人的生命。

二、训练活动

活动一：感受生命

1. 活动目的

（1）了解生命的多姿多彩。

（2）尝试去理解他人的生命。

2. 活动说明

（1）时间：40分钟。

（2）材料：纸张、彩笔、幻灯片。

3. 实施程序

（1）制作一张写有"生命"词语的幻灯片，在活动前播放。

（2）发给每个人一张 A4 白纸。

（3）领导者问大家，第一眼看到“生命”的感觉是什么，要求大家用词语或者图画表达。同时摆出彩笔盒，允许大家用自己喜欢的彩笔来写或画。

（4）当大家完成这一任务后，要求大家把写或画出来的自己的作品举起来，每个人可以寻找与自己有共同点的学生，然后组成一组。

（5）让每个组的学生分享自己对生命的感觉，时间控制在 10 分钟以内。

（6）让每个组派出一名学生在大组中分享自己小组讨论的结果。

（7）领导者总结，最后让大家看一下写有或画有自己感觉的纸张，看看对待生命的认识有没有变化，然后举在自己的胸前，让每个学生看看别人写有或画出对生命感觉的纸张，看看自己有没有什么新的感觉。

4. 领导者提问

（1）当你发现与你有类似对生命感觉的人时，你有什么感受？

解说要点：当我们看到与自己有相同生命感受的人，我们会有一种被人理解、能够得到支持，甚至惊喜的感觉，因为我们会觉得不再孤独或者找到了知音。

（2）当你听到别人有与你不同的对生命的感觉时，你有什么想法？

解说要点：当我们看到与自己不同生命感受的人，我们会表现出不同的状态，对有些生命状态我们会羡慕，对有些生命状态我们会不理解，对有些生命状态我们还会讨厌，但是记住，别人对生命的感受，我们也可能拥有或将来会拥有。所以我们要尝试着去了解和接纳不同的生命感受。

（3）当听完大家的分享后，你再看大家对生命的不同感受时，有没有不同的感觉？

解说要点：每一种对生命的感受都会有故事，听完故事后会对生命的感受有更多的了解，你也可能会欣赏每一部分生命的感受，欣赏这个由不同生命组成的多姿多彩的世界。

5. 注意事项

（1）每一组的人数可能不同，注意控制分享的时间，特别是人数多的小组，保证每个人都有时间分享。

（2）如果有负性的感受，领导者也要允许，对生命的感受没有对错之分，但要适当地引导到对个人积极的层面。

（3）分享时，只表达自己对生命的感受，不对他人的感受进行评价。

6. 拓展活动

（1）如果没有幻灯片，可以直接用语言问大家听到“生命”这一词语时是什么感觉。

（2）表达对生命的感觉也可以单独用词语或单独用绘画。

（3）可以将环境布置得温馨一些，比如点红蜡烛、放置盆栽，也可以播放音乐。

7. 知识点

作为生活在地球上的人类，我们不得不赞叹地球母亲的伟大：她哺育着无数的生命，这些生命构成了一个多姿多彩的世界。陆地上，有茂密的森林、参天的大树、一望无际的草原，栖息着各种各样的动物；海洋里，有绚丽的珊瑚，鱼儿在欢快地游动；天空中，鸟儿、蜜蜂在自由地飞翔；地下，蚂蚁在忙碌地建造家园。从简单的生命形式到复杂高级的有机体，从肉眼看不见的微生物到重达百吨的巨鲸，它们全都生活在地球上。

如果把形态结构特征相同的生物作为一个物种来算，地球上已被记载现存的生物约有 200 万种，包括 100 多万种动物，其中以昆虫占大多数，另外还有几十万种植物和大量的微生物。这已经是一个十分庞大的数目。不过，科学家们的研究表明，实际上现存的生物有 1000 万种以上，也就是说，地球上还有很多生物有待人们去发现。生存在热带的物种数目估计可占地球上生物物种总数的 80%。

活动二：口绘生命

1. 活动目的

（1）体验嘴巴的功能及失去双手的不便，感悟健康肢体的可贵。

（2）发挥生命潜能及创意，进一步认识、肯定自己。

（3）培养对残疾人的同情心，学会感恩生命。

2. 活动说明

（1）时间：10 分钟。

（2）材料：纸张、画笔、餐巾纸、桌子。

3. 实施程序

（1）说明将进行以口作画的体验活动。

（2）说明注意事项及配合事项：

①笔除了拿起和放下外，均不能用手触碰；

②双手放在膝盖上或背在背后；

③作画题材及格式不限；

④作画的工具摆在桌上，颜料为共用；

⑤强调画纸的移动、调色及画图完全用口，而不用手；

⑥完成作品，写上名字；

⑦澄清问题：不清楚的可以发问，等大家都了解后，即可动口作画。

（3）动口作画，同时可播放音乐营造气氛。

（4）大家进行思考与总结分享。

4. 领导者提问

（1）不用手画画是什么感觉？如果在现实生活中你也失去双手，你的生活将会发生什么变化？

解说要点：当不能用手的时候，我们会觉得极不习惯，何况还要画画。一开始我们会认为不太可能，因为觉得那太困难了，在绘画的过程中也会觉得很不方便。可以将这种无手绘画的感觉延伸到现实中许多自己平时需要用手完成的活动，我们会发现许多我们平时认为极易完成的行为现在都变得有些困难了。所以我们要学会珍惜自己健康的身体。

（2）你是否善用你的肢体？在肢体的运用上，除平时习惯的使用外，还有哪些肢体潜能值得开发？举例说明。

解说要点：有的人可能会参加各种体育活动，比如瑜伽，以让自己的肢体得到充分的发展；有的人可能每天只是坐在电脑前，基本不活动，很多器官的功能会慢慢衰退。实际上我们身体的每个部分都有很多功能，但我们并没有挖掘出来，比如用脚写字绘画刷牙、用手走路等。

（3）如果没有眼睛、耳朵或者腿，你的生活会发生什么变化？

解说要点：如果没有眼睛、耳朵或者腿，我们看不到五颜六色的世界，听不到各种优美的音乐，也不能完成需要用腿的活动，我们的日常生活会有很多的不便，有时候我们甚至可能需要别人的帮助才能完成一些事情。

（4）做完这个活动后，你能否理解聋哑儿童以及其他残疾人？

解说要点：当我们自己亲身经历了失去双手后，我们可能对残疾人会有更深的理解。但是我们不会可怜残疾人，因为他们只是没有我们常人做事方便，但绝不是心灵软弱的人，他们可以充分发展身体的其他部分，也可以做出我们常人所做不到的事情。

5. 注意事项

（1）每个人同时进行绘画。

（2）作画前先用干净的布将笔包起来，以隔离口笔直接接触以及防止唾液滴在画纸上。

6. 拓展活动

将腿捆绑然后去取某个东西，或者将眼睛蒙住行走，都可以让人们体验失去身体某部分时的感觉。

7. 知识点

生命的双重性在于其既有脆弱性的一面，也有坚韧性的一面。生命的脆弱表现在它随时随地可能由于某种偶然的灾难打击彻底地离开这个世界，比如地震、车祸等；生命的坚韧则表现为在遇到巨大的挫折时，生命依然能够在困境中展现出坚强，并进而得以升华，绽放出新的光芒。被誉为“断臂钢琴师”的第一季《中国达人秀》总冠军、音乐人刘伟，他坚忍不拔、积极乐观的精神感动了全世界，外媒争相报道，他也成为世人心中新一代的“精神偶像”。刘伟 10 岁时因触电意外失去双臂，12 岁学习游泳，14 岁获得全国游泳冠军，后因患过敏性紫癜不得不放弃游泳生涯，但他并没有放弃梦想，而是潜心投入他深爱的音乐事业，19 岁自学钢琴，仅用一年即可弹奏出相当于手弹钢琴专业 7 级水平的钢琴曲《梦中的婚礼》。2008 年，他与刘德华共同为奥运加油，合作歌曲《天意》。生命的双重性告诉我们在顺境中和得意时不要忘乎所以，以免出现意外，被脆弱性击倒；在艰难时和困境中，面对难以想象和预见的障碍时，又要靠坚韧性，靠顽强的生命力去克服这种障碍，使得生命在脆弱与坚韧中不断延续。

活动三：生命曲线

1. 活动目的

（1）帮助学生回顾自己的生命历程。

（2）展望未来的发展方向。

（3）理解不同的人生历程，增强对他人的理解。

（4）肯定自己的生命意义和价值。

2. 活动说明

（1）时间：30 分钟。

（2）材料：白纸、笔。

3. 实施程序

（1）发给每个学生一张中央画有一个坐标的图（见图 3-5），领导者告诉大家横坐标代表年龄发展，纵坐标表示对这一年龄阶段发生事件的满意程度。要求学生按照每个事件发生时本人的年龄和对此事件的满意度，在坐标上用一个点表示，并把事件简要地标注在点的旁边。然后将不同的点连成线。

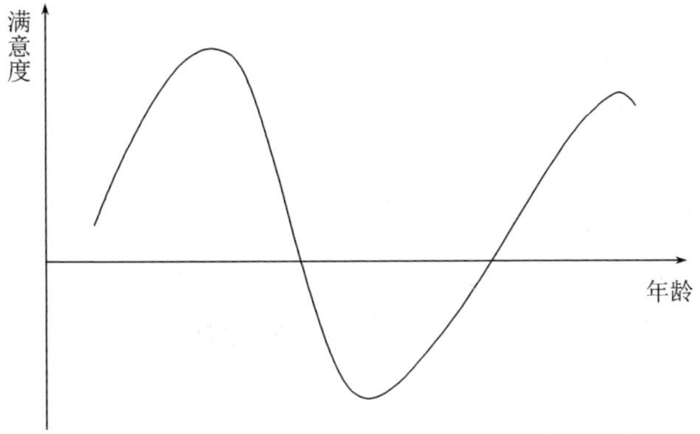

图 3-5　生命曲线图

（2）要求学生看着连线进行反思，然后思考未来的人生发展，用虚线画出来。

（3）完成后学生在小组内分享，要求每个学生都真诚地介绍自己的人生历程和未来规划。

（4）小组交流结束后，每个小组选一名代表在大的团体中分享小组讨论的结果，以及自己在活动中的感受。

4. 领导者提问

（1）看着你画出来的人生曲线，你有什么感悟？

解说要点：苹果公司创始人乔布斯说，“你只能在回顾的时候将点点滴滴串联起来”。当你把生命的点点滴滴连在一起的时候，你可能会发现自己走过的每一步都对你有着重要的意义，曾经的悲伤难过现在也许成为美好的回忆，曾经的艰难现在也许成为宝贵的财富。

（2）你会如何规划自己未来的人生？

解说要点：人生规划是建立在对自己了解的基础上的，生命曲线有助于我们对自己全面和动态的理解，这样能够让我们对自己前行的路看得更清晰。

（3）别人的人生曲线和你的人生曲线有什么相同之处？有什么不同之处？

解说要点：除了极个别学生所绘的线是平的、下行的或者不断上升的，大部分人的人生经历都是一条曲线，人生都是起起伏伏，没有永远的高峰，也没有永远的低潮，在这一点上人们都是相同的。不同的是每个人的高峰时间和低潮时间可能是不一样的，让每个人快乐的事情不一样，让每个人悲伤痛苦的事情也可能不一样，这就是每个人人生的独特性，我们不可能企求两个人的人生曲线完全相同。

5. 注意事项

（1）这是一个需要真实面对自我的活动，要求在团体有了安全的氛围以后再进行。

（2）对于某些属于学生隐私和非常悲痛的经历，如果觉得担心、不安全就不要分享。

6. 拓展活动

（1）本活动中的纵坐标也可以用情绪状态来表示，那么原点以下的是负性情绪，原点以上的是正性情绪。

（2）本活动也可用于自我探索的主题活动。

7. 知识点

坚韧性包括三个因素，即投入性、控制力和挑战性。投入性是指无论个体做什么都会自我卷入的趋势；控制力是指相信自己能够影响时间过程的趋势；挑战性包括这样的预期，即改变是正常的和有利于个体成长的。研究已经发现坚韧性与较少的疾病、较低水平的血压和三酰甘油、较轻的心理压力、增加的快乐感和适应性、婚姻快乐有关联。

活动四：我的五样

1. 活动目的

（1）帮助学生澄清自己的人生价值观。

（2）帮助学生学会感恩和珍惜。

2. 活动说明

（1）时间：30 分钟。

（2）材料：白纸、笔。

3. 实施程序

（1）领导者首先引入关于价值观的一段话：“尽管我们的一生中可能会拥有很多东西，但是如果让你选择在生命中对你最宝贵的五样东西，你会选择哪五样，请不必按照逻辑推理，只是遵循你内在的情感选择并写在纸上。”

（2）领导者继续追问：“但是生命是无常和有限的，接下来如果我们不得不放弃其中的一样，你会首先放弃哪一样？我们不得不再放弃一样，你会放弃哪一样呢？每放弃一样，就用笔在上面重重地画一杠，最后只留下一样。”

（3）小组分享删除每一样东西的时候自己内心的感受和留下的最后一样东西对你的重要性。

4. 领导者提问

（1）每个人选择的五样有没有什么不同？

解说要点：每个人的五样都是不同的，这反映了每个人不同的价值观、思想和个性，我们常常会拿自己的价值观衡量别人，或者用别人的价值观来衡量自己，其实每个人都可以选择自己认为最珍贵的东西，只有自己才知道什么对自己最重要。

（2）当你每删掉一样东西的时候，你是什么感觉？

解说要点：因为每一样都是对我们自己最重要的，每删除一样，就相当于我们放弃了一样，这也类似于我们在生活中的丧失，拥有的时候我们可能并不在意，只有在失去的时候，我们才会知道那些东西对我们如此重要，才会倍感珍惜。

（3）最后留下的一样东西对你意味着什么？

解说要点：最后留下的常常代表着你生命中最重要的意义和价值，是你日常生活中做选择所依据的最核心的价值观，当你了解了自己价值观的时候，才能在人生的路上做出果断的选择，并坚定地走下去，这样的人生才不会让你后悔。

（4）现在把你自己最想要的东西写下来，想一想在现实生活中怎样才能得到它呢？

解说要点：有时候只有在生命的尽头你才能知道什么对自己最重要。著名领导力大师、人际关系专家史蒂芬·柯维（Stephen R.Covey）的著作《高效能人士的七个习惯》中强调以终为始，思考在你临终时，什么对你最有价值，那就是你最重要的，然后以此作为你人生的使命，每日努力，一步一步地去实现它。

5. 注意事项

（1）在做本活动的时候要注意保持安静，不让学生彼此干扰。

（2）删除的时候，要求在所删除的每一样上面重重地画杠，或者打叉。

6. 拓展活动

本活动也可以用于自我探索的主题活动。

7. 知识点

价值澄清法是个人价值信念的形成所经过的历程。有研究者（L.E. Raths & S.B.Simon）强调价值的形成必须经过三个阶段七个步骤。

（1）选择阶段（choosing）：①自由选择，即个人的价值观，必须经过自由选择的历程，才能生根，在未经胁迫下，个人所做的决定或选择，才能引导个人行为，填鸭式的强迫灌输，大多仅止于表面行为而已；经过自由选择后产生的价值观念，才能引导个人的行为；②从多种选项中选择，指真正的价值观念，是经过选择的结果，个人若无选择的途径，事实上选择的行为不可能发生，而真正的价值也就无法发展；因此，个人价值的建立，要从多种可能的选项中选择才有意义；③深思熟虑后选择，指在感情冲动下或未经思考的贸然选择，不能主导真正的价值；个人唯有对各种不同途径的后果加以深思熟虑，经过分析，比较利弊得失后，做出理智的决定，才能具有真正的价值，才可作为生活的指南。

（2）珍视阶段（prizing）：④重视所做的选择，个人对自已认为有价值的事物，一般都会加以珍惜、重视，当个体选择价值理念后并加以珍视，必定为之感到骄傲和快乐，而其中成为价值的部分，将作为生活上的准绳；⑤愿公开表示选择，经审慎思考后的选择，人们常会愿意在大众面前展示自己的价值，承认自己的价值，以及拥护自己的价值，以它为荣，自然乐意对外公开。

（3）行动阶段（acting）：⑥采取行动，价值观念能左右行动的方向，个人认为具有价值的东西，一定会努力去实践、完成，百折不挠、锲而不舍地采取行动；⑦重复实行，当个人的一些信念、看法和态度已达到价值阶段时，则会成为价值体系的一部分，一而再、再而三地表现在行为上，出现在不同的生活领域和空间。

活动五：我的“墓志铭”

1. 活动目的

（1）激发学生思考自己的价值观念。

（2）帮助学生体验和澄清自己的人生态度。

2. 活动说明

（1）时间：45分钟。

（2）材料：白纸、笔、“墓志铭”表格。

3. 实施程序

（1）领导者首先引入对死亡的介绍，“死亡就是生命停止了活动，尽管我们每个人都想长久地生存下去，但我们每个人都不可避免地要走向死亡。所以生命是有限的，我们每个人要在有限的生命中给世界留下什么呢？如果我们将来离开这个世界，你将如何撰写自己的墓志铭呢？”领导者接着介绍撰写墓志铭的背景和要求，举例说明如何写墓志铭，可以简单到只有名字、生卒年，也可以长篇大论。

（2）分发“墓志铭”表格给参加者填写。

> 你将要去世，现在要替自己拟一个墓志铭，反映自己的一生。墓志铭将会刻在墓碑上，供人凭吊。
>
> 墓志铭除了生卒年外，最低限度要包括以下几点：
>
> a. 一生的最大目标；
>
> b. 在不同年纪时的成就；
>
> c. 对社会、家庭或其他人的贡献；
>
> d. 一个怎样的人。

（3）填好的表格（不必写名）张贴起来。

（4）大家看完后进行讨论。

4. 领导者提问

（1）看完这么多墓志铭后，你觉得有哪些人的人生目标吸引你并值得你尊重？为什么？

解说要点：能够吸引你并使你尊重的人生目标其实也部分反映了你的人生目标，反映了你内在的价值观。如果你现在觉得还无法写出自己的墓志铭，可以参考那些让你感动的墓志铭，试着发现自己最看重的人生。

（2）哪些人的成就是“真正”的成就？为什么？

解说要点：墓志铭的内容也反映着一个人的人生境界，有的墓志铭表达了个人愿意为社会做出贡献的目标，有的墓志铭则比较超脱，但也有的墓志铭会反映出个人的空虚和虚荣，比如美国著名影星玛丽莲·梦露的墓志铭是“37，22，35，R.I.P”，说的是自己的胸围、腰围和臀围的英寸数，尽管这的确是玛丽莲·梦露引以为傲的资本，但只是一些外在的东西，显得肤浅，如果一个人把最外在的东西看作自己最有价值的部分，当这部分外在的东西丧失后，就很容易陷入迷茫和绝望。玛丽莲·梦露最后自杀而死，也许与此有关。

（3）假如你要重新撰写自己的墓志铭，你会怎样写呢？

解说要点：撰写墓志铭其实是要为自己的人生下一个定论，也是表明自己的存在给这个世界带来的独特意义，真的要写好自己的墓志铭，必须要确信自己是一个独特的个体，同时也要欣赏自己的独特性。

5. 注意事项

（1）墓志铭是写给死后的，所以会有很多学生不愿意探讨这一部分，在中国的文化中也很少探讨死亡这一议题，所以在活动前可以介绍死亡的必然和意义，然后做这一活动效果会更好。

（2）墓志铭探讨的是人内心更深层次的价值观，有的人可能会在很多人面前回避暴露自己的价值观，这样会让自己的墓志铭流于形式。

6. 拓展活动

此活动也可用于增进自我意识或自我生涯设计。

7. 知识点

“以始为终”是《高效能人士的七个习惯》一书所介绍的第二个习惯。书中认为所有事物的实现都要经过两次创造，第一次的创造即心智的创造，第二次创造是实际的创造，即我们做任何事都是先在心中构思，然后再去付诸实践。因此，在人生的规划上，我们应该首先确定自己人生的使命，然后根据自己的使命来行动，方能使自己的人生过得更充实、更有意义。在确定自己使命的过程中，柯维认为应该坚持“以原则为中心”来建立自己的人生愿景，这样才能使自己的见解不同凡响，思想行为自成一格。

活动六：我的“追悼会”

1. 活动目的

（1）帮助学生寻找自己人生的目标。

（2）帮助学生发现自己人生的意义。

2. 活动说明

（1）时间：30分钟。

（2）材料：白纸、笔、表格。

3. 实施程序

（1）领导者介绍追悼会的情况：假定你已经过完了理想的、无悔的一生，与世长辞，在你的追悼会上来了三个人向你告别，这三个人分别是你的家人、单位同事、社会上的朋友，请认真想一想，你认为他们会是谁？你希望得到什么样的评语？你这一生有什么成就、贡献和值得怀念的事情吗？你是一个称职的丈夫、妻子、父母、子女吗？你是个令人怀念的伙伴或同事吗？失去了你，对关心你的人会有什么影响？

（2）分发“追悼会评价”表格给参加者填写。

1. 家人：
2. 同事：
3. 朋友：

（3）为制造氛围，可以放一些悲伤的音乐。

（4）大家填完后在小组中进行分享讨论。

4. 领导者提问

（1）填写完追悼会的评价后，你会对自己有什么不同的认识？

解说要点：追悼会是为悼念死者而召开的会议，追悼会与墓志铭的相同之处在于对象都是过世的人，不同之处在于，墓志铭可以由过世者在生前撰写，而追悼会的发言则不由过世者来决定，所以它反映了别人对过世者的评价。本活动中的三个人其实代表的是人在现实生活中主要交往的三类人，也代表着我们的主要社会关系。人生在世，要扮演多种多样的角色，追悼会上来自三方重要他人的评价也代表着我们自己在最重要的三种角色中是否称职，同时也表明你的存在对这个世界的影响和价值。

（2）你是否明确你真正的人生使命？

解说要点：奥地利心理学家弗兰克尔（V.E.Frankl）说，每个人都有特殊的使命和职责，他人无法越俎代庖，生命只有一次，所以实现人生目标的机会也仅此一次。确定自己的使命，要知道自己真正的人生目标，要克服各种现实诱惑和恐惧，如果当生命都结束了，那些恐惧和诱惑就不再存在了，所以盖棺定论时你所获得的评价，才是你心目中真正渴望的目标。

（3）实现人生使命的过程中如何克服外在的诱惑？

解说要点：有一则关于丧礼的小故事，丧礼上有人问死者的朋友，“他留下多少遗产？”朋友回答道：“他什么也没有带走。”这则故事告诉我们，身外之物在某些时候会显得微不足道，如果仅仅以某些外在的名利作为自己的人生目标，一旦实现这些目标之后，人就会感到空虚、迷茫，会无所事事，比如许多只以考学校作为自己唯一目标的学生，一旦考上学校，就不知道该何去何从，荒废四年学校时光。所以，只有找到真正适合自己、有价值的人生目标时，我们才会有内心的基石，才能让我们避免外在的诱惑，在遇到困难时能够心态平稳，并勇于克服。

5. 注意事项

（1）告诉学生写追悼会的评价时要放弃世俗的观念，抛弃竞争的心态，一定要发自内心，要真诚。

（2）追悼会活动要求大家服装打扮要清淡、素雅。

6. 拓展活动

本活动旨在帮助个体寻找自己人生理想的途径，还可以让大家想象：如果生命只剩下六个月，你最想做什么？如果 50 年后，你已经拥有完美的人生状态，你将会在何种环境下生活学习？15 年后，你会从事什么学习，其中让你最快乐的是什么？5 年后，达到理想状态的你在哪里，在做什么，和谁在一起？……通过这样完整的步骤，你就会对自己的未来之路更加清晰。

7. 知识点

弗兰克尔的意义疗法是在充分吸收经典精神分析观点基础上产生的，它是在弗洛伊德精神分析和阿德勒个体心理学之后产生的维也纳的第三种心理学治疗学派。弗兰克尔认为，人类具有意志的自由和对意义的追求，因此，人的生命是有意义的。他认为，对生命意义的探索是人类生命的原动力，是人的第一性的需要。弗兰克尔后来通过集中营的亲身经历创造了意义疗法。所谓意义治疗（logotherapy），是指协助患者从生活中领悟自己生命的意义，借以改变其人生观，进而面对现实，积极乐观地活下去，努力追求生命的意义。

活动七：如果明天不再来

1. 活动目的

（1）帮助学生珍爱生命、珍惜时间。

（2）协助学生思考自己的人生目标和价值观。

2. 活动说明

（1）时间：20分钟。

（2）材料：《如果还有明天》歌词打印单、多媒体。

故事1：顽强的周大观

台湾周大观小朋友从小是父母的心肝宝贝，生活过得快乐充实，七岁就会写诗。九岁时不幸得了癌症，他开始跟病魔战斗，接受截肢手术，虽然少了一条腿，他仍然努力活下去，并且写了好几首诗，表达自己不向困境低头的意志。

后来医师帮助他做化学治疗，他不得不承受刺骨之痛，虽然头发掉光、身体软弱无力，可是大观仍然勇敢地参加为自己而开的医疗会议，聆听生命的判决，还表示能够接受这样的结论，并向多位医生叔叔、伯伯道谢，感谢他们这些日子以来辛劳的照顾。这位生命的勇者在十岁时离开人世。可是他并没有离开我们，因为他留下了另一种生命，就是他的精神和他的诗：

种树

自从那年春天的右脚长了肿瘤，
我们就天天去种树——
在医院种下健康的树，
在教堂种下爱心的树，
在学校种下希望的树；
某一天，
我们把自己也种成一株树，
一代一代种下去……
长成一座健康的森林，
长成一座爱的森林，
长成一座希望的森林。

故事 2：歌手薛岳

薛岳，台湾摇滚歌手及音乐制作人，被称为台湾摇滚第一人，1990 年 11 月 7 日因肝癌去世。《如果还有明天》是他最后一张专辑《生老病死》的主打歌，当时他 36 岁，已经被确诊肝癌末期，这张专辑可以说是他燃烧了自己的生命换来的，是张灵魂之作。他的最后一场演唱会是在去世前不到两个月举行的，他拖着被绝症折磨的身躯用最后的精力把自己对摇滚的热爱、对生命的感悟传递给喜欢他爱他的听众，演唱会现场爆满，全体观众起立鼓掌 3 次，久久不歇。《如果还有明天》是薛岳最经典的一首歌。

如果还有明天（歌词）

我们都有看不开的时候　总有冷落自己的举动
但是我一定会提醒自己　如果还有明天
我们都有伤心的时候　从不在乎这种感受
但是我要把握每次感动　如果还有明天
如果还有明天　你想怎样装扮你的脸
如果没有明天　要怎么说再见

如果你看出我的迟疑　是不是你也想要问我

究竟有多少事还没做　如果还有明天

如果真的还能够有明天　是否能把事情都做完

是否一切也将烟消云散　如果没有明天

如果还有明天　你想怎样装扮你的脸

如果没有明天　要怎么说再见

如果还有明天　你想怎样装扮你的脸

如果没有明天　哦　要怎么说再见

3. 实施程序

（1）先讲述“顽强的周大观”和“歌手薛岳”的故事。然后把《如果还有明天》歌词单发给每个学生。

（2）播放《如果还有明天》歌曲。

（3）歌曲播放结束后，问大家，“如果明天你将离开人世间，你会做什么事情，你会如何看待过去的所作所为。”

（4）学生们先在小组中分享，然后每个小组派一名代表在大组中分享。

4. 领导者提问

（1）你是如何看待死亡的？

解说要点：死亡是人类的宿命，但自己的生命如何度过却是由每个人自己决定的。死亡虽然会让人恐惧，但因为有了死亡的存在，人们才会珍惜有限的生命，才会想办法让自己有限的生命过得更有价值。圣奥古斯说：“一个人只有面对死亡的时候，才真正地出生了。”美国生死学家萝丝（E.Ross）也说过“死如同生一样，是人类存在、成长及发展的一部分，它赋予人类存在的意义，它给我们今生的时间规定界线，催迫我们在我们能够使用的那段时间里，做一番创造性的事业。”

（2）如果你明天就会离开这个世界，你会如何看待生命？

解说要点：人们浪费时间，无所事事，常常是因为认为人生还很漫长，有足够多的时间可以让自己挥霍浪费。可惜的是生命终有尽头，只有在尽头时，很多人才学会珍惜生命，珍惜自己所拥有的，而且在这时许多人才会从现实生活的烦琐和纠结中脱身，去真正做自己最喜欢、最重要的事情。

（3）周大观小朋友和薛岳的故事以及《如果还有明天》这首歌给你什么启示？

解说要点：周大观小朋友和薛岳用短暂的生命留给这个世界无尽的启示，让我们每一个人珍惜现在每一天的生活，善待自己，善待周围的所有人，并且珍爱生命，活出自己生命的精彩，不要让自己的将来有更多的遗憾。

5. 注意事项

这是一个难度较大的活动，学生只有被所提供的故事打动，才会有所感触。

6. 拓展活动

可以多提供几个生命短暂的故事，也可以提供不同生命长度的人留下的不同精彩，让学生有更多的思考和启发。

7. 知识点

死亡其实是一种丧失，了解人们面对死亡时心理发展的过程有助于更好地理解死亡。萝丝将人们面临死亡时的心理过程分为五个阶段。第一个阶段是否认，即人们最初得到死亡消息后的第一反应，否认是人们的一种心理保护机制，避免人们在突然面临重大丧失时发生心理解体；第二个阶段是愤怒，这是一种情感反应，当一个人还有许多重要的事情没有完成时，产生愤怒的情绪是正常的，我们要允许面临死亡的人表达自己的愤怒；第三个阶段是努力，面临死亡的人会通过各种方式来延长自己的寿命，进行各种尝试；第四个阶段是悲伤，当各种努力都无效后，面对死亡夺取自己的一切，面临死亡的人会感到难以抑制的悲伤和痛苦，我们要允许他们悲伤并制订人生的最后计划；第五个阶段是接受，接受并不表示屈从、放弃或什么都不做，接受是敢于面对现实，以一种平静的心态面对现实。这五个阶段对每个人来说并不是线性的，有时会交错发展。

活动八：了解自己的出生

1. 活动目的

（1）帮助学生了解自己的出生过程，感受生命的珍贵。

（2）帮助学生理解父母对自己的爱。

2. 活动说明

（1）时间：30 分钟。

（2）材料：投影仪、白纸、笔。

3. 实施程序

（1）先播放短片《生命的诞生》，让学生了解生命形成的过程。

（2）要求学生提前采访自己的母亲，了解妈妈怀孕、生产以及养育自己的过程。

（3）采访结束后，每个学生都要写一份采访报告，在团体中分享。

4. 领导者提问

（1）看完《生命的诞生》后，你对生命有什么不同感觉？

解说要点：尽管我们每个人都经历过诞生过程，但对于很多学生来说这一段过程是认知空白。了解自己生命诞生的整个过程，了解这一段重要的经历，对每个人来说都是重要的澄清，也可以帮助他们以后更好地面对自己孩子的诞生。

我们的成长是一个由弱小到强大的过程，当我们了解这一段过程，了解到我们自己也有弱小之处的时候，我们就会接受自己弱小的部分，我们也会同情和帮助其他弱小的人。

（2）当你采访完妈妈后，你对生命又有什么不同的感觉？你对爸爸妈妈又有什么不同的感觉？

解说要点：出生这个过程是一个艰难的过程，也是我们和母亲天生的血缘。我们每个人的诞生和长大都离不开父母对我们无私的付出和爱，若没有这份爱我们是不可能健康长大的。理解这一点，我们才能更加珍惜现在的拥有，才能和爸爸妈妈的爱建立联结，我们也才会把这份爱传递下去，送给我们的孩子以及其他需要帮助的人。

（3）如果将来你当爸爸妈妈，你会怎么做？

5. 注意事项

（1）有的学生来自外地，所以也可以电话采访。

（2）有的家庭不太习惯谈论孩子的出生过程，提醒学生采访时需要注意策略。

6. 拓展活动

此活动也可以作为对怀孕和生育的教育。

7. 知识点

体验学习：体验作为一种特殊的认知活动，由于其指向个体的态度和价值，具有丰富个体心灵和促进人格成长的作用。同时，体验还具有强烈的主观色彩和情感特征，是活动中知情意的统一。体验学习不同于知识学习，不能仅仅通过书本来获得，必须要通过亲自参与和行动才能有所收获，因此，体验学习作为生命教育的主要学习方式，可使学生获得更多的人生感悟和经验，在体验中领悟人生的意义和价值。

活动九：寻找智慧的来源

1. 活动目的

（1）帮助学生增加对老人和老年的认识和接纳。

（2）觉察个人及社会对老人的态度，提升对生命的尊重。

（3）感悟生命的历程。

2. 活动说明

（1）时间：30 分钟。

（2）材料：白纸、笔。

3. 实施程序

（1）课前要求学生访问一名 65 岁以上的老人，性别不限，要求采访下面几个问题：①您生命中最美好的时光是什么时候？为什么？②您生命中最让自己感到得意的一件事情是什么？③步入老年，您最大的感受是什么？④如果让您给年轻人一句忠告的话，您会说什么？

（2）将学生分成 6～8 人一组，要求每组学生以接力的方式完成“老人是……”的句子，写得越多越快越好，时间限定为5分钟。

（3）领导者将学生的答案按照正性、负性和中性三种态度进行归类，并让学生讨论个人对于老人态度的由来。

（4）绘制老人“生命中美好时光”的年龄分布图。

（5）通过“老人生命中最得意的一件事”总结出老人对自己、家庭、社会、国家或全人类的贡献。

（6）罗列出“老人给予年轻人的一句忠告”，在小组中分享，同时了解老人的智慧。

（7）各组派代表对全体学生报告整理的结果，领导者总结。

4. 领导者提问

（1）我们每个人对待老人的态度来自于哪里？

解说要点：不同的社会对待老人的态度是不同的。农业社会中老人是知识和经验的承载体，负责传授知识和经验，所以在农业社会老人有着很高的地位，得到家族中所有人的尊重；工商业社会中由于知识和技术更新很快，同时知识的载体也变得多样化，人们可以通过书籍、网络等各种方式来获取知识，所以老人的地位就没有在农业社会那么重要了。

（2）当你采访完老人后，你对老人又有什么不同的感觉？你是怎么看待老人的？

解说要点：老人由盛到衰的生命历程其实我们每个人都会经历，采访老人其实也是采访我们自己。老人有过精彩的一页，但也不可避免地要经历生命的衰退，但老人也会给我们留下一笔宝贵的财富。尊重老人，其实就是尊重我们自己，尊重老人也是尊重我们必然会转向衰老这一事实。

（3）当你采访完老人后，你对自己的生命有什么新的感悟？

解说要点：年轻人要珍惜时间，不断完善自己，努力丰富自己的体验，这样才不会让自己年老时感到遗憾和绝望。

（4）如果将来你老了，你会怎么做？

解说要点：按照埃里克森的人格发展理论，在老年阶段，由于人的衰老过程，老人的体力、心力和健康每况愈下，对此他们必须做出相应的调整和适应，所以这一阶段人所面临的主要任务被称为自我调整对绝望感的心理冲突。当老人们回顾过去时，可能怀着充实的感情与世告别，也可能怀着绝望走向死亡。自我调整是一种接受自我、承认现实的感受，是一种超脱的智慧之感。如果一个人的自我调整大于绝望，他将获得智慧的品质，埃里克森把它定义为“以超然的态度对待生活和死亡”。老年人对死亡的态度直接影响下一代儿童时期信任感的形成。

5. 注意事项

（1）采访前必须要准备好问题。

（2）采访中注意问题要易懂、口语化。

（3）采访前最好能先和老年人建立起良好的关系，比如给老人按摩、擦洗等，采访中也要注意老年人的精神状况，如果精神状况不是太好，不要勉强采访。

6. 拓展活动

可以增加让学生撰写自己的老年生涯规划的内容，让自己拥有一个不一样的老年生涯。

7. 知识点

界定老人的标准：世界卫生组织和我国卫生部规定，60 岁以上的人为老年人。但在现实中我们却发现，同是花甲之人，却差别很大：有的身体健康，有的疾病缠身；有的暮气沉沉，有的老当益壮；有的壮心不已，有的万念俱灰。国内外老年学家对老年人的定义有十几种观点。最常用的四种界定老人的观点是：①根据年龄确定老年人。这里的年龄是指出生年龄。②根据生理年龄来确定老年人。所谓生理年龄就是指以个体细胞、组织、器官、系统的生理状态、生理功能以及反映这些状态和功能的生理指标确定的个体年龄。③根据心理年龄来确定老年人。所谓心理年龄是根据个体心理活动的程度来确定的个体年龄；心理年龄以意识和个性为主要测量内容；心理年龄分为三个时期，即出生至 19 岁为未成熟期，20~59 岁为成熟期，60 岁以上为衰老期。心理年龄 60 岁以上的人被认为是老年人。④根据社会年龄来确定老年人。所谓社会年龄是根据一个人与其他人交往的角色作用来确定的个体年龄。也就是说，一个人的社会地位越高，起的作用越大，社会年龄就越成熟。生理年龄、心理年龄、社会年龄与实际年龄都是不同步的。

活动十：人生观大整合

初中阶段思维的特点具有创造性与批判性。从总体上来看他们的品德具备了伦理道德的特征，但仍旧不成熟不稳定，具有较大的动荡性。道德动机逐渐理想化、信念化，但又有敏感性和易变性。他们的道德观念原则性、概括性不断增强，同时又具有一定的批判性，常常会以批判的态度去看待过去笃信的观点。思维的创造性与批判性日益明显，在问题面前采取新颖独特的对策去解决问题，求异思维与求同思维是主体思维的两个方面，而求异发展得更快。他们在解决问题方面更具有分析性、策略性、全面性、独特性以及正确性的特点。

1. 活动目的

（1）整合学生过去的人生观。

（2）帮助学生建立有意义的人生观。

2. 活动说明

（1）时间：50 分钟。

（2）材料：白纸、彩笔。

3. 实施程序

（1）领导者引导学生闭目冥想："在我们每天的生活中，时刻面临选择，如我们选择做什么事情、成为什么样的人、如何度过自己的一生。不管我们做出什么样的选择，在有意或无意之间，都会受到我们对人生的态度的影响。从你最早的记忆开始，是否还记得你幼儿时期的生活如何，你当时是什么样的？小学时的学习、生活如何，你当时是什么样的？中学时的学习生活如何，你是什么样的？你过去的人生像什么？有什么重要的人或经历影响你的人生观？你对人生曾经有过什么样的想法？"

（2）完成冥想后，请所有学生睁开眼睛，选择一个比喻（歌名、动植物名、成语等）来表示自己"过去的人生"和"过去的我"，将这个比喻写在纸上。

（3）在小组中进行讨论，向小组学生介绍自己的比喻，介绍影响自己人生观形成的人和事，介绍自己的人生观是如何影响自己的生活的。

（4）回顾在本部分内容中领悟的新的生命意义和人生观，然后用任何图画代表，绘在白纸上，并向小组同学解释，同时介绍自己对未来人生的期待。

（5）大家彼此进行回馈，互送祝福。

4. 领导者提问

（1）本部分内容对你有什么帮助？

解说要点：本部分内容主要目的是为了澄清人们对生命的认识和理解，澄清自己的价值观和人生目标，同时帮助学生学会珍惜有限的生命，勇于面对现实，让自己活得更精彩。

（2）本部分的内容和其他部分的内容有什么不同？

解说要点：本部分的内容直指生命的要旨，它看似简单平淡，却和每个人生命的最终目标息息相关，它的内容决定着我们每个人前行的方向，决定着我们的人生是否过得有意义、有价值，决定着我们是否过得幸福快乐。

（3）学了本部分的内容后，你有没有新的领悟？

解说要点：本部分所涉及的问题我们平常一般不会去探讨，除非我们在现实生活中遇到了重大的挫折或打击，才会去进一步思考。本部分的活动就是促使大家去思考对我们每个人人生真正重要的部分。

5. 注意事项

（1）由于本活动具有总结的性质，所以要把前面活动的内容再次进行呈现和回顾。

（2）本活动也是最后的分别，要留有足够的时间进行回顾和告别。

6. 拓展活动

本活动可用于人生回顾。

7. 知识点

生命教育是指针对个体从出生到死亡的整个过程，通过有目的、有计划、有组织地进行生存意识熏陶、生存能力培养、生命价值提升，最终使其生命质量充分展现的活动过程。生命教育的宗旨是珍惜生命，注重生命质量，凸显生命价值。生命教育是一种全人的教育（认识生命现象，感悟生命境界)，是一种自我认识及自尊的教育（了解自己的优缺点和性格，并对各种生命现象持尊重的态度和人道的关怀)，是一种生活教育（在生活中发生，也需要在生活中实践)，也是一种体验教育（身临其境地感受和体会)。

三、精彩活动剪影：感受生命

1. 人数：40人。

2. 时间：120分钟。

3. 活动主题：认识生命。

4. 活动过程：

活动开始，领导者先带领大家做热身活动，大家围成一圈，互相轻敲按摩，让大家在带着友爱的肢体接触中感受人与人之间生命能量的流动，热身大概需要10分钟。

接着，给每个人一张A4纸，四个人一盒彩笔，领导者播放一张以绿色小苗为背景的幻灯片（上面写有“生命”两个字)，告诉大家今天的主题就是“认识生命，感受生命”，然后问大家：“当看到幻灯片上的‘生命’后头脑中第一时间冒出来的词语是什么，请把它写出来，同时再画一幅图画代表你心中的生命。”这个过程大约需要20分钟，允许大家找一个地方坐着，在场地的中间摆放一张茶几，上面放一支点燃的红蜡烛，同时播放轻柔的音乐，营造一个舒适放松的氛围。

等大家都完成任务后，让大家把写有关于生命的词语和画有关于生命的图画的纸举在自己的胸前，围成一圈，彼此都能够看到所有人的纸。可以看到既有写积极的词汇如希望、珍惜、舒放、绿色、自由、勇敢、坚强、活力、灿烂、鲜艳、美丽、大自然等的，也有写消极的词汇如痛苦、死亡、累、黑暗等的；画的画也是种类繁多，有小草、花朵、果实、树木、草原、灌木丛、森林、天空、家、小鸟、老虎、精子和卵子结合、男女相爱、小孩、老人等。让大家看一遍所有人的纸，然后内容有相同、相似、相关的学生可以自动组成一组，剩下的学生可以组成一组，其中有一组分别是男女相爱、精子和卵子结合、婴儿、老人，竟然把人类从出生到老去的过程都包含进去了。然后让每组学生在组内分享自己的画。这个过程时间是 20 分钟。

小组分享结束后，让小组学生把所有画粘在一起，并给自己的组起个名字，然后选出一个代表在大组分享。比如上面包含人类从出生到老去的过程的那个小组起的名字是“生命的历程”，他们认为，生命是一个动态的过程，尽管每个人只画出其中一段，但每一段都很重要，都值得我们去珍爱。还有以“希望”“美丽的花朵”“成熟的果实”“自由的小鸟”“丰富”“力量之美”“痛苦”等命名的，各个小组都从他们的角度分享了自己的观点。

领导者让每个人用一句话表达自己在整个活动中的收获，有的学生觉得温暖，有的学生觉得感动，有的学生表示会更欣赏他人，有的学生觉得震撼……最后，领导者让大家把所有的画粘在一起组合成一张更大的画，告诉大家“这就是生命世界，由我们每个人组成了这个丰富的生命世界”，然后集体举着整幅画进行合影。

领导者的观察与感悟

尽管每个组分享的内容不一样，但是都属于生命的一部分，生命不是单一的，生命是丰富多彩的，即使“痛苦”也是生命的一部分，他人所分享的部分其实我们也会经历，我们只有学会理解他人的生命感受，包容他人的生命展示，体验他人的生命历程，我们的生命才会变得更完整。

团体学生的反馈

活动后有学生这样反馈：“原来的自己并不知道生命两个字，会有如此之多的理解。原来只知道每个人的生命都是不同的，但是到了那一刻才发现我们之间存在着巨大的差异，但同时在很多很多方面我们确实是统一的。”有的学生是这样写的：“我所在的小组由来自不同学校的学生组成，大家背景不同、性格爱好不同，画出的作品也各具特色，不禁让我感叹生命的丰富多彩、生活中奇妙的巧合和缘分。”

参考文献

[1] 田宝伟. 心理学的帮助 [M]. 北京：高等教育出版社，2011.

[2] 樊富珉. 团体心理咨询 [M]. 北京：高等教育出版社，2005.

[3] 樊富珉，何瑾. 团体心理辅导 [M]. 上海：华东师范大学出版社，2010.

[4] 田国秀. 团体心理游戏实用解析 [M]. 北京：学苑出版社，2010.

[5] 刘伟. 集中·封闭·大型团体咨询 [M]. 北京：中国轻工业出版社，2010.

[6] 李权超，谢玉茹. 实用团体心理游戏与心理辅导 [M]. 北京：军事医学科学出版社，2010.

[7] 杨敏毅，鞠瑞利. 学校团体心理游戏教程与案例 [M]. 上海：上海科学普及出版社，2006.

[8] 许维素. 焦点解决短期心理治疗的应用 [M]. 北京：世界图书出版公司，2009.

[9] 吴淡如. 时间管理幸福学 [M]. 北京：化学工业出版社，2009.

[10] 彭贤. 人际关系心理学 [M]. 北京：清华大学出版社，2008.

[11] 黄大钊. 处己处人处世——沟通决定成败 [M]. 北京：中国书籍出版社，2005.

[12] 郑晓江，张名源. 生命教育公民读本 [M]. 北京：人民出版社，2010.

[13]（美）黛比·福特. 接纳不完美的自己 [M]. 严冬冬，译. 长春：吉林文史出版社，2009.

[14]（美）菲利普·津巴多，（美）约翰·博伊德. 津巴多时间心理学 [M]. 段鑫星，等，译. 沈阳：万卷出版公司，2010.

[15]（美）克里斯托弗·彼得森. 积极心理学 [M]. 徐红，译. 北京：群言出版社，2010.

[16]（美）泰勒·本-沙哈尔. 幸福的方法 [M]. 汪冰，刘骏杰，译. 北京：当代中国出版社，2011.

[17]（美）史蒂芬·柯维. 高效能人士的七个习惯 [M]. 高新勇，王亦兵，葛雪蕾，译. 北京：中国青年出版社，2008.

[18]（美）简·博克，（美）莱诺拉·袁. 拖延心理学［M］. 蒋永强，陆正芳，译. 北京：中国人民大学出版社，2009.

[19] 露西·乔·帕拉迪诺. 注意力曲线［M］. 苗娜，译. 北京：中国人民大学出版社，2009.

[20]（美）史蒂芬·柯维，（美）罗杰·梅里尔，（美）丽贝卡·梅里尔. 要事第一：最新的时间管理方法和实用的时间控制技巧［M］. 刘宗亚，王丙飞，陈允明，译. 北京：中国青年出版社，2010.

[21]（美）洛塔尔·赛韦特. 把时间留给最重要的事［M］. 郝湉，译. 北京：中信出版社，2010.

[22]（瑞典）诺特伯格. 番茄学习法图解：简单易行的时间管理方法［M］. 大胖，译. 北京：人民邮电出版社，2011.

[23]（美）阿兰·拉金. 如何掌控自己的时间和生活［M］. 刘祥亚，译. 北京：金城出版社，2005.

[24]（英）理查德·怀斯曼. 59 秒［M］. 冯杨，译. 太原：山西人民出版社，2009.

[25]（美）Gerald Corey，（美）Marianne Schneider Corey. 心理学与个人成长［M］. 胡佩诚，等，译. 北京：中国轻工业出版社，2007.

[26]（美）马修·麦凯，（美）玛莎·戴维斯，（美）帕特里克·范宁. 人际沟通技巧［M］. 郑乐平，刘汶蓉，译. 上海：上海社会科学院出版社，2005.

[27]（美）斯蒂芬·波尔特. 爸爸影响孩子的成功，妈妈影响孩子的幸福［M］. 高文辉，译. 沈阳：北方联合出版传媒（集团）股份有限公司，万卷出版公司，2010.

[28]（美）丹尼斯·韦特利. 成功心理学——发现学习和生活的意义.［M］. 4 版. 顾肃，刘森林，译. 北京：中国人民大学出版社，2009.

[29]（美）马丁·塞利格曼. 真实的幸福［M］. 洪兰，译. 沈阳：万卷出版公司，2010.

[30]（美）马丁·塞利格曼. 活出最乐观的自己［M］. 洪兰，译. 沈阳：万卷出版公司，2010.

[31]（美）理查德·尼尔森·鲍利斯，（美）卡罗尔·克里斯汀，（美）吉思·布卢姆奎斯特. 你的降落伞是什么颜色［M］. 柏静静，译. 北京：中信出版社，2010.

[32]（美）盖瑞·查普曼. 爱的五种语言［M］. 王云良，译. 北京：中国轻工业出版社，2006.

[33]（英）爱德华·德·博诺. 六顶思考帽（新版）［M］. 冯杨，译. 太原：山西

人民出版社，2008.

[34] 乔纳森·海特. 象与骑象人 [M]. 李静瑶，译. 北京：中国人民大学出版社，2008.

[35]（美）Fred Luthans，（美）Carolyn M. Youssef，（美）Bruce J. Avolio. 心理资本 [M]. 李超平，译. 北京：中国轻工业出版社，2008.

[36]（美）Alan Carr. 积极心理学——关于人类幸福和力量的科学 [M]. 郑雪，等，译. 北京：中国轻工业出版社，2008.

[37]（美）维克多·弗兰克尔. 活出生命的意义 [M]. 吕娜，译. 北京：华夏出版社，2010.

[38]（美）沃特·谢弗尔. 压力管理心理学 [M]. 方双虎，等，译. 北京：中国人民大学出版社，2009.

[39]（美）Thomas A. Harris. 我好—你好——改善我们的人际关系 [M]. 林丹华，周司丽，译. 北京：中国轻工业出版社，2008.

[40]（美）Irvin D. Yalom，（加）Molyn Leszcz. 团体心理治疗——理论与实践 [M]. 李敏，李鸣，译. 北京：中国轻工业出版社，2010.